JN282436

アメリカン・グローバリズム

AMERICAN GLOBALISM

水平な競争と拡大する格差

中本 悟【編】

日本経済評論社

はしがき

　『アメリカン・グローバリズム』という本書の書名は，いささか説明を要するかもしれない．グローバリゼーションとは世界のアメリカ化（アメリカナイゼーション）にほかならず，またグローバリズムとはアメリカのグローバリズムなのだから，わざわざ・ア・メ・リ・カ・の・という形容詞は必要ないというありうる意見に対して，二，三言述べておきたい．

　本書が取り組んだのは，まさにその・ア・メ・リ・カ・の・という形容詞が示す内容を明らかにすることなのだと．たとえば，グローバリゼーションとは市場原理がグローバル規模で拡大することだという見方に対しては，「一面では確かにそのとおりであるが，それはアメリカの市場原理なのだ」というのが本書の主張であり，そのアメリカの市場原理を実態に即して解明しようとした．また，グローバリゼーションとは，貿易，投資，情報，ヒトのグローバル規模の自由化だという見方に対しても，「それはそうだが，その自由化のやり方はアメリカのやり方なのだ」と言いたい．そして，その内容を明らかにしようとしたのである．

　このような本書の立場からすると，IT（情報技術）の急速な発展や冷戦体制の崩壊といった技術的条件や政治的条件は現下のグローバリゼーションの必要条件であるにせよ，十分条件ではない．現在のグローバリゼーションは，アメリカの経済・企業システムに適合するように世界各国を変えようとするアメリカ政府の強力な政策やイデオロギーなしには進展するものではなかった．アメリカ政府は様々な場と方法を利用して，アメリカ企業にとって「水平な競技場」(level playing field) を創出しようとしてきた．アメリカ企業にとって水平であっても他の国には水平でないこともある．したがって国によっては，そうした国外からのグローバリゼーションの大波に翻弄され呻吟する小国や途上国もあれば，グローバリゼーションを外圧として政府の政策推進に積極的に利用しようとする国もある．私たちは，「アメリカン・グ

ローバリズム」という書名によって，様々な反対を乗り越えてグローバリゼーションを進めようというアメリカの政策やイデオロギーの能動的な役割を明示しようとしたのである．

　したがって本書は，現在進行中のグローバリゼーションはグローバリゼーションの一つのあり方であるが，そのあり方は政策によって変えられるし，また変えなければ解決できない問題があることを指摘している．解決を要する最大の問題は，急速な格差の拡大である．格差の拡大は，国単位で生じているだけではなく，先進工業国内部でも途上国内部でも生じている．そして，双方における格差拡大はグローバリゼーションで連動しているのである．格差の急速な拡大はなぜ問題なのか．それは，グローバリゼーションのもとで一方では増加する富と機会を手にして様々な可能性が広がる社会階層が生まれる反面で，他方では可能性そのものが閉ざされ，自己選択の自由がない境遇に陥る層もまた増え続けるからである．これこそ，アマルティア・センが言うところの「貧困」である．

　格差の拡大は，アメリカン・グローバリズムのホームグラウンドであるアメリカ国内でも進んでいる．それは，1990年代の「ニューエコノミー」と称された失業率がかつてなく低く，10年に及ぶ超長期の持続的な景気拡大を達成したまさにその期間に生じたのである．低い失業率と持続的な景気拡大にもかかわらず，中産階層を構成する多数の被雇用者の賃金上昇率が停滞したばかりでなく，株式や不動産といった資産市場価格の上昇によるキャピタル・ゲインは最富裕層に集中したからである．この結果，中産階層のあいだでは「アメリカン・ドリーム」が遠のき，低所得労働者層では働いても所得が増大しないワーキング・プアが増えたのであった．上層階層から下層階層へ富が滴り落ちるトリクル・ダウンは生じなかった．というよりも，そもそもトリクル・ダウンを排した方法でグローバリゼーションを進めるところにアメリカン・グローバリズムの特質がある．

　こうしてアメリカ企業にとって水平な競争の場を作り，グローバル競争を刺激することがアメリカン・グローバリズムであるが，それは同時に内外にわたって社会階層間の格差を拡大し，途上国内部でも大きな階層的・地域的な不均等発展をもたらしている．

「水平な競争と拡大する格差」という本書のサブタイトルは，このようなことを含意している．この点では，ベストセラーとなった『フラット化する世界』(2006年) の著者であり，著名なコラムニストであるトーマス・フリードマンは，IT (情報技術) とグローバリゼーションによって世界中の企業と人々に可能性が広がる世界をみごとに活写したが，グローバリゼーションのあまりにもまばゆい光のためか，逆フラット化する世界は彼の視界には入ってこなかったようである．

ここで本書の構成について述べておこう．

序章「アメリカン・グローバリズム：展開と対立の構造」では，アメリカン・グローバリズムの定義と画期を示す．そして，アメリカの通商外交における多国間主義，地域主義，2国間主義がアメリカン・グローバリズムのなかでどのような位相関係にあるのかを，具体的に検討する．そしてアメリカン・グローバリズムの展開を跡づけるとともに，アメリカン・グローバリズムが直面する対立構造を明らかにする．

次に第1部「アメリカン・グローバリズムの国内的文脈」の諸章では，自国のシステムをスタンダードとしてグローバリゼーションを進めるアメリカの国内における企業・経済システムおよび政策イデオロギーを分析する．またグローバリゼーションの反作用でいっそうグローバリゼーションに適合するように変わるアメリカ経済の姿を描く．

第1章「IT革命，グローバリゼーションと雇用システム」は，製造業，サービス産業，ハイテク産業に分けて，アメリカ企業がIT革命とグローバリゼーションを活用しながら，従来の雇用関係，雇用慣行，労働市場を変えて，収益向上を目指してきたことを明らかにしている．1990年代の「ニューエコノミー」期の景気拡大のもとでの雇用不安，サービス職の在外調達 (オフショアリング) などアメリカの労働界が直面する新たな問題と対策とを検討する．

1990年代の「ニューエコノミー」の時期には，アメリカ企業の高収益性，IT関連企業の活況，住宅・不動産市場の好況のために世界の資金がアメリカに一極集中し，アメリカの金融・不動産市場は右肩上がりの価格上昇を続けた．第2章と第3章は，この金融・不動産市場活況のなかで，財政政策の

変化する役割を論じている．

　第2章「財政思想の変化と財政政策の展開」では，現実の財政政策は財政思想なり財政学によって直接的に規定されるのではなく，むしろ財政政策を決定する政治過程や財政政策の基盤であるマクロ経済に大きく規定されることを，1930年代のニューディール期の財政政策から1990年代「ニューエコノミー」の末期に達成した財政黒字の時期まで，歴史的に実証している．

　「ニューエコノミー」の時期には，財政政策に求められたのは財政を通じたマクロ経済調整ではなく，低金利と金融・不動産市場の活況の持続を支持することであった．そのために財政赤字削減が必要だったのである．第3章「『ニューエコノミー』と租税政策」では，「ニューエコノミー」期の財政政策に課された財政赤字削減のために，どのような租税政策が実施されたのかについて，1980年代のレーガン政権の租税政策から説き起こしている．また1990年代以降のキャピタル・ゲイン減税策は最富裕者優遇税制であり，社会階層間の経済格差をさらに拡大するものであることを主張する．

　第4章「市場型金融システムとアメリカの商業銀行の復活」では，証券市場の発展の反面で議論される商業銀行衰退論を批判して，商業銀行のビジネス・モデルの転換と収益性革命を主張する．もともとアメリカでは相対的な銀行金融よりも市場型の証券金融が優位であったが，後者は「ニューエコノミー」の時期に最高潮に達した．アメリカの商業銀行は，むしろこれに対して，金融仲介からリスク仲介へ業務展開を図ることによって，証券市場の発展を支えているのである．

　このように第1部では，アメリカの労働，財政，金融の各領域で市場取引が発展してきたことを明らかにする．どの領域でも，規制緩和と機会の拡大，企業経営戦略の転換，市場原理を促進する政策への転換，格差の拡大，グローバリゼーションとITの相即的作用がみられる．

　第2部「アメリカン・グローバリズムの最先端」では，このようなアメリカ型の市場原理を対外的に展開してゆくアメリカン・グローバリズムの最新の動向をキャッチしている．イラク戦争では軍事請負民間企業の存在が戦争の「民営化」としてクローズアップされたが，第5章「アメリカの軍事技術開発と対日『依存』」では，アメリカの軍事技術および軍需品調達における

日本の民間企業への「依存」問題を分析する．そして，対日「依存」がアメリカの国家安全保障を脅かさないためには，日米軍事共同体制の推進を日米双方で進めてゆくことが必要となるが，日本の武器輸出3原則の緩和もその一環に他ならないとする．

　第6章「オフショアリングの進展と雇用問題」は，アメリカ企業がITを活用して展開している多様なサービス業務・間接業務の在外調達（オフショアリング）を，企業内部調達と独立企業からの調達の2つの形態に分けて，その違いを分析している．そしてホワイトカラー・ワーカーの雇用流出に直面して起きているオフショアリング論争を紹介しているが，それはアメリカン・グローバリズムの声価に係わる論争でもある．

　近年アメリカでは，このようなオフショアリングを含めてサービス貿易は急速に発展しているが，第7章「アメリカのサービス貿易と多国籍企業」では，アメリカのサービス貿易の構成と発展水準を検討する．そして，サービス貿易の類型分析を行い，知的財産権取引は多国籍企業の企業内貿易が圧倒的に多い反面で，金融・保険サービス，通信サービス，ビジネスサービスなどの「その他サービス」は独立企業間貿易が多いことを析出している．ここには技術情報の内部化と独占化によって，独占的利潤の確保を図ろうとする多国籍企業の経営戦略をみることができる．

　本書は，以上のような構成に基づいて，アメリカン・グローバリズムを推進する国内的文脈と対外的な新動向を分析し，アメリカン・グローバリズムの特質を提示しようとするものである．しかし，「アメリカン・グローバリズムの最先端」といっても，触れていない問題は多いし，経済的グローバリズムと政治外交との関連も本書では扱えなかった．

　残した課題も少なからずある本書であるが，本書に盛り込まれた研究成果は，もともとは1990年代の「ニューエコノミー」とその後のアメリカ経済を研究するために作った共同研究プロジェクトに基づいている．共同研究プロジェクトと共同研究の成果発表に当たっては，大阪市立大学経済研究会の助成金を得ることができた．この研究会は，かつて大阪市立大学経済研究所が組織していた研究組織であり，ここからの助成がなければ本書は日の目を見ることはなかっただろう．本研究会を発展させてこられた多くの先輩教職

員ならびに現在の関係者に心からお礼を申し上げる．また最後になったが，出版スケジュールが立て込んでいるなか，煩雑な校正などで無理を通してもらったにもかかわらず，本書公刊まで我々を快く先導していただいた日本経済評論社の清達二氏にも深謝申し上げる次第である．

2007年3月

中本　悟

目　次

序章　アメリカン・グローバリズム：展開と対立の構造
　　　　　　　　　　　　………………中本　悟　1

　Ⅰ．グローバリゼーションとグローバリズム　　　　1
　Ⅱ．グローバリゼーションとアメリカン・グローバリズム　　3
　　1．アメリカ政府のグローバリゼーション認識　3
　　2．アメリカン・グローバリズム　5
　Ⅲ．アメリカン・グローバリズムとWTO体制　　　　8
　Ⅳ．アメリカン・リージョナリズムの台頭とNAFTA　　12
　　1．「競争的自由化」戦略とグローバリズム　12
　　2．NAFTA：大いなる実験　14
　　3．大統領戦とNAFTA大論争　15
　　4．大論争から超党派で可決へ　17
　Ⅴ．中南米とアジア太平洋地域におけるアメリカン・
　　　リージョナリズム　　　　　　　　　　　　20
　　1．FTAAの失速　20
　　2．APECの変容とASEAN＋3　21
　Ⅵ．アメリカン・グローバリズムの内なるゆらぎ　　23

第1部　アメリカン・グローバリズムの国内的文脈

第1章　IT革命，グローバリゼーションと雇用システム
　　　　　　　　　………………チャールズ・ウェザーズ　36

　はじめに　　　　　　　　　　　　　　　　　　36
　Ⅰ．製造業：大量生産からグローバル化とサービス重視へ　38

  1.　製造業の変貌　38
  2.　IT の雇用インパクト論争　42
 II.　製造業における雇用システムの変化　　　　　　　　　45
  1.　自動車産業　46
  2.　どの雇用が残るのか？　50
 III.　サービス部門における雇用システムの変化　　　　　　51
  1.　電気通信産業　52
  2.　ウォルマートのケース　53
 IV.　ハイテク産業における雇用システムの変化　　　　　　56
  1.　ハイテク産業の雇用問題　56
  2.　オフショアリング　59
  3.　IBM のケース　60
 V.　処方箋と展望　　　　　　　　　　　　　　　　　　　62
  1.　教育政策　62
  2.　労働政策　64
 おわりに　　　　　　　　　　　　　　　　　　　　　　　65

第2章　財政思想の変化と財政政策の展開　　　　　吉田健三　72
ニューディール政策から 1990 年代の財政黒字化まで

はじめに　　　　　　　　　　　　　　　　　　　　　　　72
 I.　ケインズ主義の確立と展開　　　　　　　　　　　　　74
  1.　大恐慌と第 2 次世界大戦　74
  2.　戦後における財政政策の展開　78
 II.　1970 年代の停滞と経済政策への批判　　　　　　　　　82
  1.　ケインズ主義のほころび　82
  2.　保守主義への回帰　85
  3.　レーガン政権期の「小さな政府」とその帰結　88
 III.　財政の黒字化と「ニューエコノミー」　　　　　　　　92
  1.　財政黒字の達成　92
  2.　財政再建の論理と金融市場　97

おわりに　　　　　　　　　　　　　　　　　　　　　　　103

第3章　「ニューエコノミー」と租税政策 …………… 塚谷文武　109

　　　はじめに　　　　　　　　　　　　　　　　　　　　　　　109
　　I．1990年代以降の租税政策の全体像：財政健全化過程の
　　　　租税政策　　　　　　　　　　　　　　　　　　　　　110
　　　1．財政赤字下（1990-97年）の租税政策　111
　　　　（1）1990年包括財政調整法　111
　　　　（2）1993年包括財政調整法　112
　　　　（3）1997年納税者負担軽減法　114
　　　2．財政黒字下（1998-2001年）の租税政策：2001年経済成長と
　　　　　減税調整法　115
　　II．租税政策の新たな展開　　　　　　　　　　　　　　　118
　　　1．租税支出構成の変化　118
　　　2．供給面重視の租税政策　119
　　　　（1）勤労者所得控除の拡充　119
　　　　（2）年金拠出金控除の拡充　122
　　III．キャピタル・ゲイン減税　　　　　　　　　　　　　　126
　　　1．キャピタル・ゲイン課税論争　126
　　　2．キャピタル・ゲイン減税の帰結　131
　　　おわりに　　　　　　　　　　　　　　　　　　　　　　　133

第4章　市場型金融システムとアメリカ商業銀行の復活
　　　　　　　　　　　　　　　　　　　　………… 大橋　陽　138

　　　はじめに　　　　　　　　　　　　　　　　　　　　　　　138
　　I．銀行は衰退しているのか？　　　　　　　　　　　　　140
　　　1．銀行を取り巻く経営環境　140
　　　2．商業銀行の産業構造　144
　　　3．「銀行衰退論争」をめぐって　149
　　II．商業銀行の収益革命　　　　　　　　　　　　　　　　151

1. 銀行産業の収益性　151
　　2. 高収益要因としての非金利収入　154
　Ⅲ. 金融のアンバンドリングと商業銀行　161
　　1. 資産金融の証券化の意義　161
　　2. 証券化商品の浸透　165
　おわりに　167

第2部　アメリカン・グローバリズムの最先端

第5章　アメリカの軍事技術開発と対日「依存」……山崎文徳　176
　はじめに　176
　Ⅰ. 技術の対日「依存」問題　177
　Ⅱ. 日本の技術の対米供与　180
　Ⅲ. 日本の技術の安定的調達　182
　　1. 海外からの軍事調達の条件　182
　　2. 日本の対米武器輸出の論理　185
　Ⅳ. 日本の国家財政と生産力の軍事動員　189
　　1. スターウォーズからミサイル防衛へ　189
　　2. ミサイル防衛における対米武器輸出の実現　191
　おわりに　194

第6章　オフショアリングの進展と雇用問題………田村太一　200
　はじめに　200
　Ⅰ. オフショアリングとは何か　202
　　1. オフショアリングの定義　202
　　2. オフショアリングの業種構成　203
　Ⅱ. オフショアリングの進展　206
　　1. 貿易可能化革命のインパクト　207
　　2. オフショアリングの拡大要因　208
　　3. オフショアリングの2つの形態　209

　　　　(1) 企業内在外調達　209
　　　　(2) オフショア・アウトソーシング　211
　　Ⅲ. 国内の雇用問題　215
　　　1. オフショアリング論争と雇用への影響　215
　　　2. 雇用をめぐる政府の政策　217
　　おわりに　219

第7章　アメリカのサービス貿易と多国籍企業……久永　忠　226
　　はじめに　226
　　Ⅰ. アメリカのサービス貿易　227
　　　1. サービス貿易の推移　227
　　　2. 新しいサービス貿易の台頭　234
　　Ⅱ. 多国籍企業とサービス貿易の発展　237
　　　1. サービス貿易の2類型　237
　　　2. 多国籍企業の知的財産権取引　240
　　　3. アメリカ企業のオフショアリングとサービス貿易　242
　　Ⅲ. アメリカのサービス貿易自由化政策　248
　　おわりに　249

索　引　255

序章
アメリカン・グローバリズム:展開と対立の構造

中 本　悟

I.　グローバリゼーションとグローバリズム

　現在進行中のグローバリゼーション(地球化)は,経済的次元から政治的次元,社会的次元,文化的次元にまで,いくつかの次元がある．またその性格も,国際化の発展,自由化,普遍化(universalization),西洋化・近代化・アメリカ化,脱領域化など多くの側面に及んでいる[1]．グローバリゼーションは,1980年末以降の社会主義体制の崩壊とそれに伴う統制経済から市場経済への移行という政治的条件と1990年代のIT(情報技術)の発展という技術的条件を歴史的背景としている．前者によって地理的な意味でグローバル規模の市場経済化が,そして後者によって財,サービス,マネー,情報のグローバル規模の移動が,それぞれ飛躍的に拡大したからである．

　もちろん,ITによってグローバリゼーションが自然に進んだわけではない．現在のグローバリゼーションは,何よりもまずアメリカ政府によるアメリカ型の資本主義市場経済体制をさまざまな障害を越えてグローバル規模に推進しようとする政治戦略や政策,イデオロギー,すなわちアメリカン・グローバリズムを必要不可欠な動因とするものである．その結果,グローバリゼーションはアメリカン・グローバリゼーションの様相を強く帯びている．アメリカン・グローバリズムを実現する経済外交は,アメリカの国際的な軍事・政治戦略と不可分のものであり,アメリカン・グローバリズムの波及はアンチ・アメリカン・グローバリズムを招来せずにはおかなかった[2]．

　本章は,アメリカン・グローバリズムの経済的な側面を中心に,アメリカ

ン・グローバリズムの展開過程とそれに対する反発について省察し，アメリカン・グローバリゼーションの特質とそのゆらぎを検討する．まず第1に，グローバリゼーションを進めるアメリカ政府自身がグローバリゼーションをどのように捉え，何をアメリカン・グローバリズムの基本要件とみなしているのか，この点を検討する．そのうえで第2に，アメリカン・グローバリズムの展開過程を分析したい．アメリカのグローバリズムは，それが対象とする機関や問題によって，多国間主義（multilateralism：マルティラテラリズム）および地域主義（regionalism：リージョナリズム），さらに単独主義（unilateralism：ユニラテラリズム）を組み合わせた多方位アプローチによって実施されてきた．これらのアプローチのなかでは，多国間主義でグローバリズムを実施するのが最も効果的であり，このためにアメリカが主導してきたのが1986年に開始したGATT（関税と貿易に関する一般協定）ウルグアイ・ラウンドであり，それは1994年のWTO（世界貿易機関）体制の成立によって一応の結末をみた．本章では，このWTO体制の成立過程におけるアメリカの主導的役割とそれに対する反発を分析し，アメリカン・グローバリズムの特質を見出す．

　第3の課題は，アメリカン・リージョナリズムの分析である．アメリカ政府は1980年代以降，従来のGATT交渉のような多国間主義に加えて，特定の複数国との間での交渉を優先するリージョナリズムを採るようになった．こうしたリージョナリズムは，アメリカン・グローバリズムとどのような位相関係にあるのか．またアメリカン・リージョナリズムに伏在する対立構造はどのようなものか．これらについて，NAFTA（北米自由貿易協定），APEC（アジア太平洋経済協力会議），FTAA（米州自由貿易地域）を取り上げて，具体的に検討する．そして第4に，アメリカ国民はアメリカン・グローバリズムをどのように捉えているのか，台頭する「グローバル化恐怖症」について検討する．

　以上，アメリカの経済的グローバリズムの展開とその対立構造を，マルティラテラリズムとリージョナリズムの側面から，そしてまた国内へのインパクトの側面から検討する．その結果，アメリカン・グローバリズムは対外的にも対内的にも磐石な基盤をもっている一方で，他方ではそれに対する反発

序章　アメリカン・グローバリズム：展開と対立の構造　　　　　　　　　3

と対立も根強く，その意味でゆらぎのなかにあることを明らかにしたい．

II. グローバリゼーションとアメリカン・グローバリズム

1. アメリカ政府のグローバリゼーション認識

　現在進行中のグローバリゼーションについて，アメリカ政府が言及したのはいつからで，それはどのような内容だろうか．ここで『大統領経済諮問委員会報告』(The Annual Report of the Council of Economic Advisers) を1つの手がかりに，この点を検討する．同報告は，「1946年雇用法」に基づいて設立された大統領経済諮問委員会 (Council of Economic Advisers) が1947年以来作成しているものである．同委員会の任務は大統領に対して経済問題に関する助言を与えるとともに，大統領が毎年議会に対して報告する『大統領経済報告』(Economic Report of the President) の作成に協力することにある．そして同時に，毎年この委員会はアメリカ経済の現況に関する分析と評価を『大統領経済報告』に添付する形で公刊しているが，これが『大統領経済諮問委員会年次報告』である．しかし実際には『大統領経済報告』は数ページしかなく，量的にも内容的にも『大統領経済諮問委員会年次報告』に『大統領経済報告』が添付された格好で主客逆転しているが，両方の報告を合本して『大統領経済報告』として公刊してきた．いずれにせよ，こうした経緯で出されている『大統領経済諮問委員会年次報告』は，ときの大統領政権の経済評価を示すものである．

　この報告において，グローバリゼーションに関連する章立てが登場するのは1997年のことであり，そのなかの国際経済を扱った第7章は「台頭するグローバル経済におけるアメリカのリーダーシップ」(American Leadership in the Emerging Global Economy) なる題であった．1947年以降発刊されている『大統領経済諮問委員会年次報告』では，国際経済を扱ったスペースは1950年代の報告ではごく小さかったが，貿易依存度の高まりとともに1970年代に入ってからは，かなりのスペースを割くようになった．それらの章のタイトルは，「世界経済におけるアメリカ」(1984年，85年，94年，96年)

など，world economy（世界経済）あるいは international economy（国際経済）という表題であった．

　しかし先に見たように，1997年には「グローバル・エコノミー」という表現が使われるようになり，1年おいて1999年には「グローバル・エコノミーにおける資本移動」なる章が立てられている．これ以降2003年までは毎年，「グローバル」という掲題の章が続いた．2004年以降は，「グローバル経済」という掲題の章立てはないものの，報告のなかでは頻繁に「グローバル・エコノミー」が使用されている．

　このように『年次報告』のなかの国際経済問題を扱う章の表題の変化自体が，時々の政権による新たな事態の認識を反映している．それでは1997年報告は，「グローバル・エコノミー」をどのように捉えたのか．クリントン政権下の同報告は，アメリカ経済の国際経済環境の「3つの決定的な変化」として，冷戦の終結，発展途上国の工業化と経済成長，そしてグローバリゼーションの進展，を挙げている．冷戦の終結は「民主主義と市場の勝利」を意味し，また発展途上国の工業化と経済成長は国際経済への統合でありアメリカに利益を得る機会をもたらす．そして，「グローバリゼーションの進展」は前二者の変化よりもはるかに決定的であり，関税障壁の削減，運輸および通信コストの低下による国際貿易の発展が，「比較優位の利益」を生み出し世界の生活水準を高めるとした．さらに2000年の報告では，経済的グローバリゼーションを「貿易，資本移動，企業間の事業上の結びつきを通した諸国民経済の世界的規模の統合」[3]と定義し，貿易や資本移動に加えて多国籍企業による国際分業をグローバリゼーションの1つの形態としてあげたのであった．要するに，1990年代には社会主義体制の崩壊と市場経済化，そして途上国の工業化と市場経済化とが相まってグローバルな市場経済が出現し，それはアメリカおよび世界の所得水準を高めるというのである．

　グローバリゼーションを進める要因は，2000年の報告では2つ挙げられている．第1に，輸送，通信，情報処理における技術革新であり，それが国際ビジネスのコスト削減と貿易と投資に対する障壁低下を招来した．また，これらの技術革新は，商業取引や金融取引の幅を広げるとともに電子商取引のような新たな種類の取引を実現した．

第2に政策の役割である．関税引き下げなどの貿易自由化や資本移動の自由化政策などであり，それは市場力を高進させる．貿易の自由化は「貿易の利益」を世界にもたらし，さらに証券投資や直接投資の自由化は，「資本受入国においては投資をファイナンスするコストを下げ，資本輸出国においては貯蓄に対する収益を高め，ポートフォリオ分散化を可能にする．貿易と投資はともに，知識の普及とテクノロジーの移転に寄与する」[4]として，貿易・投資・金融の自由化の意義を強調した．

以上のようなグローバリゼーション認識は，クリントン民主党政権のものであるが，2001年にクリントン政権に取って代わったG.W.ブッシュ（2世）共和党政権においてもグローバリゼーションに関する限り変わるところはない．ブッシュ共和党政権下の2005年報告では，貿易自由化の利益，サービス貿易と投資の重要性を指摘したうえで，貿易自由化におけるアメリカの指導的役割を宣言する．「アメリカは多方面で世界の指導者であり，依然として世界の成長促進政策の主唱者である．貿易によって世界の経済を結合することは，国内に経済的利益を与える一方で，経済改革に進んで応じる他の諸国に好機を提供する．平和と経済的繁栄は手を携えて進むものであり，相互に強化するものである」[5]と．

このグローバリゼーション認識は，先の民主党政権のそれと同じであり，貿易自由化による経済的繁栄が民主主義と平和をもたらすのだ，と宣言する．それゆえにまた，世界各国は競って貿易自由化に参加するはずだというのである．ここには，アメリカが進めるグローバリゼーションへの反発や懸念が存在することには一顧だにしない．

2. アメリカン・グローバリズム

前述のようなアメリカン・グローバリゼーションを推進する政策やその基礎となっている理論およびイデオロギーをアメリカン・グローバリズムというとすれば，その中心はグローバルな貿易・投資・金融の自由化であり，理論的には比較優位説による国際分業と国際競争のメリットを高唱するものである．前述のように，グローバリゼーション推進の二大要因としてITと政

策を挙げていたが，ITはグローバリゼーションを飛躍的にすすめる可能性を提供するが，グローバリゼーションを実現するにはグローバル規模の貿易・投資・金融の自由化が不可欠であり，これこそアメリカン・グローバリズムの基本である．貿易・投資・金融の自由化は，IMF（国際通貨基金）やIBRD（国際復興開発銀行，世界銀行とも称される）といった国際金融機関やGATTなどのような国際通商ルールを通じて，アメリカ政府が戦後一貫して追求してきたものであった．

とくに現在の国際貿易の自由化には，国際投資の自由化が不可欠である．それはグローバル規模で財（モノ）やサービスの在外生産，在外調達，在外販売及び資本移動を行う多国籍企業・銀行の発展につれて，国際貿易が多国籍企業の経営戦略に大きく規定されるようになったからである．たとえば，米国からの輸出と多国籍企業による在外生産・在外販売とを比較すると，製造業でもサービス業でも輸出よりも圧倒的に多い．2003年では米系多国籍企業製造業在外子会社の財の売上げは1兆3323億ドルであり，米国の工業品輸出総額の6261億ドルの2倍以上，また同年の米系多国籍サービス企業の在外子会社の売上げは4775億ドルで，米国のサービス輸出総額2915億ドルの1.6倍以上であった[6]．アメリカ多国籍企業の対外活動にとっては，輸出以上に在外子会社の販売が重要であり，そのためには対外投資の自由化と外国市場における自由な活動を求めるのである．

さらにITの発展は，製造業ではCAD（Computer Aided Design：コンピュータを利用した設計）によって製品設計図をデジタル情報としてグローバルに送受信することを実現し，またCAM（コンピュータを利用した生産）によって製造をかなりの程度標準化できるようになった．そのことはまた，グローバル市場への供給のための生産を自社の在外子会社以外にも，OEM（相手先ブランドで販売される製品の製造）や下請け生産といった多様な生産形態を可能にした．同じくサービス業においても，IT化によって，かつては国際取引が困難であったサービス業務がグローバル規模で調達可能になった．オフショアリングと呼ばれるこのサービス業務の在外調達には，ソフトウェア設計，建設設計，半導体設計，コールセンター，データ・ベースの作成，保険請求事務，給与計算事務などがある．こうなると製造業であれサ

序章 アメリカン・グローバリズム：展開と対立の構造　　　　7

ービス業であれ現代の多国籍企業とは，研究開発から製造，販売，サービスにいたる多様な業務を分解し，グローバル規模で，誰に，どこで何を外注生産させるか，何を社内で生産するのかを決定し，それらの多様な業務を統合するグローバル統合企業（Globally Integrated Enterprise）[7]ということになる．

　このようなグローバル統合企業が進めるアメリカン・グローバリズムの起点となったのは，1971年の金＝ドル交換停止と1974年の対外直接投融資規制の撤廃であった[8]．これらの措置により，多国籍企業・銀行および機関投資家は金＝ドル交換の維持という国際収支上の制約から名実ともに自由になり，そのグローバルな活動をいっそう強力に展開することとなった．

　多国籍企業のグローバル展開を進めるグローバリズムの強化に伴い，アメリカの国内経済政策も転換した．その象徴が「小さな政府，強いアメリカ」を掲げて1981年に誕生したレーガン共和党政権であった．レーガン政権の経済政策は，「国際競争力」というコンセプトを媒介にして，従来の総需要の管理による経済成長と国内の福祉向上を目指したケインズ主義政策からの転換を主張した．アメリカにおけるケインズ主義政策は，1930年代のニューディール期に始まり，1960年代における国内福祉の向上を図る「偉大な社会」政策においてその全盛を迎えた．そうしたイデオロギーはまた，1930年代の大不況で塗炭の苦しみを経験し，戦後もその経験から「不況恐怖症」（Depression Psychosis）に罹っていた世代によって広く支持されたのであった[9]．

　しかし，1970年代に起こった2度にわたる深刻なスタグフレーションを経るなかで，ケインズ主義はイデオロギー的にも後退を余儀なくされた．替わって台頭してきたのが，需要重視のケインズ主義を批判し，労働力供給の増大，投資増大，貯蓄増加によってアメリカ経済の供給側の刺激を重視する「サプライサイド・エコノミクス」であった．アメリカ産業の国際競争力の強化のためには，供給能力を高める必要があり，そのためには経済取引を市場原理にゆだねるべきだとして，規制緩和と「小さな政府」を主張したのであった．こうした市場至上主義は，アメリカン・グローバリズムを内側から支えるイデオロギーとなった．その結果，本書の諸章が明らかにしているよ

うに，労働市場の流動化（フレキシビリティ）を高める労働政策の実施と社会福祉の後退と就労促進，1930年代に成立した金融規制の解体と金融の自由化，資産市場に依存したキャピタル・ゲインの増加とキャピタル・ゲイン減税などの一連の市場志向の制度改革が進んだ．

もともと市場取引は，歴史的にも地域的にも異なる発展をしてきた多様な経済システムに浸透する取引形態である．したがってそれはまた，旧社会主義国や多くの途上国にも広く浸透するのであるが，アメリカン・グローバリズムは，単なる市場主義ではない．アメリカ的市場取引の主たる担い手はアメリカの株式会社であり，それは経営目標として株主利益（株価上昇と株主資本利益率の向上）を何よりも追求する企業なのである[10]．長期的な取引の維持やマーケットシェアの拡大や利益の絶対額の増大，ましてや安定的な雇用関係を第一義的に顧慮するのではない．そうしたものを犠牲にしても，株主利益の増大を最優先するアメリカ企業が主体となり，市場取引をグローバル規模で拡大するのがアメリカン・グローバリズムの特質である．その結果，アメリカン・グローバリズムは，アメリカ的な企業行動とアメリカ企業を取り巻く経済システムをグローバル規模に広げて，アメリカ企業にとって障壁のない水平な競技場（level playing field）を作ろうとするのである．

こうして1970年代以降，アメリカ政府は対外的にも対内的にもグローバリズムを強化した．そしてマルティラテラル次元では，財の貿易だけでなく，サービスや技術や知的財産権などの無形資産の取引といった新しい貿易，さらには貿易関連投資措置などの新たな問題を貿易自由化交渉の俎上に載せるとともに，特恵を与えていた途上国まで含めて貿易自由化交渉に組み込むために，1979年に終結したGATT東京ラウンドに継ぐ新しいラウンドを主導した．アメリカは，1982年にジュネーブで開催されたGATT閣僚会議で新しいラウンド交渉を提起したが，それは1986年のウルグアイ・ラウンドの開始に連なった．

III. アメリカン・グローバリズムとWTO体制

アメリカ政府が東京ラウンド後に新たなGATTラウンドを提唱した背景

序章　アメリカン・グローバリズム：展開と対立の構造

には，アメリカ経済が 1981-82 年に不況に陥り，高まる保護主義を抑えるという国内事情もあった．

不況下に生じる保護主義を抑えて貿易自由化を進めるには，貿易自由化交渉によって絶えず外国の市場開放の利益を提起する必要があった．貿易自由化の自転車のペダルは漕ぎ続けなければ，転倒してしまうという「自転車理論」がいう事態である[11]．

アメリカ政府は，1986 年から始まったウルグアイ・ラウンドで，① 東京ラウンドで残された農産物および繊維・アパレル製品の貿易自由化，② 輸出自主規制，反ダンピング措置，相殺関税措置などの貿易ルール，③ サービス貿易，貿易関連投資措置，知的財産権といった「新しい分野」，④ 貿易紛争処理メカニズム，の課題を提起した．

ウルグアイ・ラウンドは GATT 史上最長の 7 年半を要し，ようやく 1993 年 12 月に実質妥結，94 年にはモロッコのマラケシュで，「WTO を設立するマラケシュ協定」および 4 つの附属書などを採択し，各国で批准後 95 年から発効した．アメリカでは，1994 年 11 月の議会の中間選挙で下院，上院とも民主党を制した共和党主導のもとで行われ，両院とも超党派の圧倒的多数で批准された．

こうして成立した WTO 体制は，グローバル規模で財，サービス，知的財産権，情報，マネーを動員する多国籍企業・銀行，そして機関投資家の活動に対するバック・アップ体制を意味する．とくに「世界の工場」とも「世界の市場」ともいわれる中国の 2001 年の WTO 加盟は，一方では WTO 体制のなかでの中国の発言力の強化となったが，他方では WTO 体制は中国進出を図る多国籍企業にとって外部から中国を市場経済化する楔子となったのであった[12]．

ウルグアイ・ラウンドは，貿易自由化の対象を財だけではなく，これをサービスや農産物まで拡張し，知的財産権の保護，貿易関連投資措置の廃止，ダンピング防止法の調整，補助金削減など，各国で大きく異なる各種規制をも対象とした．そのため交渉は困難を極め，各国間でまた各国内部でも利害が錯綜した．なかでも先進国主導の交渉に対する多数の途上国の反発，および先進国のなかでも国際競争力をもつ多国籍企業や金融機関主導の交渉に対

する労働団体，農家団体，環境保護団体の反発が大きく盛り上がったことが，この交渉をGATT史上最長のものにした基本的な理由である．

こうしたアメリカのGATT交渉は，USTR（アメリカ通商代表部）が中心となって行うが，その交渉議題の策定には関係行政機関が関与する．そして業界団体は，様々なルートを通じてUSTRを含めた関係行政機関に自らの要求を反映させようとする．サービス貿易自由化についていえば，来るべきウルグアイ・ラウンドのサービス貿易交渉におけるロビーイングのために，サービス産業は1982年にグローバル規模で活動するサービス企業を糾合してアメリカサービス産業連盟（USCSI: US Coalition of Service Industries）を設立したのであった．USCSIはGATS（サービス貿易に関する一般協定）策定に大きな役割を果たした．とくにAmerican ExpressとCitiCorp（現在のCitigroup）の影響力は大きく，1997年にWTOのサービス部会の部長であったD.ハートリッジは，「アメリカの金融サービス業，とくにアメリカン・エクスプレスとシティ・コープのような企業による大きな圧力なしには，サービスに関する協定はなかっただろうし，したがってウルグアイ・ラウンドもWTOもなかっただろう」と述べていた[13]．

このようにアメリカのGATT交渉の背後には，関連する利益集団のロビーイングがあるが，これはサービス業界に限ったことではない．商務省とUSTRはGATT・WTO交渉について関連業界の意見を聴取するために17の産業諮問委員会（ISAC: Industry Sector Advisory Committee）を設置している．その第13委員会はサービス委員会であるが，その委員長はアメリカサービス産業連盟会長が務めている．1999年以降は，これらの委員会に業界団体の代表以外も入るようになったが，その数は2004年時点で2つの団体に過ぎなかった．このようにグローバル展開を志向するアメリカ多国籍企業は，USTRを通じてウルグアイ・ラウンドにその要求を反映したのであった．

グローバル展開を志向するアメリカ以外の各国の多国籍企業も，アメリカ企業と同じように各国の政府を通じてその要求を掲げるが，ウルグアイ・ラウンドは終始アメリカ政府がリードした．したがって，この交渉の結果成立したWTO体制もまた，アメリカを中心とする先進工業国対途上国，多国

籍企業とそれに対抗する労働団体,環境保護団体,農家団体,多様な NPO, NGO という対抗関係を含んでおり,アメリカン・グローバリズムとはこうした対抗関係がグローバル規模で広がる過程でもあった.

WTO 設立後の新ラウンドへ乗り出すために 1999 年 11 月 29 日から 12 月 3 日にかけてアメリカ西海岸のシアトルで開催された WTO の第 3 回閣僚会議が,NPO や NGO による 10 万人を越えるアンチ・グローバリゼーションの大デモンストレーションに包囲され,新ラウンドの立ち上げに失敗したのもその一駒であった.87 カ国の 1,200 の NGO が,WTO の根本的な改革を求める声明に署名し,多くの NPO はその代表をシアトルに派遣したのであった.これらの NGO の主張は多岐にわたっており,アメリカの NGO のなかでも WTO 体制そのものに反対の消費者団体の Public Citizen もあれば,その民主化を求めた環境保護団体の Sierra Club もあった.このアンチ・グローバリゼーションのデモンストレーションにはインターネットが大いに役立った.グローバリゼーションを進めたインターネットは,アンチ・グローバリズムの運動の強力な武器ともなったのである.

このように WTO 体制には,アメリカを先頭とする先進工業国と途上国,多国籍企業と労働団体や様々な NGO との間には基本的な対立が内在している.そのうえ,WTO 体制下では,貿易紛争は紛争処理パネルで処理され,もはや GATT 体制下のようにアメリカの外交的な手段や一方的な対応では処理できなくなった.もちろんアメリカ政府は,外国の不公正貿易に対して一方的に適用できる通商法 301 条を依然として保持しており,WTO がカバーしない分野ではそれを行使すると言明している[14].

しかしながら,WTO 協定の条項の判定にはアメリカといえども票決では 1 票しかもっておらず,WTO 設立時の約 120 カ国の加盟国のうち 8 割を占める途上国が大きな発言力を持つようになったことの意義は大きい.その意味では WTO とは,1964 年に途上国の経済開発を求める内なる声から誕生した UNCTAD (国連貿易開発会議) と同じような性格をもつ側面がある[15].

1947 年にわずか 23 カ国で締結された 1947 年 GATT は,貿易自由化の目的として,世界の実質所得と有効需要の増加,世界資源の完全な利用を掲げた.およそ 50 年後の 1994 年に 127 カ国で締結された WTO 協定は,貿易自由

化の目的として，世界の高水準の実質所得と有効需要，後発途上国の経済発展に必要な貿易量の確保，そして持続可能な開発の目的に沿った世界資源の最も適当な形の利用を掲げた．これは半世紀ばかりの間の世界的な急速な工業化に伴う地球環境の悪化，先進工業国と後発途上国とのすさまじいばかりの経済格差の現実を前に，貿易自由化に新たな制約条件を課したのであった．

こうしてWTO体制の創出は，一面ではアメリカン・グローバリズムの発露ではあったが，他方でグローバリズムを追求するためには，中国や多くの途上国をWTO体制に組み込む必要があり，その結果，WTO体制下で環境維持可能な開発およびWTO加盟国の8割を占める途上国の経済開発を行うという難題を抱え込むことになったのであった．そこで，シアトルの第3回WTO閣僚会議の失敗のあと，2001年11月にカタールのドーハで開催された第4回閣僚会議では次期ラウンドを「ドーハ開発ラウンド」と呼称し，途上国の開発に配慮しようとした．しかし，その後も途上国と先進工業国との溝は埋まらず，2006年8月時点で新ラウンド中断を決定した．その後，交渉は再開されたが，農産物の市場開放をめぐる対立は依然として強い．加えて，ブラジル，インド，中国が有力途上国グループを結成し，新たな交渉力を強めている．

IV. アメリカン・リージョナリズムの台頭とNAFTA

1. 「競争的自由化」戦略とグローバリズム

既述のようにアメリカン・グローバリズムは多国間主義を基本にしていたが，1980年代には2国間主義や複数国と交渉する地域主義を採るようになった．それは1982年GATT閣僚会議でアメリカが提案した新ラウンドについて，途上国側から反発を受けただけではなく，深刻な不況のなかで農産物貿易の補助金について新たなルール作成を嫌ったヨーロッパからも大きな支持を得られなかったからであった．そこでアメリカは，新しいラウンドへの国際的協力を促すとともに，国内の保護主義を抑えて開放的通商政策への支持を得るために2国間通商交渉を開始した[16]．

序章 アメリカン・グローバリズム:展開と対立の構造

　2国間交渉の最初のケースは,イスラエルとの交渉であった.1983年11月にイスラエルを訪問したレーガン大統領とイスラエルのイツハク・シャミール首相との間で自由貿易協定交渉が合意された.そして1985年に,10年間で両国間のすべての貿易の関税障壁及び非関税障壁を撤廃するとともに,従来のGATTがカバーしていなかったサービス貿易,貿易関連義務,知的財産権なども対象とした自由貿易協定が締結された.

　次の2国間交渉の対象はカナダであった.アメリカとカナダとはすでに1965年に自動車協定を締結しており,カナダ自動車工業はビッグ・スリーのbranch plantとして発展していた.カナダ経済の対米依存をめぐっては,従来から論争があったが,1984年に誕生したカナダの進歩保守党のブライアン・マルルーニー政権は,従来の政権がとってきた外資による対加投資を規制する政策から対加投資を歓迎する方向へ転換した.そして,マルルーニー首相は1985年3月にレーガン米大統領と会談し,両国間の自由貿易協定交渉に合意した.交渉の結果,両国は1988年に米加自由貿易協定の締結に至り,それは1989年から発効した.この協定は10年間で加米間の関税を摘廃,双方の企業に対する内国民待遇の付与や貿易紛争処理メカニズムを確立し,サービス市場の開放を進めるというものであった.

　このような特定国との間で交渉を進める地域主義は,アメリカのグローバリズムのなかでどのように位置づけられているのか.アメリカ政府は2国間主義や地域主義は多国間主義に取って代わるものではなく,それを補完し促進するものだと繰り返し言明している.むしろ地域主義は,各国の一方的な貿易自由化の改革を協定締結によって固定化したり,交渉関係国の数を減らして交渉を単純化したり,地域協定から排除されるかもしれないという脅威によって自由化を嫌がる国を突き動かすという「競争的自由化」(competitive liberalization)を作動させることができる,というのである[17].こうして,現在のアメリカン・リージョナリズムは,かつての植民地化を進めたブロッキズムとは異なりグローバリズムを推進するオープンリージョナリズムなのだというのである.

　アメリカン・リージョナリズムは,はたしてアメリカ政府が言明するように,「競争的自由化」が作動しているのか.また,どのような意味でリージ

ョナリズムはグローバリズムを補完するものなのか．この問題について，NAFTA および APEC，そして FTAA の実態に則して検討する．

2. NAFTA：大いなる実験

　NAFTA は北米 3 カ国にわたる自由貿易協定であるが，後述するように，それは貿易自由化にとどまらず北米 3 カ国間の広い範囲の経済関係の自由化を規定している．この NAFTA の交渉は，米墨（メキシコ）間で進んでいた貿易自由化交渉に 1991 年 1 月にカナダが参加を表明し，1991 年 6 月から正式に 3 カ国政府の間で始まった．NAFTA 経済圏の創設は，当時の EC に EFTA（ヨーロッパ自由貿易連合）を加えた規模に匹敵する人口と経済規模を擁する最大規模の自由貿易市場の創出を意味した．
　NAFTA の始まりは，1980 年代前半期のメキシコの開発戦略の転換から始まった．メキシコは 1982 年に累積債務危機に陥って以来，従来の国家介入色の強い政策から大規模な新自由主義による経済改革を実施してきた．それはミゲル・デラマドリド政権（1983-88 年）によって始まり，カルロス・サリナス・デゴルタリ政権（1989-94 年）によって引き継がれた．対外累積債務の返済を行いつつ対米輸出を増加させるために，外国からの直接投資の導入を図る必要があり，その前提として自国の投資障壁の撤廃や投資環境の整備を行った．その結果，1985 年以降の輸入数量割当と輸入許可制の大幅緩和，86 年 3 月以降の輸入関税の大幅引き下げ，そして同年の GATT 加盟に繋がった．
　メキシコは外資導入と輸出拡大を図るために，同国にとっては最大の貿易相手国であり，同国への最大の直接投資国（1989 年メキシコへの直接投資残高の 63％ がアメリカ企業によるもの）であったアメリカに対して，繊維や鉄鋼の輸入枠の撤廃，果物や野菜のいっそうの市場開放を求める一方で，直接投資受入れによる工業化を進めようとした．メキシコにはすでに 1965 年以来の外資導入による工業化と輸出振興の歴史があった．それは北部のアメリカ国境地帯にマキラドーラ（maquiladora）[18] と呼ばれる保税加工工場を設置し，同地域に進出する企業は製品を輸出することを条件として，生産に

必要な機械，設備，原材料，中間財の輸入については輸入関税を免税にするほか，各種の優遇措置を与えるというものであった．NAFTA はこのマキラドーラの規制を撤廃し，外資の呼び込みをいっそう拡大しようとしたのであった．というのは，1990年はじめに東欧の社会主義圏が崩壊し，先進工業国の資金が東欧の経済復興に向かっていたことをサリナス大統領は危惧したからであった．そこで，メキシコは自由主義経済政策へ転換することによって，自国への投資を拡大しようと試みたのであった．

アメリカのG.H.W.ブッシュ政権（1989-93年）は，NAFTAを北米から南米までを包括した自由貿易圏を作る米州事業計画（Enterprise for the Americas Initiative）の一部として位置づけた．そしてメキシコとの貿易・投資の自由化によって，メキシコ政府が当時141業種に対して課していた政府規制を撤廃し，外国企業に対する内国民待遇を求めた．アメリカ企業にとって，アメリカの6分の1の低賃金のメキシコ労働力を利用できることは大きな魅力であった．またNAFTAに伴う北米現地調達率規制によって，アジアやヨーロッパの企業がメキシコを拠点にアメリカ市場に参入するのを阻止しようとした．

カナダは，アメリカがカナダとメキシコに対して別々に協定を結ぶという hub and spoke の関係を避けようとする，どちらかといえば防衛的な立場で交渉に参加した．こうしてNAFTAは，北米3カ国がそれぞれの思惑をもって自国の経済発展を実現しようとする大いなる実験であった．

3. 大統領戦とNAFTA大論争

NAFTAについては，早くも1991年2月初旬に上院財政委員会で公聴会が開催された．そこではアメリカ企業のメキシコ進出に伴うアメリカ国内の失業・労働条件の悪化，国境地域での環境悪化と環境基準の低位平準化に関する懸念が表明されたが，この懸念をめぐる論争はNAFTA実施法案が1993年11月に議会を通過する直前までヒート・アップした．ブッシュ政権は，その当時大統領に対して議会が授権していた通商交渉権限が1991年5月末に期限切れすることから，1991年5月23日，ファスト・トラック（fast track）[19]の延長を議会に諮った．この手続きは下院では賛成231票対

反対194票で通過し，上院でも59票対36票で認められた．大統領はこれによって，当時すでに交渉中であったGATTウルグアイ・ラウンドの交渉の継続とNAFTA交渉を開始する権限を2年間という新たな時限で授権された．そこで，翌6月にトロントで正式に北米3カ国政府によるNAFTA交渉が始まったのである．

　NAFTA交渉は，翌1992年8月12日に3カ国の政府間で基本合意に達した．10年間で3カ国間の農産物を含むほとんどの財の関税を撤廃，貿易自由化に反するマキラドーラは2001年1月1日までに廃止，アメリカが課していた繊維・アパレルの輸入枠の撤廃，貿易関連投資規制の撤廃，原産地規則の設定，サービス貿易の自由化，金融サービス業の相互進出，知的所有権の保護，貿易紛争処理パネルの設置など，貿易に留まらない領域でも合意に達した．しかし，NAFTAの生みの苦しみはここから始まった．

　1992年は大統領選挙の年であり，NAFTAは大統領選の主要イシューの1つとなった．現職のブッシュ大統領は，前年の湾岸戦争でのイラク軍に対する圧倒的な勝利と1980年代末からの社会主義体制の崩壊のなかで「唯一の超大国」の大統領として選挙に臨んだ．NAFTAについては，輸出と雇用が創出されると説き，対抗馬の民主党大統領候補ビル・クリントンのNAFTAに対するあいまいな態度を批判した．また独立系候補の大富豪ロス・ペロー（Ross Perot）は，NAFTAによってメキシコに多くの企業が生産拠点を移し国内では雇用流出が起こるというNAFTA大批判キャンペーンを繰り広げた．

　選挙戦の終盤の10月になると，クリントンは環境基準や労働基準について規制を厳しくするという条件付でNAFTAを認めるようになった．こうした対応によってNAFTAの賛成派と反対派の双方からの支持を得ようとしたのだった．ブッシュ政権はNAFTAによる輸出と雇用拡大を訴えるほかなかった．その結果，11月の大統領選挙ではクリントンが43%の得票率で38%に留まったブッシュを破った．ロス・ペローは19%という異例の高い得票率を得た．この得票率の高さは，NAFTAに対する強い懸念が国民のあいだに広がっていることを示していた．

　大統領選挙に敗北したブッシュ大統領は，クリントンが大統領になる

序章　アメリカン・グローバリズム：展開と対立の構造　　　　　　　　17

1993年1月20日までに他の2カ国首脳との間でNAFTAの署名を完了しようとした．そうすれば，クリントン政権になってもNAFTAを変更することは困難だと考えたからであり，そのために署名式の日取りさえも，それを公表するまでは，政権移行チームにも知らせなかった[20]．そして1992年12月17日，NAFTAを1994年の年頭から発効することを定めた署名が3カ国首脳によって行われた．そこでクリントン政権にとって，NAFTAを予定通り発効させるためには93年の夏には議会にNAFTA実施法案を提出し，議会での審議を経て認可を得ることが至上命題となった．

4. 大論争から超党派で可決へ

　こうして皮肉にもNAFTAの批准は，それを推進してきたブッシュ政権からそれに反対する労働組合などを支持基盤に持つ民主党のクリントン政権に託された．そこでクリントンは1993年1月の大統領就任直後から環境保護，労働問題，関税の減免によるNAFTA加盟国からの輸入急増に対する緊急措置，について補完協定を締結する交渉を始め，それはようやく8月13日に妥結した．しかし，これらの補完協定はNAFTA批判派の危惧を払拭するほどの実効力は到底なかったので，この間に批判派はかえって強くなった．民主党内でも，下院院内総務のリチャード・ゲッパートといった有力議員が反対派の旗頭になった．こうした動きは，クリントンが1993年の春から夏にかけてはNAFTA批准のために積極的に行動しなかったことによって加速された．

　この結果，クリントンは深刻な政治的なジレンマに直面することになった[21]．すなわち，NAFTA批准に失敗すると大統領の国際的威信は失墜することになるが，一方ではNAFTAを批准するには，反対派が過半数を占める民主党内に分裂を生みかねない反対派工作をしなければならない，というわけである．クリントンは後者の道に勝負を賭け，秋からは議会で賛成多数を得るべく，世論対策と議会対策を精力的に行った[22]．こうしてNAFTAをめぐって国論を二分するような大論争が起こったのである．

　9月14日には，超党派対策のために存命中の5人の元・前大統領をホワ

イトハウスの NAFTA 賛成派のセレモニーに招待し，これにはブッシュ，カーター，フォードの3人の大統領が出席した．NAFTA 実施法案の採決は11月17日に決定された．11月に入ると最初の10日間は，クリントンはほとんどの時間を NAFTA 対策に充てた．ホワイトハウスに態度未定の議員を呼び込み，彼らに NAFTA の意義を説いた．また P. サムエルソンなどノーベル賞受賞の経済学者を招待し，自由貿易協定の正当性を語らせた．さらに11月9日には，CNN の人気トーク・ショーの Larry King Live にゴア（Albert Gore）副大統領を出演させ，ロス・ペローとの討論を戦わせた．視聴率は，湾岸戦争初日の生中継を除けば，CNN 史上で最高の1600万世帯に達した．このディベートではゴアが勝利し，それは議会を取り巻く世論に大きな影響を及ぼした．

クリントンはビジネス界にも，ロビーイングの強化を要請し，これに応えて何百人の規模の企業経営者が議会に詰め掛けた．Allied Signal 社の会長であり，NAFTA 推進のために何千社を組織した U.S.A.-NAFTA の会長でもあったローレンス A. ボシディは，「NAFTA に対しては，これまでのどの立法案件よりも多くのことをしてきた」，と述べていた[23]．下院の採決日の2日前には，こうしたクリントンの姿勢に対して AFL-CIO（アメリカ労働総同盟・産業別会議）会長のレーン・カークランド（Lane Kirkland）が，クリントンは共和党とともに NAFTA を支持し，民主党指導者としての役割を放棄した，と弾劾するまでになった．

11月17日下院で13時間もの討論を経て，賛成234票対反対200票で批准に必要な218票をわずか16票上回る辛勝ながら NAFTA 実施法案は可決された．この234票は，1991年に NAFTA 交渉を船出するために可決したファスト・トラック賛成票にわずか3票増えただけであった．民主党は258票のうち156票（6割）が反対，賛成は102票にとどまった．他方，共和党は175票のうち4分の3の132票が賛成に回った．下院可決の後，11月20日には，上院では61対38の票差で可決された．

こうして超党派で NAFTA を批准したことは，クリントン政権の経済外交にとって大勝利であった．それは NAFTA に留まらなかった．下院可決から1日置いてクリントン大統領は，西海岸のシアトルに飛んだ．APEC

の会議で初めて開催される首脳会議のために訪米する各国首脳を迎えるためであったが，彼は NAFTA を批准した大統領としてこの会議に臨むことができた．いま1つは，同時期に大詰めを迎えていたウルグアイ・ラウンド交渉が妥結できないならば，アメリカは NAFTA などの地域主義に傾斜するという危惧が広まり，これがウルグアイ・ラウンド妥結への最後の檄となった．そして，翌12月には GATT ウルグアイ・ラウンドが妥結したのであった．こうして 1993 年は，NAFTA の批准，アメリカによる APEC 初の首脳会議の招集，そしてウルグアイ・ラウンドの実質的な妥結といった通商外交上の「トリプル・プレー」[24] が実現した特筆すべき年になった．

息詰まるような過程を経て，ここにヨーロッパ統合に匹敵する北米自由貿易圏が成立した[25]．この過程を省察してみると，たしかにアメリカ政府が言うように，先行する米墨貿易自由化協議がカナダを貿易自由化協議に引き入れるという「競争的自由化」が作動して，NAFTA に結実したということが言えよう．またアメリカ議会における NAFTA 実施法の可決が，アメリカの地域主義への傾斜を避けたい EC や日本をして，もっと大きな貿易自由化であるウルグアイ・ラウンドの妥結に至らせるという「競争的自由化」が働いた．さらに，NAFTA 成立後の 1995 年に起きたメキシコの金融危機の際に，メキシコ政府がアメリカからの輸入に対して緊縮措置をとらなかったのは，貿易自由化を定めた NAFTA のロックイン効果であり，ここに地域主義的貿易自由化のメリットがあるという[26]．

NAFTA 成立後，北米の経済統合は進み，とくにアメリカとメキシコとの貿易依存関係は著しく強まった[27]．しかし低賃金を競争力源泉として対米輸出を増やしてきたメキシコは，多くの労働集約的な財では，2001 年に WTO に加盟した中国の対米輸出力に敗退してそれらの財の対米輸出市場シェアを低下させた．2002 年では，時間当たり労働コスト（平均賃金に付加給付と税金を加えた額）はカリフォルニア州が 20.84 ドル，メキシコが 2.26 ドル，マレーシアが 2.17 ドル，これに対して中国のそれは 0.72 ドル[28] であったので，中国の WTO 加盟はメキシコ産業に大きなショックを与えた．メキシコに進出した企業のなかには，中国に生産を移転したケースもある[29]．

V. 中南米とアジア太平洋地域におけるアメリカン・リージョナリズム

1. FTAA の失速

アメリカは 1980 年代半ばから北米に軸足を置いたリージョナリズムを進め，それは NAFTA として結実した．前述のように，NAFTA はもともとブッシュ政権のもとで北米から南米までを包括した米州自由貿易圏を創出する計画のなかに位置づけられた．NAFTA が発効した 1994 年の 12 月に，クリントン大統領はマイアミで開催された第 1 回米州首脳会議（キューバを除く北米・中南米 34 カ国首脳が出席）で，2005 年までに南北米州全域におよぶ FTAA を創設する構想を提案し，ここから FTAA の動きが始まった．

しかし，2002 年 11 月より FTAA の実務交渉を最終的に統括する貿易大臣会合の共同議長国となったブラジルとアメリカとの間で意見の対立が激化し，2004 年には交渉が失速してしまった．これは直接的には，サービス，政府調達，知的財産権，投資ルールを FTAA 交渉の議題としたいアメリカとこれらを WTO 交渉に委ねたいブラジル，他方で農業補助金やダンピング防止を FTAA 交渉に入れたいブラジルとこれらを WTO 交渉に回したいアメリカ，この両議長国の対立によるものであった．ブラジルはアメリカ市場への依存度が最も低く，メルコスール（南米南部共同市場：アルゼンチン，ブラジル，パラグアイ，ウルグアイが参加）の貿易発展を優先したからであった．またベネズエラは，FTAA そのものに反対している．

こうして FTAA 交渉が行き詰まったのは，より根本的には経済格差が著しく大きく，しかも様々な規模の米州各国が，アメリカ主導で各国を等しく拘束する包括的な協定を一括受諾することが困難だったからである[30]．したがって，このようなアメリカ主導の貿易・投資の自由化は南米での反発を呼び起こし，2005 年 11 月にアルゼンチンのマルデルプラタで開催された第 4 回米州首脳会議では，反 FTAA，反米をスローガンに 4 万人規模の集会が開かれたのであった．

2. APECの変容とASEAN+3

　ラテンアメリカと並んでアメリカン・リージョナリズムがもう1つの軸足を置いているのはアジア太平洋地域である．この地域の貿易自由化の協議体としてAPECがある．もともとAPECは，1989年1月，オーストラリアのホーク首相がアジア太平洋地域に広域自由貿易地域を創出することを提案したことから始まった．ホーク首相の提案に先立ってアメリカ政府には相談もなく，また当初案ではアメリカとカナダが参加国リストにはなかったため，当初アメリカはAPECには消極的であった．しかし，APECの設立が明確になるやアメリカはAPEC参画を表明し，その結果APECは同年11月にASEAN 6カ国，韓国，ニュージーランド，オーストラリア，カナダ，米国，日本の12カ国のメンバーで出発した．当時，ブッシュ政権はアジアとの貿易摩擦を2国間交渉によって解決しようとしていた．たとえば，1990年にアメリカの貿易赤字1090億ドルのうち対日貿易赤字は426億ドルであったが，日本に対しては1989年から「結果重視」の「日米構造協議」という2国間交渉でこの膨大な対日赤字問題に切り込もうとしていたのであった．

　そのアメリカがAPECに積極的に関与するようになったのは，1993年にクリントン政権が誕生してからであった．クリントン政権はシアトルで，ブッシュ大統領がすでに設定していた同年11月の第5回閣僚会議とAPECでは初めての非公式首脳会議とを初の議長国として主催した．その機会を利用してAPECの改革を図ろうとしたのであった．アメリカのAPECへの積極的な関与には，以下のような事情があった[31]．第1に，APECを当時同時進行中であったウルグアイ・ラウンドにおいてヨーロッパに譲歩させるための交渉力強化に役立てようとした．APECをアメリカ主導で強化することで，アメリカ政府が言う「競争的自由化」を作動させて，ヨーロッパをウルグアイ・ラウンドの最終妥結に歩み寄らせようとしたのである．第2に，クリントン大統領は「新太平洋共同体」（1993年7月7日の早稲田大学における演説）を提唱し，APECを発足当初の「緩やかな協議体」から「行動と結果重視」の機構にして貿易と投資の自由化を行い，アメリカのアジア向け輸出

と投資の拡大を確保しようとした．第3に，そしてこれが最も基本的な関心であったが，APECという環太平洋組織によって，1990年末にマレーシアのマハティール首相が提唱したようなアメリカを排除し日本を中心に置くEAEG（東アジア経済グループ）やその修正版である91年のEAEC（東アジア経済協議体）の設置を阻止することにあった．マハティールは当時交渉中であったウルグアイ・ラウンドにおいてアジアの発言力を高めるためには団結しなければならない，と考えたのであった．EAEGのメンバーには，ASEANに加えて，日本，中国，韓国，インドシナ諸国などを想定していた．アジア以外の国を排除していたため，アメリカは激しく反発したのだった．

アメリカの強力な反対のためEAEGは結成されなかったが，それゆえにまたAPECに対するアメリカの関心も低下した．APECは1994年に貿易・投資に自由化の期限を付した「ボゴール宣言」（途上国は2020年，先進工業国は2010年まで），95年には「大阪行動指針」を策定したが，これらの取り決めはAPECの原則からすれば当然ながら各国を拘束する性格のものではなかった．APECの貿易自由化の原則は，「合意的単独主義」（concerted unilateralism）といわれ，合意に基づいて各国が自ら自由化の対象と時期を決定するものである．アメリカが企図するような結果重視の拘束力ある取り決めでなかったが，そのことがアメリカのAPECに対する関心を再び低下させた．

とはいえ，2001年9月のアメリカ同時多発テロ以後のテロ対策における連携，感染症（SARSなど）対策における連携など，アジア太平洋規模での取り組みにAPECは一定の役割を果たしている．他方で，1997年からはASEAN＋3（日本，韓国，中国）によってアジアに関する広範な諸問題を協議する場も設定されている．これは構成からいえば，1990年にマレーシアのマハティール首相が提起し，アメリカが葬り去ったEAEGにほぼ相当するものである．こうしてアジア太平洋地域においては，経済，社会，文化などの多面的な協力が進み，しかもそれらは国連などの国際機関との多層的な協力と並行しつつ，アメリカ中心ではなくアメリカ，日本，中国の3極が牽制するような「多面・多層・多極共生システム」が，芽生えつつある[32]．

アメリカン・リージョナリズムが「競争的自由化」を作動させることによって目指すのは，世界的な貿易・投資の自由化であり，アメリカン・グローバリズムの実現である．NAFTA ではそれが作動し，ウルグアイ・ラウンド妥結にまで進んだ．しかし WTO と NAFTA が成立したまさにその直後から，アメリカが積極的に関与しようとした FTAA と APEC では，「競争的自由化」が作動しないだけでなく，アメリカン・グローバリズムとアメリカン・リージョナリズムへの批判が強まった．その潮流はその後も強まり，現在ではアンチ・グローバリズムの大きな潮流となっている．

VI. アメリカン・グローバリズムの内なるゆらぎ

「競争的自由化」戦略を駆使しながら貿易自由化を進めてきたアメリカであるが，その足下でグローバリゼーションへの不安が高まっている．アメリカ政府が貿易自由化を推進するときには，国内向けにはいつも輸出増加と平均を上回る輸出関連雇用の増大，実質所得の拡大を掲げてきた．しかし，そうしたアピールは過大評価による貿易自由化の売込みではないかという貿易自由化への信奉に対する懐疑が広がっている．それはまた，グローバリゼーションのもとで，以下にみるような変化を遂げつつあるアメリカ労働市場を表している．

第1に，貿易自由化を進めた途上国との間では輸入が急拡大し，財の貿易赤字が増加している．このインパクトである．1994年から発効したNAFTA を締結したメキシコとの間では，1993年から2004年の間にアメリカの対メキシコ輸出は 166% 増，輸入は 290% の増加で同期間の対世界輸出 76% 増と輸入 176% 増をはるかに凌ぐ増加であった．その結果，同期間に対世界貿易赤字は 496% の増加であったが対メキシコ貿易赤字は 1,950% もの増加となった[33]．また，「世界の工場」として，そして「世界の市場」として WTO 加盟をした中国との間でも，2000年から2004年の短期間に輸出が 113%，輸入が 97% の増加であった．同期間にアメリカの対世界輸出増加率は 4.7%，輸入増加率は 21%[34] だったので，すさまじい中国との貿易拡大であった．

アメリカ政府は，貿易自由化の効果として相手国への輸出市場の拡大を主張するのが常であるが，結果は常に相手国からの輸入も増加し貿易赤字が拡大することになった．しかもメキシコや中国の場合には，もともとこれら両国と貿易や投資の自由化を求めたのはアメリカ多国籍企業であり，その目的の1つは相手国で直接投資による子会社の設置や委託生産によって在外生産と在外調達を行うことであった[35]．したがって，その相手国からの輸入が急増するのは当然の帰結であるが，これは輸入競合企業や関連する労働者にとっては企業業績の悪化や失業問題を招来する一方で，消費者にとっては安い輸入品が手に入るということになる．とはいえ，安い輸入品であっても雇用と所得があってこそそれらを入手できるのであり，何よりも米ドルが基軸通貨となっているからこそ一方的な貿易収支赤字が可能なのである．そして一方では，貿易自由化によって失業した労働者に対しては，国民的利益をもたらす貿易自由化の犠牲者だとみなし，独自の雇用調整支援を実施している[36]．

第2に，アメリカの労働者の賃金形成に大きな影響を及ぼしてきた大手の製造業企業の労働組合の影響力の後退である．これは基本的には，製造業の雇用そのものが絶対的にも相対的にも減少を続けていることに起因する．製造業の雇用が長期にわたって逓減してゆくことはアメリカに限らず生じることで，基本的には製造業の生産性上昇率が他部門，とくにサービス生産部門に比して高いことから生じる．こうしたサービス生産部門の成長を「産業部門におけるサービス経済化」[37]と定義しよう．この「産業部門におけるサービス経済化」の結果，製造業の雇用シェアは低下し，それに伴い1980年代以降，影響力をもった大手製造業の労働組合は「譲歩」の時代に直面している．つまり，かつてJ.K.ガルブレイスがいったような独占的企業には大きな力をもつ労働組合が生まれ，それが独占企業に対する「拮抗力」（countervailing power）として作用し，独占的利潤を両者の間で分配するという事態ではなくなっている[38]．

サービス経済化は産業部門の次元で進んでいるだけではなく，職種の次元でも進んでいる．2004年時点で，アメリカの製造業全体雇用のなかの直接的生産職種のシェアは52％，自動車製造業のそれは65％で経営・財務職のそれは7％，これに対してコンピュータ・周辺機器製造業の製造職シェアは

31% と非常に小さく，経営・財務職が 16%，コンピュータ専門職やエンジニアなどの専門職のシェアは 34% に達する[39]．こうしてみると製造業においても，業種によっては「職種のサービス化」が相当進んでいる．この傾向を促進しているのがアメリカ製造業の経営戦略である．近年アメリカ製造業企業は，グローバル競争の下での高付加価値戦略として，ブランドや特許，商標などの知的財産権を強化する only one 戦略，そして製品販売後の顧客向けサービスを強化する only you 戦略を志向している．他方では，標準品の製造は中国などの低賃金国へのアウトソーシングによってコスト削減を図る動きを強めており，製造業内部で製造に係わる職務が外国に移転しているのである[40]．

1990 年代にはアメリカ経済は「ニューエコノミー」と呼ばれる超長期の景気拡大が続いた．この時期は，IT 革命やグローバリゼーションによって華やかに彩られるが，反面では上述のように，途上国からの輸入品の急増，サービス経済化の進展，製造業の大手労働組合の地位の低下が進んだ時期でもあった．この結果，景気拡大にもかかわらず製造業雇用は 20% も減少し，比較的低賃金のサービス生産部門の雇用が拡大したのであった（図 0-1）．また民間非農業労働者全体でみても，週当たりの平均賃金は 1982 年価格で 1972 年の 332 ドルをピークに下がり続け，1993 年に 258.1 ドルの最低値になった．その後，景気拡大につれて 1998 年には 270 ドル台まで回復したが 2005 年でも 280 ドルを超えないまま推移した[41]．

このような労働市場の状態がどの程度貿易に起因するかは別として，多くの一般国民がグローバリゼーションに懐疑を抱いているのが現状である．2004 年 6 月にシカゴ外交評議会が行ったアンケート（無作為抽出の 1,195 人の大人対象）[42] では，グローバリゼーションの中心である貿易（自由化）のインパクトについて，消費者にとって「良い」が 73%「悪い」が 22% で，圧倒的に消費者としては貿易（自由化）を肯定的に捉えている．一方，アメリカ国内での雇用創出にとって「悪い」が 56% で「良い」の 38% を越え，アメリカ労働者の雇用保障にとっては「悪い」が 64% で「良い」の 31% の倍以上を占めた．また，最大の貿易赤字国である中国は不公正貿易を行っているとした者は 51% で，メキシコのそれの 38% を越える最高値であった．

平均時間あたり賃金指数（2005年産業平均を50とした指数）

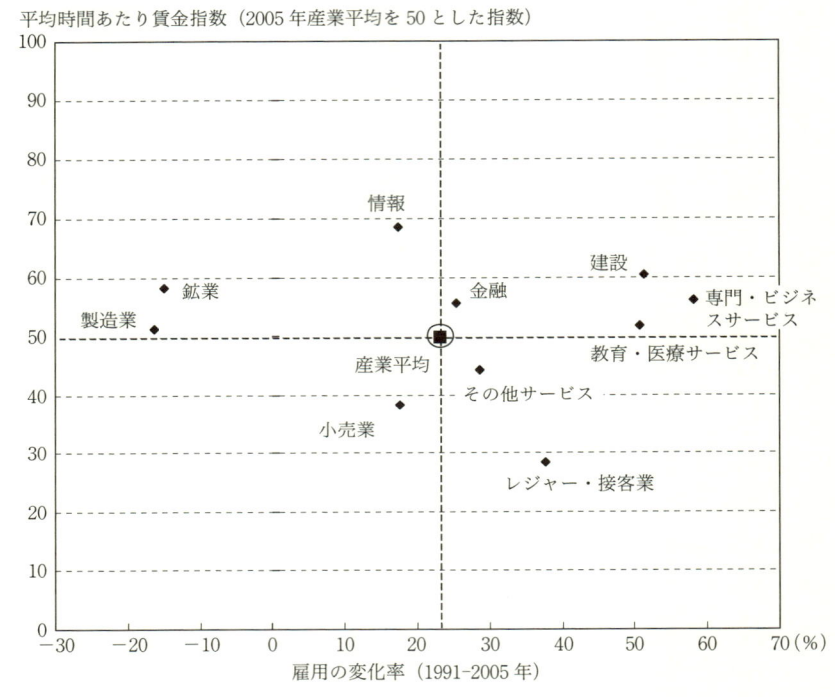

出所：U.S. Dept. of Labor, Bureau of Labor Statistics, *Employment and Earnings*, より作成.

図 0-1　雇用の変化（1991-2005年）と平均時間あたり賃金水準（2005年）

中国との貿易自由化は大量の安価な消費財が輸入されるため，消費者としては賛成であるが，労働者としては雇用喪失が心配だというところである．

さらに企業の在外アウトソーシングについて，物価を下げ国内で新たな職を創出するので「良い」と応えたのは22％，雇用喪失になるので「悪い」と応えた者は72％に達した．また締結後10年を迎えたNAFTAについては，NAFTA論争で問題となった環境について，「良かった」が34％，「悪かった」が48％，雇用創出にとって「悪かった」が56％，「良かった」が31％，アメリカ労働者の雇用保障にとって「悪かった」が60％で「良かった」の25％をはるかに上回った．貿易と投資の自由化による市場経済の世界的拡大は，アメリカン・グローバリズムの真髄であるが，環境悪化と雇用

の対外流出，不安定な雇用保障の前に，一般国民の間ではグローバリズム・イデオロギーがゆらいでいるのである．

　これまでにもNAFTA論争にみられたように，貿易自由化に対する激しい反対運動もあったが，議会は最終的には貿易自由化のための法案をしばしば超党派で批准してきた．それはなぜか．そこにはアメリカの政府，議会，ビジネス界，さらには一般国民をとりまく牢乎とした貿易自由化のイデオロギーとそれを支える理論および歴史があった．理論とは比較優位論による自由貿易の論理であり，また歴史とは1970年代前半までは曲がりなりにも「一方主義的貿易自由化」を展開し，そのなかでアメリカは高い生活水準を維持しえたことである．アメリカの貿易赤字の急拡大とともに，1970年代後半から80年代にかけては「一方主義的な貿易自由化」に代わり，「自由貿易とは公正貿易だ」との論理で，自由貿易の名の下に相互主義的通商政策や結果重視の通商政策が展開された．そして1980年代半ばからは，さらなるグローバル規模の貿易自由化を目指してウルグアイ・ラウンドを主導し，WTO体制の成立を実現したが，そのアメリカの足下では，貿易自由化のイデオロギーに対して「グローバル化恐怖症」（Globaphobia）[43]が広がっているのである．

　1930年代大不況を経験した世代の「不況恐怖症」は戦後アメリカのケインズ主義政策を支えた国民的なイデオロギーであったが，1990年代の「グローバル化恐怖症」にはどのような政策が求められているのだろうか．ここには2つの政策方向がある．1つは，「グローバル化恐怖症」は間違いだとして，グローバリゼーションの利点を掲げてグローバリゼーションをいっそう進めることにより，その「恐怖症」を取り除こうとする方向である．不十分なグローバリゼーションこそ問題だというのである．この方向は，アメリカ政府が従来から進めてきた方向である．そのためには，貿易自由化の利益を掲げ「自転車論」がいうように，貿易自由化の自転車のペダルを漕ぎ続けなければならない．そこでG.W.ブッシュ政権は，外国との貿易自由化交渉の権限を議会に求めた．この「貿易促進権限」（Trade Promotion Authority）[44]は2001年12月6日に下院で採決されたが，その賛否の票差はわずかに1票であり，これまでの貿易法案の採決のなかではもっとも僅差の票決で

あった[45]．この票差は，「グローバル化恐怖症」を反映したものといえよう．

いま1つの方向は，従来のアメリカン・グローバリズムによるグローバリゼーションを変革する方向である．すなわちグローバリゼーションの成果を内にあっては一般国民に，外にあっては途上国にも及ぼすための改革を行い，「グローバル化恐怖症」やアンチ・グローバリゼーションへの処方箋とする方向である．そのためには当然のことながら，雇用や貧困，環境など幅広い政策領域にまたがる処方箋が不可欠である．市場至上主義はパイを速く大きくするうえでは有効かもしれないが，パイを社会構成員全体に均霑（きんてん）（trickle down）させる機能はない．むしろ先進工業国および途上国の双方の国内において，社会階層間の経済格差およびグローバリゼーションの恩恵を享受する大都市と地方地域との地域間経済格差は拡大しているのである．こうした格差の拡大は，内外にわたって社会的安定を危うくし，また経済成長の持続を困難にする．この観点に立って，ROE（自己資本利益率）を至上のものとするコーポレート・ガバナンスを変えることから始まって，貿易自由化や資本市場の自由化などの経済自由化の速度の調整や政府の役割の再確認，IMF・世界銀行などの国際金融機関の改革，国際経済秩序形成の決定過程の民主化および透明性を高めることなどが必要である[46]．

注
1) Scholte [2000] pp. 15-6. 現在，世界中でグローバリゼーション論争が生じているが，この論争はここ10年余りの事態である．グローバリゼーションに関連する事項を解説した『グローバリゼーション辞典』を著したA. ジョンズによれば，1990年代初頭でもグローバリゼーションに論及したジャーナルはほとんどなかった（Jones [2006] p. 4）．また，グローバリゼーション論争は，それを肯定し国民国家をアナクロニズムとする「超グローリスト」，グローバリゼーションのデータ研究やEU, NAFTA地域主義の隆盛を根拠に「超グローリスト」を批判する「懐疑論者」，そしてこれらの中間にある「変貌論者」に大別されるとしている．
2) グローバリゼーションに対する懸念は，雇用流出，労働基準や食品安全基準の低位平準化，南北間格差，国内所得格差，地球環境破壊，など多様である．
3) *Economic Report of the President* [2000] p. 199（『2000年米国経済白書』毎日新聞社，164ページ，以下，毎年の『米国経済白書』は邦訳と略記）．
4) *Ibid.*, p. 217（邦訳179ページ）．
5) *Economic Report of the President* [2005] p. 189（邦訳172ページ）．

序章　アメリカン・グローバリズム：展開と対立の構造　　29

6) U.S. Dept. of Commerce [various years, b].
7) IBM 取締役会長兼社長兼最高経営責任者である S.J. パルミザーノの定義。Palmisano [2006]. パルミザーノは，アメリカの競争戦略を提起した *Innovate America : Thriving in a World of Challenge and Change* (2004) を出した全国イノベーション協議会（NII）の共同議長としても著名で，同報告はパルミザーノ・レポートと呼ばれる。
8) 詳しくは，中本 [1999] 第5章を参照．日本の対外経済政策が，戦後長期にわたった輸出至上主義から内需主導成長と対外直接投資推進に転換したのは 1980 年代後半であった。1986 年に総理大臣諮問委員会報告として提出された『国際協調のための経済構造調整研究会報告書』は，その政策転換の象徴である．本報告は，座長の前川春雄元日銀総裁にちなんで『前川レポート』と称される．このようにアメリカだけではなく，日本を含む先進工業国政府は対外直接投資の拡大と多国籍企業化を推進している．ここに，先進工業国が共同で対外投資のいっそうの自由化を求める根拠がある．OECD は 1995 年から高い水準の投資の保護・自由化，効果的な紛争解決手続のために多数国間投資協定（MAI）の交渉を始めたが，各国の NGO や途上国の反対もあり結局 1998 年に交渉を打ち切った。
9) Galbraith [1952] Chap. 6.
10) アラン・ケネディによれば，こうした大手機関投資家の圧力の下で，株主価値の増加を経営目標とする動きが強まったのは 20 世紀末である．また，こうした企業経営は，しばしば短期収益主義に陥る弊害が指摘されている．Kennedy [2000].
11) Destler [1995] p. 18.
12) General Electric は，中国が WTO に加盟した翌年の 2002 年には「世界の工場」と「世界の市場」である中国戦略を策定した．すなわち，2005 年までに中国で 50 億ドルの財を調達する一方で 50 億ドルの中国国内売り上げを実現する「50×50」計画である．中国で 50 億ドルの財を調達することは 10 億ドルのコスト削減になるという（GE [2002] p. 13）．
13) Juhasz [2002].
14) 1980 年代にはアメリカのアンチ・ダンピング法，相殺関税法，301 条などの「不公正貿易法」の濫用が目立った．これについては，中本 [1999] 第2章を参照．アメリカ以外の国にとっては，WTO の紛争処理メカニズムの確立によって，アメリカの 301 条による一方的な制裁措置を抑えようとする意図があった。
15) Lovett, Eckes Jr., and Brinkman [2004] p. 85.
16) USTR の次席代表である M. スミスは，1984 年 7 月に「われわれは GATT 全加盟国がその合意に達するまで待っておれない．GATT を放棄するのではないが，2 国間，多国間，あるいは複数国との合意を通じてより自由化した貿易を推進する．これはアラカルト戦略なのだ」と語っていた（Auerback [1984]）．
17) *Economic Report of the President* [1998] p. 230（邦訳 185 ページ）．
18) マキラドーラは，スペイン語の maquilar に由来する．maquilar とは小麦の製粉サービスを意味する言葉で，転じて財そのものを所有せずそれらを組み立て

サービスを意味する．つまりメキシコは，外国企業に土地と労働を提供して，組み立て加工を行うのである．
19) これによって，議会は大統領が締結した通商協定締結に伴う国内実施法案に対しては，採択するか否決するかのいずれしかなく，これを修正することはできない．早期審議を意味する．大統領は，議会に対して通商協定の署名の意図を少なくとも法案提出の 90 日（審議可能日数ベース）以上前に通告する必要がある．
20) Kaplan [1996] p. 144.
21) Lovett, Eckes Jr. and Brinkman [2004] p. 144.
22) クリントンによる NAFTA のためのロビーイングについては，Kaplan [2004] pp. 143-52 に詳しい．
23) *New York Times* [1993].
24) *Economic Report of the President* [1998] p. 230（邦訳 185 ページ）．
25) ただし，NAFTA とヨーロッパの統合とは基本的に異なることに注意する必要がある．第 1 に，NAFTA においてはアメリカが圧倒的に支配的な地位にある．1989 年時点で，アメリカの人口 2 億 1 千万人で GNP は 5 兆 2 千億ドル，1 人当たり GNP は 21,057 ドルに対して，カナダの人口は 2600 万人で GNP は 5300 億ドル，1 人当たり GNP は 20,400 ドル，この両国に対してメキシコは人口 8400 万人で GNP は 2000 億ドル，1 人当たり 2,393 ドルという大きな経済格差があった．カナダは人口及び GNP ともにアメリカの「10 分の 1 経済」といわれる規模であったし，メキシコの経済規模にいたってはアメリカのそれの 4% に過ぎなかった．その結果，NAFTA 交渉はアメリカ主導で行われた．第 2 に，ヨーロッパの統合は資本や労働者の自由移動に加えて通貨の統一や最近では EU 憲法への取り組みなど社会的統合を目指しているが，NAFTA は資本の自由移動は認めるが労働者の自由移動は禁じるというものである．第 3 に，メキシコとアメリカおよびカナダとの経済格差は，途上国と先進工業国とのそれであった．とくにメキシコと国境を接しているアメリカにとって，この経済格差を前提に貿易と投資の自由化を進めた場合に懸念される雇用と環境への悪影響をめぐって大きな政治的論争が巻き起こった．各国の経済格差を縮小して統合を進めようとするヨーロッパと経済格差を利用して米墨両国の経済発展を進めようとする NAFTA には基本的な違いがある．
26) *Economic Report of the President* [1997]（邦訳 224 ページ）．
27) 1988 年と 2003 年の 2 時点比較では，メキシコの対米輸出依存率は 65% から 88% へ，カナダのそれは 70% から 87% へ，またアメリカの対メキシコ輸出依存率は 6% から 14% へ，対カナダ輸出依存率は 22% から 23% へ，それぞれ高まった．輸入ではアメリカの対メキシコ輸入依存率が同期間に 5% から 11% に急増した．以上の数値は，IMF [various years] による．
28) Berges [2003] p. 14.
29) UNCTAD [2004] p. 61.
30) Hornbeck [2005].
31) Ravenhill [2001] pp. 94-5.

32) 油井 [2004].
33) Hufbauer and Schott [2005] pp. 20-1.
34) U.S. Dept. of Commerce [various years, a].
35) 2004年時点で中国からの輸入のうち44%という最大のシェアを占めるのは「機械・輸送機械」(コンピュータ, オフィス機器およびコンピュータの部品, 通信機器, 音声・TVレコーダー, 家電製品など) であり, 次いで39%は「その他製造品」(玩具・スポーツ用品, 靴, 家具, プラスチック製品, 下着類などの軽工業品) である. これらの多くが, 現地メーカーへの委託生産の形をとって行われている.
36) 中本 [2005] 197-8ページ.
37) 2つのサービス経済化については, 中本 [2006] を参照されたい.
38) アメリカの製造業の職務構成や職場組織の変貌については, 中本 [2003] を参照されたい. ガルブレイスの「拮抗力論」は, 初期の著作である『アメリカの資本主義』[1952年] の主題である.
39) U.S. Dept. of Labor, Bureau of Labor Statistics のデータによる.
40) 中本 [2005] 194-5ページ.
41) *Economic Report of the President* [2006] table B-47.
42) Chicago Council on Foreign Relations [2004] p. 41.
43) Burtless, Lawrence, Litan and Shapiro [1998].
44) ファスト・トラックと同じく, これによって大統領は外国との通商交渉権を授権される. 議会は大統領が締結した通商協定締結に伴う国内実施法案に対しては, 採択するか否決するかのいずれしかなく, これを修正することはできない.
45) Destler [2005] p. 331. 2002年通商法で成立. その後2005年6月には2007年6月末までの期限で延長された.
46) ノーベル経済学賞の受賞者であり, 世界銀行の上級副総裁を務めたJ. スティグリッツは, 格差と不公平を拡大するグローバリゼーションを批判して, 3つのシナリオを提起する. 第1は, 現状を追認し「トリクル・ダウン説」を主唱するものであり, 第2はむしろ積極的に公平なグローバリゼーションを阻止するというものである. しかし, これら2つの方向は, 非実効的かつ非倫理的だと批判し, グローバリゼーションの民主化という第3の道を主張している (Stiglitz, Joseph E. [2006]).

参考文献

Auerback, Stuart [1984] "U.S. Going its Own Ways on Trade," *Washington Post*, July 29.

Berges, Robert (Merrill Lynch & Co.) [2003] *Mexico and the Threat from China*, Federal Reserve Bank of Dallas, November 21.

Burtless, Gray, Robert Z. Lawrence, Robert E. Litan, and Robert J. Shapiro [1998] *Globaphobia : Confronting Fears about Open Trade*, Washington D. C. : The Brookings Institution, and Washigton D.C. : The Progressive Policy

Institute, and New York : The Twentieth Century Fund.
Chicago Council on Foreign Relations [2004] *Global Views 2004 : American Public Opinion and Foreign Policy*.
Destler, I.M. [1995] *American Trade Politics*, 3rd edition, Washington, D.C. : Institute for International Economics.
Destler, I.M. [2005] *American Trade Politics*, 4th edition, Washington, D.C. : Institute for International Economics.
Economic Report of the President [1997] [1998] [2000] [2005] [2006]. (『米国経済白書』毎日新聞社, 各年版)
GE [2002] *GE 2002 Annual Report*.
Galbraith, John Kenneth [1952] *American Capitalism : The Concept of Countervailing Power*, Boston : Houghton Mifflin Company. (藤瀬五郎訳『アメリカの資本主義』時事通信社, 1970 年)
Hornbeck, J.F. [2005] "A Free Trade Area of the Americas : Major Policy Issues and Status of Negotiations," *CRS Report for Congress*, January 3.
Hufbauer, Gray Clyde and Jeffrey J. Schott [2005] *NAFTA Revisited*, Washington, D.C. : Institute for International Economics.
IMF [various years] *Direction of Trade Statistics Yearbook*, Washington, D.C. : IMF.
Jones, Andrew [2006] *Dictionary of Globalization*, Cambridge UK and Malden, US : Policy Press.
Juhasz, Antonia [2002] "Servicing Citi's Interests GATS and the Bid to Remove Barriers to Financial Firm Globalization," *Multinational Monitor*, Vol. 23, No. 4, April.
Kaplan, Edward S. [1996] *American Trade Policy, 1923-1995*, Westport : Greenwood Press.
Kennedy, Allan A. [2000] *The End of Shareholder Value* : Corporations at the Crossroads, Cambridge, Mass. : Perseus Publishing. (奥村宏監訳『株主資本主義の誤算：短期の利益追求が会社を衰退させる』ダイヤモンド社, 2002 年)
Lovett, William A., Alfred E. Eckes Jr., and Richard L. Brinkman [2004] *U.S. Trade Policy : History, Theory, and the WTO*, 2nd editon, Armonk, NY and London : M.E. Sharpe.
Mills, Joshua [1993] "Business Lobbying for Trade Pact Appears to Sway Few in Congress," *The New York Times*, November 12.
Palmisano, Samuel J. [2006] "The Globally Integrated Enterprise," *Foreign Affairs*, Vol. 85, No. 3.
Ravenhill, John [2001] *APEC and The Construction of Pacific Rim Regionalism*, Cambridge : Cambridge University Press.
Scholte, Jan Aart [2000] *Globalization : A Critical Introduction*, New York : St. Martin's Press, Inc.

Stiglitz, Joseph E. [2006] *Making Globalization Work*, New York : W.W. Norton & Company, Inc. (楡井浩一訳『世界に格差をバラ撒いたグローバリズムを正す』徳間書店, 2006年)
U.S. Dept. of Commerce [various years, a], *Foreign Trade Highlights*, various issues.
U.S. Dept. of Commerce [various years, b], *Survey of Current Business*, various issues.
U.S. Dept. of Labor, Bureau of Labor Statistics, Employment Projections, 2004-14 Industry-Occupation Employment Matrix. (http://www.bls.gov/emp/empiols.htm)
UNCTAD [2004] *World Investment Report 2004 : The Shift towards Services*, NY and Geneva : United Nations.

中本悟 [1999]『現代アメリカの通商政策：戦後における通商法の変遷と多国籍企業』有斐閣.
中本悟 [2003]「アメリカ製造業の衰退と再生の経済学―SSEから「ニューエコノミー」論へ」, 大阪市立大学経済研究所/植田浩史編『日本企業システムの再編』東京大学出版会.
中本悟 [2005]「多国籍企業と通商政策」, 萩原伸次郎・中本悟編『現代アメリカ経済：アメリカン・グローバリゼーションの構造』日本評論社.
中本悟 [2006]「サービス貿易とGATS体制」関下稔・板木雅彦・中川涼司編『サービス多国籍企業とアジア経済』ナカニシヤ出版.
油井大三郎 [2004]「『太平洋共同体』の可能性」遠藤泰生・油井大三郎編『太平洋世界の中のアメリカ』彩流社.

第1部　アメリカン・グローバリズムの国内的文脈

第 1 章
IT 革命，グローバリゼーションと雇用システム

チャールズ・ウェザーズ
（塚谷文武，山崎文徳，田村太一共訳，中本悟監訳）

はじめに

　第 2 次世界大戦後 30 年間，生産性の上昇，労働組合の制度的役割，優れた技術力，に基づいた大量生産方式は，アメリカに繁栄と経済的安定をもたらした．しかし，1970 年代後半には激化するグローバル競争により大量生産方式の弱さが明らかとなり，その後 20 年間にわたって労働者の所得は停滞した．そして，1990 年代には急速な技術革新が新たな繁栄の波を作り出し，いわゆる「ニューエコノミー」に対する大きな期待をもたらした．「ニューエコノミー」は，自由な市場と継続的な技術革新が，従来よりも高い技能と高い報酬の雇用，そして安定したインフレなき経済成長を生み出すというのであるが，このような期待は裏切られた．2001 年以降，アメリカ経済は雇用増加の停滞と高まる雇用不安に悩まされている．注目すべきは，かつては安定を保障されていたかに思われてきたホワイトカラーや専門職が雇用喪失に苦しめられており，その後の景気拡大過程においてもそれは見られた．多くのエコノミストは，新しい技術やより自由な国際貿易環境がすぐに新たな雇用創出につながると信じているが，一般のアメリカ人はそのような要因はいまでは自分たちの雇用と生活水準を脅かすと考えている．

　本章は，技術革新と経済のグローバル化がアメリカの労働市場と雇用関係システムに与えた影響について分析する．ここで私が多くの研究者と同じように強調しておきたいことは，貿易と技術変化が雇用に与える効果に関して，両者を明確に分けることはできないということである（例えば，Baumol,

Blinder and Wolff [2003]；Appelbaum, Bernhardt and Murnane [2003]）.
さらに，技術変化の影響を企業の経営戦略や主な経済政策，なかでも経済的規制緩和の影響から分離することはできない．なぜなら，規制緩和自体がグローバリゼーションの推進力であるからだ．1970 年代末以降，技術革新と市場志向型の政策との組み合わせで労働者に対する経営者の支配力を強めてきたが，他方ではそれは，ほとんどの企業を競争に対して脆弱にし，したがって企業が雇用やコストを削減しようとする動機を強めた．

　近年の技術革新が労働者や国民経済に便益をもたらしているのかどうかについては，大きく意見が分かれている．新古典派のエコノミストは次のように信じている．すなわち，規制緩和やグローバル化を促す新たな技術によって可能となるいっそう自由な市場の作用は，アメリカの経済成長のみならず同時に新規のよりよい雇用を創出すると．しかしながら，いくつかの要因がそのような信念と矛盾しているという批判がある．第1に，急速な技術進歩は基本的な前提自体を崩してしまった可能性がある．ホワイトカラー職やサービス職のオフショアリングの急速な進展はその一例である．それだけではない．第2に，グローバルな労働の裁定取引のプロセス——世界中の労働者と競争させようとする企業権力の強まり——は，熟練労働者やホワイトカラー職の賃金さえを容赦なく引き下げている．第3に，労働組合は 1970 年代以降，急速にその力を弱めてきた．こうして 1990 年代末を除いて，ほとんどの労働者の賃金と労働条件は，生産性が安定的に上昇してきたときにさえ改善されなかった．最後に，アメリカ国内ではとくに，コスト削減は1つには中国とのすさまじい価格競争の結果として，10 年前よりも強調されるようになっている．その結果，新しいビジネス慣行について，その擁護者であれ批判者であれ，実際すべての論評家は一様に，急速な経済的かつ職業上の変化の時代において，アメリカは労働者を支援し，訓練または再訓練するためのより包括的な政策が必要であることに合意している．しかしながら，現在のところ，そのような政策が行われる可能性はきわめて低い．

　本章では，1970 年代以降の技術変化とグローバリゼーションの進展によって生じた雇用関係システムの変化について分析する一方で，1990 年代後半5年間に生じた変化を強調したい．この時期は「ニューエコノミー」の見

せかけの期待が，連続的な技術変化による負の効果に関する高まる不安に取って代わられた時期であった．

以下，本章の構成を述べておきたい．まず第I節では，1970年後半から80年代に生じた大量生産方式の崩壊とその後のグローバル競争への対応という制約とサービス経済化への移行について概観する．第II節から第IV節では，製造業，サービス業，ホワイトカラーやハイテク産業の雇用についてそれぞれ検討する．具体的な検討のために，主要産業および主要企業，すなわち自動車（製造業），通信やウォルマート（サービス，ホワイトカラー），IBM（ハイテク），の簡単なケース・スタディを行う．そして第V節では，職業訓練や教育による能力形成といった労働者の労働条件を改善するための戦略や活動について議論する．

I. 製造業：大量生産からグローバル化とサービス重視へ

1. 製造業の変貌

製造業が大規模な対外直接投資を開始した1960年代には，多国籍企業化は製造業の雇用を掘り崩し始めていた．さらなる衝撃は1970年代後半にもたらされた．国際競争が，大量生産方式を基礎とする産業を急速に荒廃させ始めたのである．東アジアや西ヨーロッパ諸国の製造業者は，しばしば工場において優れた生産方式や品質管理方法を採用した．それは特に，自動車，鉄鋼産業においてみられ，そのうえこれらの業種はアメリカのそれらと比べると低賃金であった．その結果，アメリカの多くの製造業は1980年代初頭に，困難を伴うリストラやダウンサイジングを経験したのである．

1970年代後半までにアメリカ経済の成長はすでに減速し，失業率は上昇し，賃金上昇が鈍化，政府は経済再活性化策として規制緩和を重視するようになった．規制緩和策は1970年代後半から積極的に行われ，競争力や成長を促進するものと信じられている．しかし同時に，それは賃金と労働条件に対してさらなる圧力を加えたし，雇用主が労働組合なしで事業をスタートさせることをより容易にした[1]．とくに運送業や航空産業など，規制によって

競争とは関係なく組合が賃上げや労働条件の改善を実現していた産業において，それは顕著であった（Kochan, Katz and McKersie [1994]）．グローバリゼーション（オフショア・アウトソーシングや国際競争）と規制緩和，積極的な労働組合回避戦略といった一連の要因は，1970年代以降労働組合の影響力を大幅に弱体化させた．確かに，それによって雇用主はコストを削減したが，経済的パフォーマンスを改善してきたとは言いがたい．なぜなら多くの研究者が考えているように，労働組合というものは雇用主が時には反生産性向上的なコスト削減方法を強化するよりも，むしろ雇用主に改善された労務管理を採用するように圧力をかけることによって，生産性や従業員満足度を改善するうえで重要な役割を果たすことができるからである（Appelbaum and Batt [1994]）．

規制緩和は，全般的な経済政策決定をより自由な市場指向の枠組みへ移行するうえで重要な影響を及ぼしているが，労働政策も1980年頃にはますます市場指向的になった．オスターマンらが指摘するように，「労働市場や職場に関する規制の範囲が1960年から1980年にかけて徐々に拡大した後，政府は労働市場における能動的なプレーヤーからの退却を始めた．……労働現場における政府規制は紙の上からはなくなったわけではない．そうではなくて規制を執行するための予算は減らされ，労働者からの苦情は増え，規制執行は滞り未解決の訴訟が驚異的な割合で増えた」（Osterman et al. [2001] p. 2）．さらに見せかけの広範な社会契約でさえ1980年代から1990年代初頭にかけて崩壊し，雇用主は収益性を強化するために経済状況や生産性の上昇とは無関係に労働者を解雇し，賃金を引き下げた（Osterman [1999]）．企業と労働者間のイデオロギー的な対立も激しくなり，このことは政策立案者が大きく変化した経済環境に対応するための新たな政策を立案することをより困難にした．

製造業は衰退したが，アメリカは依然として世界経済における技術的なリーダーである．アメリカには首尾一貫した産業政策はないが，技術的な強さは卓越した大学制度やIBMのような大企業の研究開発の高い実績，そして政府の膨大な研究開発投資と軍備調達政策，によって維持されてきた．実際に，これらの要因は航空機産業の成長やボストンのルート128およびシリコ

ンバレー近郊のハイテククラスターの形成に有益なものであった．先端技術と規制緩和は，次にはサービス産業の競争力強化に役立ち，それはアメリカの巨額の工業品貿易赤字を相殺するのに役立つ貿易黒字をもたらしている．

現在では，サービス業における雇用への技術変化のインパクトは製造業部門のそれと同様に明確になっている．アペルバウム＝バンハード＝マーネインが述べているように，「技術変化は従来高卒の労働者が担っていた多くの単純労働（ファイリングや経理，製品の組立作業）をオートメーション化した．情報技術の進歩は，データの入力作業や顧客サービス受付を世界中のあらゆる場所に配置することを可能にした．それは，アメリカ国内の低賃金地域ばかりではなく，アメリカの平均的な賃金よりもはるかに低い賃金の国においても移転可能となったのである．技術変化は，技術を使える労働者やオートメーション化された作業に従事する労働者の雇用ばかりではなく，間接的にその他の労働者へも影響を与えている．たとえば，新技術はウォルマートのような大規模小売業者のコストを劇的に減少させ，高卒の労働者に比較的条件のよい雇用を提供していた小規模の小売業者を廃業に追い込んだのである」(Appelbaum, Bernhardt and Murnane [2003b] p. 4)．

1990年代半ばから末にかけては，技術が雇用に与える影響はプラスの方向に働いたようである．製造業が雇用を削減しつづけていた時期でさえ，ハイテク産業は予想外の急速な経済成長をもたらしていた．GDP成長率は1997年から2001年にかけて4.1%から4.4%であったし，フルタイムの雇用も大幅に増加し，インフレ調整済の全労働者の中位の賃金は1995年から1999年までに7.3%上昇した（年率2.7%）．景気拡大の主な理由は，生産性の急激な上昇であった（Varian [2004]）．1948年から1973年の間に生産性は年率約3%上昇し，生活水準は2倍に上昇した．1974年から1994年までは，わずか年率平均約1.4%であった．このような生産性上昇率の鈍化の原因ははっきりしていないが，技術革新のスピードが遅くなったことがおそらく大きな要因であろう．そして，1995年から2000年には，生産性は年率で2.5%以上の伸びを見せた．サービス部門の生産性の上昇は緩やかなものだという長い間言われてきた想定に反して，製造業と同じ速さでサービス業においても生産性が上昇したことが新たに生じた事態であった（Triplett and

第1章 IT革命，グローバリゼーションと雇用システム　　　41

Bosworth [2003]）．

　経済全体の生産性は2002年以降上昇し続けているが，1990年代後半のように雇用が創出され賃金が上昇するどころか，雇用は減少しつづけ，労働市場は依然として弱含みであった．民間企業の雇用は2005年5月には景気後退が始まった2001年3月の水準にまで戻ったが，以前の景気回復時よりもはるかに緩慢であった[2]．ビジネスサービスや専門サービスを別とすれば，雇用拡大は概して低賃金の小売業，人材派遣業，レジャーサービス，ビルディング・サービス，病院などで生じた．このことが2003年から2004年にかけて経済成長の再起動力であったにもかかわらず実質賃金が低下した1つの理由であった（Roach [2004]）．これらの傾向は，技術進歩は生産性の向上（経営者には雇用削減を可能にする）や企業による職の外国移転（経営者にはより低賃金の労働者の選択を可能にする）によって，熟練のサービス職やホワイトカラー職を相当削減しているのかもしれないということを示している．もちろん，われわれはこの憂うつな現象を正確に確認するまでには至っていない．何人かの研究者は，サービス産業における生産性の高い伸びは持続しないと考えている（Porter [2004b]）．

　しかし，製造業雇用の激しい減少と関連して深刻な事態が進んでいる．製造業の雇用者数のシェアは1960年代から一貫して低下しているが，絶対数が急激に減少した2000年末までは1700万人から1900万人であった．2004年初頭からは1430万人程度を維持している．製造業雇用の減少は労働組合の組織率低下の主要な要因であった．組織率は1973年の24%から2003年には12.9%に低下した．そして民間企業ではたった8.2%の組織率であり，公的部門では37.2%である．最低賃金の実質的価値の下落とともに労働組合運動の賃金決定への影響力の低下は，賃金格差の拡大要因でもあった（Blau and Kahn [2002]）．低学歴，製造業雇用の減少，初歩的なレベルの移民労働者との競争，によって不利な立場におかれる傾向にある黒人労働者にとっては，ことのほか状況は厳しかった．

　また，いくつかの業種では高い比率で雇用の攪拌（churning）がみられる．雇用の攪拌とは，雇用全体の規模はほとんど変化しないが，多数の個々人にとっては就職したり失業したりすることを意味する．クライン＝シュー＝ト

リエストは，製造業における高い比率の雇用攪拌を確認している（Klein, Schuh and Triest [2003] pp. 60-1）．ボーモル＝ブラインダー＝ウルフは製造業においてのみ大規模なダウンサイジングが生じたことを確認したが，労働者は 1969-80 年の期間よりも 1981-92 年の期間のほうが職および業種をより頻繁に変更したことを見出した（Baumol, Blinder and Wolff [2002] Chap. 8）．同じように 2004 年 6 月に労働省の報告書は，2001-03 年の景気拡大にもかかわらず相当大規模な雇用攪拌が生じたことを公表した．これは深刻な問題である．というのは過去の想定に反して，非自発的に転職した労働者がしばしば失業期間の長期化と報酬の大幅な低下に苦しむことは，いまや周知のことだからである（Osterman [1999] pp. 83-4）．

2. IT の雇用インパクト論争

近年認められている技術の雇用への影響が，概してマイナスなのかプラスなのかについては大きな見解の違いがある．専門職やホワイトカラー職のオフショアリングは，2001 年あたりから急激に増加した．オフショアリング論争は，2002 年末にフォレスター研究所が発表した研究によって始まった．その報告書では，330 万人のホワイトカラー職が 2015 年までに海外に流出し，そのうちの約 50 万人がコンピュータソフトウェアやサービスに関する労働であることが明らかにされた．またデロイット研究所の 2003 年の報告では，金融業の上位 100 社は 2008 年までに 3560 億ドル分の業務と 200 万人の雇用を海外に移転する計画である．2004 年の初めにはブッシュ政権の大統領経済諮問委員会委員長であった N.G. マンキューの発言がこの論争をさらに激しいものにした（この時はまだ大統領選挙の最中であったが）．マンキューは，オフショアリングは「国際貿易の新たな 1 つの方法に過ぎない」のであり，アメリカ経済がさらに効率的になり最終的には労働者がより良質の雇用をえることができる「良いこと」だと述べた．

マンキューやその他のオフショアリングの支持者たちは，オフショアリングが企業や労働者に対して及ぼす損失を差し引いても利益をもたらすと主張する（Risen [2004]；Drezner [2004]）．また彼らは，オフショアリングに

第1章　IT革命，グローバリゼーションと雇用システム

関する数値はしばしば不確かであり，そのうえしばしば誤認されている，とみている．ボーモル＝ブラインダー＝ウルフが明らかにしたように，現代経済，特にアメリカでは，数百万人規模の雇用が喪失されたり創出されたりしている——その多くは企業内で生じている．例えば，1999年には，250万人の雇用が失われたが，差し引きでは113万人の雇用が創出された．フォレスター研究所の改訂された予測では，340万人の雇用が2015年までにアメリカから海外に流出するが，それは労働省統計局による2012年までの新たな雇用創出数が2130万人だとする予測に比べると少数になってしまう（Svensson [2004]）．ドレズナーは，オフショアリングは輸出全体の30%を占めるサービス産業の競争力を強化するという（Drezner [2004] p. 30）．政府データによれば，2002年にはサービス貿易は648億ドルの黒字，2003年には537億ドルの黒字であった．そのうえ合理化はアウトソーシングよりも多くの雇用を削減する（後述するように，特に製造業において顕著である）．最後に，オフショアリングの支持者は，ほとんどのサービス業務は，その生産と消費との近接性を必要としているためオフショアされないという．

　オフショアリングの支持者も，アメリカ経済は国内調達から大きな利益を享受していると論じている．労働省統計局によれば，オフショアリングされた雇用者数は1983年の650万人から2000年には1000万人に増加したが，他方では国内で創出された雇用は250万から650万に増加した（Drezner [2004] pp. 30-1）．さらに，国際競争の圧力に晒されている多くの企業は，オフショアリングを行いながら少なくともいくらかの雇用を確保してきた．低賃金労働者へのオフショアリングは，企業の投資増加を可能にすることによって新たな良質の職をもたらすとともに消費者物価を引き下げるというのである．マッキンゼーの推計によれば，アメリカ企業によって海外に投資された1ドルは国内経済に1.14ドルの利益をもたらし，新規雇用をもたらす富を増やし，投資を促進する．オフショアリングの支持者は，その脅威が保護主義的な措置へと発展することがオフショアリングに起因する最大の損害なのだと気を揉んでいる．

　オフショアリングに関する数値は通常それほど脅威ではないように思えるが，懸念理由もある（Lohr [2004]；Davis [2004]）．たとえば，数値は見か

けよりも多いことや喪失した雇用数は現在把握されているよりも多いという可能性もある．さらに，多数の製造業やIT企業にはオフショアリングへの強力な圧力が働いており，そのため失われる雇用数はもっと多くなるかもしれない．もう1つの懸念は，生産と消費との高い近接性を必要としている多くのサービス職務，たとえばレストランや介護の仕事の賃金はかなり低いということである．そして以下で述べるように，国内雇用は同等の賃金ではない可能性がある．ドレズナーは国内調達によって生じた雇用の数を明らかに誇張している．なぜなら，ドイツのダイムラーベンツが1998年にクライスラー社を買収した時のように，実際には多くの雇用は既存企業の買収によるものであり新たに作られたものではないのだ．

さらに，技術は経済的な相互作用の過程を通じて変化する．財貿易は何世紀もかけて発展してきたのに対して，サービス職の多数のオフショアリングはかなり突然生じた現象である．すべてではないにしても，ほとんどが定型化された技能にかかわる製造業雇用のオフショアリングとは異なり，オフショア化されたサービス職はますます複雑化し，そしてその消滅はしばしば突然生じる．さらに，中国，インド，特にロシアは，十分に教育を受けた多数のエンジニアや科学者を生み出しているが，その一方で彼らの数が多いということが熟練労働者にとっても賃金上昇の抑制になるだろう．

緩慢な成長やそのほかの懸念すべき動向とともに，オフショアリングは経済理論や経済政策にある種の再考を迫っている．ある経済学者たちは，比較優位説は緩慢な雇用状況下では有効なのかどうかと疑問を呈している．さらに，経済的な変化に対応できなかった労働者が無視されていることが広く認識されるようになっている．クライン=シュー=トリエストが明らかにしたように，経済学者は自由貿易によって獲得される経済的利益を実証する際に，雇用喪失がもたらす個人や社会に対する費用を一貫して考慮してこなかった（Klein, Schuh and Triest [2003]）．先行研究は概して創出された雇用の純増を強調しているが，実際に創出されたり喪失された雇用数がはるかに多いことや雇用の喪失は通常労働者にとって，また失業がある地域に集中した場合にはコミュニティにとって，それぞれ高い費用となることを考慮しなかった．上述したように，失業した者はしばしば長期の失業期間や再訓練のコス

ト，求職コストに苦しめられる．しかし，その一方で新たに創出された雇用は大抵転職前の雇用よりも賃金が低いのである．マンキューの前述の無感覚な発言は，多くの市場指向型の学者や政策担当者の無感覚さばかりではなく，多くの労働者がグローバル化経済において大変な困難を被っている現実を捉えるうえで怠慢であることを示している．

II. 製造業における雇用システムの変化

新しい技術によって，製造業企業はより多量の財をより少ない労働者で生産することができ (Bartel, Ichniowski and Shaw [2003])，その結果，世界的規模で製造業の職が失われている[3]．Alliance Capital Management によれば，1995年から2003年の間に1800万人ほどの製造業の雇用が失われた (Drezner [2004] p. 27; Hilsenrath [2004])．1995年から2002年の間に世界の製造業の産出は30%増加したが，アメリカでは製造業の雇用は11%，中国ではほとんどが国有企業の再編のため15%，ブラジルでは20%，それぞれ低下した．アメリカでは2000年から2004年にかけて製造業雇用全体の17%を占める290万人の雇用が失われた．この雇用喪失の主な理由は，合理化と生産性の向上であり，そのほとんどはコスト削減への容赦のない圧力によって生じた．1997年以来，アメリカの製造業の生産性は年率4.6%の上昇であり，少なくともこの40年間で最も高い持続的な生産性の向上である (Arndt and Aston [2004])．

雇用数は減少しているが，オフショアリングに関連する投資と外国企業および在外子会社からのオフショアリング輸入は増加している．ゴールドマン・サックスの推計では，アメリカの企業およびサプライヤーによって2001年以降に100万人ほどの製造業雇用が外国に移転された (Hilsenrath [2004])．アメリカ企業による対外直接投資は過去10年間で年平均ほぼ1250万ドルであり，そのほとんどは外国市場向け販売のために投資されたが，本国市場向け販売の製品やサービスを生産するために外国の安価な労働力や誘致策を利用しようとする投資も増えている．中国商務省の「中国トップ10輸出企業ランキング」には，モトローラとハードディスクドライブの

メーカーであるシーゲート・テクノロジー（Seagate Technology）も入っていた（Higgins［2004］）．中国との競争は雇用喪失をさらに促進している．中国からの自動車部品の輸入シェアは1993年の1％から2003年には4％に上昇した．中国からの家具の輸入により2000年から2002年にかけて家具製造業では3万人の雇用を喪失した（Morse［2004］）．中国の工場はきわめて安価な労働力のみならず，新しい設備や技術を有している場合がある．

1. 自動車産業

自動車産業は，長い間典型的な大量生産業種であるとともに，全国的な雇用関係に最も影響を与える業種であった．全米自動車労働組合（United Automotive Workers：UAW）とビッグスリー（GM，フォードおよびクライスラー）は，全国的な賃金パターンと新たな雇用慣行を確立するうえで，1950年代から1960年代に重要な役割を果たした．1979年から1991年の間に，日本からの輸入とアメリカおよびカナダの現地工場生産を含めると日本の自動車メーカーのアメリカ市場シェアは，22％から33％に増加した．自動車業界の合理化によって生産労働者は1978年の約74万人から1993年の約40万人，そして今日では約29万人まで減少した[4]．UAWの交渉力は自動車産業の競争力の低下と過剰能力だけでなく，自動車製造企業が生産を容易に海外移転することによっても弱体化した．他方で，外国企業はアメリカに組合のない工場を自由に作ることができた．例外は，カリフォルニア州のGMとトヨタの合弁会社，NUMMI（New United Motor Manufacturing, Inc.）とミシガン州フラットロックのマツダとフォードの合弁会社，AAI（Auto Alliance International, Inc.）だけであった．

これらの問題はあったが，UAWは依然として強力な組合であり，自動車産業はより労使協調的で実利的な労使関係に移行するうえで，1980年以降先導者となった（Katz and MacDuffie［1994］）．1980年代に，組合は集団交渉において経営者に対して多くの譲歩をした．たとえば，就業規則の改訂や伝統的な契約方式をより柔軟な企業ごとの利益分配計画に転換することに同意した．そのかわりに，新しい所得・雇用保障プログラムおよび新しい職

業訓練計画が導入された．UAW は生産性を向上させるべきだし，労働者が削減されることは認めたが，レイオフ（一時帰休）のコストを引き上げ，そのことによって会社に仕事の保障を促進するような雇用と所得の保障プログラムを求めたのであった（Katz and MacDuffie [1994] pp. 203-4）．労使間の緊張は確かに残ったが，2003 年の契約交渉はアメリカ自動車労使交渉の歴史の上でもっとも対立の小さなものだと言われた．

1980 年代半ばからの一般的傾向は，労働者の自主的な裁量権と生産性を向上させるために，伝統的な作業組織のシステムからチームを基礎としたやり方に組立工場が徐々に変わることであった（Katz and Darbishire [2000] pp. 10, 27, 37-9）．組立工場の伝統的な作業システムには，多数の職階や極めて厳格な先任権，および労働者と管理者の責任上の明確な分離があった．しかし，ある程度日本企業の慣行に刺激された訳だが，チームを基礎としたやり方は労働者と管理者との議論を進め，労働者による職場の意思決定へのより緊密な関与を求める．いくつかの工場では，生産に係わる問題を解決するために部品供給業者と直接連絡し訪問する自主権を持っている．また別の工場では，より多くの仕事を学ぶよう労働者に促すためにチームに対して学習奨励金の支給が採用されており，それは技能を高め，作業チームを越えた作業の連携の理解を進めるものである．

雇用と所得の保障には巨額の費用がかかり，不幸なことにそのため，競争力は低下してしまった．1 つの重要な措置はジョブ・バンク（Job Bank）である．ジョブ・バンクはもともとは 1984 年に設立されたものであり，技術革新やその他の生産性改善措置によって失業した労働者がこのジョブ・バンクに登録され，再雇用まで待機するか訓練を受けているかの間は所得補償を受ける．現行の労働協約では生産労働者がレイオフされた場合，40 週間手取りで元の報酬の 95% を受け取り，その後ジョブ・バンクに登録され，現行の全国労働協約が期限切れを迎える 2007 年 9 月までは年間 52,000 ドルの賃金と付加給付を受け取ることになる．たとえば，2005 年 4 月に GM は 15,500 人の一時帰休者に給付の支払いを続けていた（Garten [2005]）．そうした労使間の協約はビッグスリーにとって大きな負担になったが，とくに GM にとっては，市場シェアの低下が続くのに，労働コストが硬直的であっ

たのでなおさらであった．

　結果として，ビッグスリーは外国の自動車メーカーとの生産性および品質のギャップを縮めるうえで大きく前進したが，自動車 1 台あたりの利益水準は危機的なまでに低い．その理由のひとつは，ビッグスリーは硬直的な労賃コストに加え，巨額の年金および健康保険の負担といった非常に高い構造的なコストを抱えていたからである．UAW は政府の公共政策によって提供されるものでは不十分だとするセーフティネットを補強することによって労働者に雇用保障を確保しようとした．この意味で，アメリカ企業にとって，統一的な国家的雇用保障や医療保険政策がないということが，議論の余地はあるが，より統一的な社会保障と産業政策によって支援される日本やドイツの企業と競争するうえで困難が伴う．

　主として日本とドイツの自動車メーカーは，2000 年にはアメリカ国内産自動車のうち 18% を製造していたが，2005 年には 25% を生産するまでになっている．これらの企業は組立工場だけで 6 万人雇用しており，現在もなお拡大している．トヨタ自動車は 2003 年に北米で 166 万台を製造したが，2006 年にはテキサス州に工場を増設する計画であり，研究と設計事業の拡張を計画している．しかしながら，在米日系企業はビッグスリーよりも低賃金かつ劣悪な労働条件をもたらすとみなす研究者もいる（例えば，Graham [1995]；Maynard [2005]）．ビッグスリーは大いに日本のチームワークの慣行を発展させてきたが，ビッグスリーの労働者は日系工場の労働者よりも多くの自主権と発言権をもつ（Katz and Darbishire [2000] p. 33）．組合を排除することに加えて，外資系工場はビッグスリーの労働者よりも生産性が高くて年金負担が低い若年労働者を雇う（Graham [1995]；Katz and Darbishire [2000] pp. 32-3）．

　長期にわたって，自動車の部品供給業者の組織率は高く，賃金と労働条件はビッグスリーと同じであったが，組織率は 1979 年以降大きく低下した．現在では，ビッグスリーおよび組合化されている自動車部品供給業者の労働者が享受してきた付加給付と雇用保障のために，これらの企業の経営者は他のサプライヤーにいっそう強力なコスト削減圧力を行使するようになった．部品メーカーは，かつては低コストで低品質ということであったが，1980

年代の末にはアセンブラーは部品メーカーに対して,より多くの研究開発責任とリスク負担を引き受けさせ,新規発注とデザイン変更に即応し,ジャスト・イン・タイム (JIT) で納入し,コストを削減するように圧力を強めた.そして,部品供給業者の能力強化にもかかわらず,この業界の賃金と労働条件は悪化した.ヘルパーとクライナーによると,「設計と下請け組立への責任の転稼,品質と納期に対するますます厳密な要求,継続的な価格引き下げ圧力,非組合化,労働者の関与の増加,賃金の停滞といった傾向のすべては,自動車部門以外でも多くのアメリカ製造業の特徴になっている」(Helper and Kleiner [2003] p. 449).さらに,多くの工場が臨時労働者を雇用するようになり,臨時雇用者は特に会社が満足しない労働者の解雇を容易にすることにより,雇用のフレキシビリティをもたらした.彼らはまた,実績のある労働者の賃金上昇を抑えることで,報酬コストを削減するだろう (Erickcek, Houseman and Kalleberg [2003]).

この自動車部品生産部門も,特に在外調達拠点を維持するだけの資力をもつ企業では,グローバルな労働の裁定取引に著しくさらされる (Shirouzu [2004]).中国の自動車部品供給業者は,電線ケーブル,ラジオ,スピーカー,小モーターおよびアルミニウム・ホイールのようないくつかの部品において,グローバルな「標準価格」設定者としての役割をはたしている.ミュンヘン (ドイツ) のローランド・バーガー・ストラテジー・コンサルタント (Roland Berger Strategy Consultant) によれば,この「標準価格」は中国の1時間当たり90セントの平均賃金コストを反映する.アメリカでのそれは22.5ドルである.バーガー・コンサルタントの推計によると,部品供給業者が生産性の向上や中国やメキシコのような低コスト国へ生産を移転することによって,過去4年間でアメリカの自動車部品産業では13万3千人 (この業界の労働者数の16%) の職が消失した.自動車メーカーは,部品供給業者に対して,ますますその価格を中国に一致させるか,中国に生産を移転するか,あるいは中国でサブコントラクターを探すよう圧力をかけている (Fishman [2004]).

2. どの雇用が残るのか？

アメリカに残る製造業の雇用と企業は，訓練が難しい労働あるいは労働コストが取るに足りない分野であろう．特に北米では顧客に近いことは，配送を短くするか（例えばメリヤス製品），輸送コストを高くしないという点で重要である（例えば鉄鋼，プラスチックおよびかさばった製品）．生産現場と研究開発の近接性は重要であり，十分に整備されたインフラは産業を支援し（例えばメリヤス製品，シリコンバレー），企業は技術の保護を必要とする（様々なIT製品）．アメリカの労働者についての苦情がしばしば聞かれる一方で，実際には多くの企業が彼らを高く評価しているものの，彼らは相対的に高賃金である．したがって，国内の労働者を雇い続ける一方で，多くの企業が低コストの海外の競争相手と競争するために大規模な労働コスト節減的な設備投資を行った．オートメーションと技術の高度化は，ほとんどの部門で技能レベルを上げた．しかし，技能レベルが上昇したところでさえ，競争圧力はしばしば賃金に強い下方圧力をかける（例えばメリヤス産業）．またある研究によれば，しばしば技能レベルと賃金との間に相関性がほとんどない．グローバルな圧力をよく知る労働者のなかには，ある程度の雇用保障と報酬を提供する職（例えば自動車部品）で満足する者もいる．

　アメリカに残る生産労働者（特に給料の高いもの）は，いわゆる非ルーチン技能をますます要求することになろう．これらの技能には，問題解決能力や判断能力，設備を保守・修理する知識，ある程度のコンピュータ能力が含まれる．しばしば労働者は製品ではなく生産設備を主に検査する．例えば，医療機器製造の労働者は，注射器の針のような製品よりもレーザーカメラのような機器の品質検査を行う（Bartel, Ichniowsky and Shaw [2003] pp. 160-5）．機械設備の修理と改良は，しばしばチームによる問題解決努力を必要とするので，経営者はチームで仕事ができる従業員を探す．そして柔軟性と学習能力に対するさらに高い要求が生じる．高度な熟練職にとっては，柔軟性とは能力の多様性を意味し，未熟練労働者にとっては，柔軟性とは新しい労働条件に順応し，仲間の労働者や監督者とうまく対話できるということ

を意味するだろう.

　アメリカ企業は，歴史的に標準化された大量生産技術を優先して，訓練を怠る傾向があったが，継続的な訓練がますます重要となっている．コミュニティ・カレッジや同様の施設はしばしば重要な役割を果たす．一般的にいって，良いコミュニティ・カレッジは，企業のニーズに合致したコンピュータやその他の分野における訓練計画を継続的に再設計するために企業と密接に連携し，企業の内外での訓練を絶えず実行する．その際，典型的にはコミュニティ・カレッジと州政府，場合によっては連邦政府諸機関が支援する．好例は，カトーバ・ヴァリー・コミュニティ・カレッジ（Catawba Valley Community College）のメリヤス技術センターが，ノースカロライナに本拠を持つメリヤス企業により設立されたことである．このセンターは訓練と研究開発を行い，産業コンソーシアムの調整役を務め，外国市場へのアクセスの改善のような分野の戦略を開発している（Willis, Connelly and DeGraff [2003]）．

III. サービス部門における雇用システムの変化

　サービス部門はここ何年も雇用が増大しており，この部門の1995年以降の急速な生産性の上昇は経済構造や雇用構造に大きな変化をもたらしている．特に，IT（情報技術）がこの部門の生産性の向上に大きく寄与している（Jorgenson [2000]）．例えば，食品加工産業では，企業はますます技術を利用して業務をより厳密に絞り込もうと努力している（Lane, Moss, Salzman and Tilly [2003]）．食品加工企業は幅広い製品を取り扱っており，商品を速く正確に配送しなければならない．したがって，例えば従業員に在庫管理やその他の業務を行うためにコンピュータの使用を求めることになり，そのため従業員の技能水準は向上する．その結果，専門的な仕事や高賃金の職が増加する傾向がある．他方で，効率性の向上は，アメリカの労働者のおよそ12％を雇用する小売業の多くの職を奪った．小売業では2004年時点で5年前に比べると労働者1人あたり35％以上も売上げが多くなった．それは，ある程度は多くのレジ係や販売員を削減するために自動化を進めたから実現

したのである (*Business Week*, 22 March 2004, p. 59).

1. 電気通信産業

　電気通信産業は，積極的な規制緩和，恒常的な企業リストラクチャリング，急速な技術発展が複合的に作用して，かつては広く労働組合が組織され従業員に友好的な産業であったが，現在では職の不安定性が増大した部門である[5]．1920年代から1980年代の間は，AT&Tが独占に近い電話サービスの提供者であった．この業界の労働者は，アメリカ通信労働組合（CWA：Communications Workers of America）のもとにかなりの程度組織されており，経営者とも協力的な関係にあった．AT&Tが分割される前の1983年には，当該産業で55.5%の組織率であったが，1996年までにそれは28.7%に低下した．1984年1月，連邦政府はAT&Tを8つの企業，すなわち長距離電話サービスを取り扱う企業（現在もAT&Tと呼ばれている企業）と7つの地域電話会社に分割した．この分割によってMCIやUS Sprintのようないくつかの新しい通信会社が生まれた．加えて，AT&Tは新市場に突然参入し，IBMのようなIT企業と競争するようになったので，この産業の区分は曖昧になっている．

　UAWのようにCWAは職務計画，新しい技術の導入，および職場再編に対する組合の影響を維持するために，実利的な協調政策の追求に努めた．それはまた新技術によって失職を余儀なくされた従業員を保護するわずかな権利の獲得にもなった．しかし，労働組合の影響力は経営戦略と技術革新の結合によって次第に弱まった．AT&Tの分割は全国的な交渉の枠組みの終焉を意味していた．情報産業におけるすべての企業は，費用の削減とサービスの拡大への強い圧力に直面し，新しい競争相手は主としてMCIやUS Sprint，IBMのように積極的に労働組合を回避している企業であった．CWAは影響力のある労働組合であったが，これらの企業の労働者の組織化にはほとんど成功しなかった．そして多くの経営者は，労働組合との協力よりも，賃金の削減や一時的な解雇のような積極的な労働コスト削減戦略を選好した．リストラクチャリングが行われた企業は，組合を持たない子会社の

第1章 IT革命，グローバリゼーションと雇用システム　　　53

設立や組合加入が禁止されている幹部の職位を増やすことによって，CWAの影響力を弱体化させた．さらに新しいマイクロエレクトロニクス（ME）を使った自動化によって，経営者が基本的な電話サービスを維持することが可能となり，ストライキの影響は小さくなった．1984年から1996年まで，労働組合に組織化された労働者の3分の2が解雇された．そのうえ，新しい企業や急速な技術進歩によって，この産業全体および元のAT&Tの内部で生じたように，労使関係が大きく変化した．この業界では1984年以前は高水準の平等が維持されていたが，それ以降はアメリカ経済全体よりも急速に不平等が増大している（Katz and Darbishire [2000] pp. 58-9）．

2. ウォルマートのケース

ウォルマートは，容赦なきコスト削減と最先端の技術を組み合わせることによって，アメリカ経営史上最も偉大なサクセス・ストーリーの1つとなったが，それはまたアメリカのもっとも論争的な問題のひとつである．ウォルマートは2003年で2560億ドルの売上高があり，世界最大の小売業企業である．同社はまた民間最大の従業員を雇用する企業でもあり，アメリカで130万人，メキシコで10万人，全世界では150万人を雇用しており，いまだ急速に増大している．同社は，2003年に9万9千人の新規雇用を行い，単年度で最大の職の創出者であった．マッキンゼー・グローバル研究所の研究者は，1995-99年の間のアメリカ経済の生産性上昇のうち4％分はウォルマートによると推計している．一企業でこれだけ大きな影響力をもっている企業は他には存在しない．ウォルマートはサプライヤーに新しい慣行を広めており，その結果，全国的および世界的な生産性上昇の影響を増幅している．ある推計によれば，ウォルマートによる値引きは直接的にアメリカの消費者に年間200億ドルも節約することを意味しており，競争相手に対する間接的な影響も加えると，それはおそらく数倍になるであろう．ウォルマートの積極的な調達方法が開発途上国においても導入されている一方で，低水準の報酬や悪い労働条件はアメリカ国内のいたるところで労働基準に下方圧力をかけている．

概して言えば，アメリカの小売企業は，合併や拡張，そして情報技術の利用によって，その市場影響力を大幅に増大させている．ITは小売業者がリアルタイムで販売を追跡することを可能にし，それによって在庫量を指示できる．効率性の向上によって商品価格を切り下げることができ，それとともに消費者はますますブランド志向よりも価格志向になった．小売企業はまた，能力の向上によって，P&G（プロクター&ギャンブル）やリーバイ・ストラウスのような有力企業を含むサプライヤーに商慣行と製品開発の変更をさらに要求することができた．ウォルマート自身が技術をビジネス目的に使用した先駆者である．ウォルマートは1970年代には他の企業にバーコードを利用するように圧力をかけたし，現在では出荷時にサプライヤーに無線ICタグ（RFID：Radio Frequency Identification）[6]の導入を強制している最初の大手小売業である．ウォルマートの技術的資源は膨大で，そのデータベース量は国防総省に次ぐ規模であると言われる．

現在，ウォルマートの増大するグローバルな影響力は，同社の市場支配力を強化している．いくつかの途上国においては，強力な政治的影響力をもっており，特にホンジュラスとバングラデシュではインフラストラクチャを改善するようにときどき圧力をかけている．またウォルマートは中国からの最大の民間輸入業者で，中国からの輸入財のおよそ10%を占めている．最近まで，ウォルマートは中国の店舗に組合を作ろうとする中国政府の努力に抵抗していた．ウォルマートは，海外のサプライヤーにその労働条件を改善するよう働きかけることもないではないが，ほとんどの場合，価格競争をサプライヤーに強いることによって外国の労働基準を引き下げる圧力となっている（Cleeland, Iritani and Marshall [2003]）．他の小売業者とは異なり，外国のサプライヤーの工場を第三者の検査に委ねることを拒んでいる．

ウォルマートの労働者には厳しい労働慣行があり，1995年以来2005年までに政府は不法な反組合活動に対して少なくとも60件の告発を行っているし，2005年時点で同社はサービス残業に関わるおよそ40件の訴訟を抱えている．ウォルマートは給与に関しては公表していないが，おそらく1時間あたり平均9ドルほどであり，これでは一家を養うには不十分である．また，ほとんどの労働者は会社提供の医療保険を利用していない．というのも，適

格者になるための困難な条件やカバレッジが制限されていること,相対的に高コストになるからである.ウォルマートはその労働慣行を維持しようとしているが,カリフォルニア大学バークレー校のデューブとジェイコブスは納税者が間接的にウォルマートの労働コストに対して補助金を与えているという事実があることを明らかにした.カリフォルニア州のウォルマートの従業員は公的医療,フードスタンプ,住宅やその他援助などで年間8600万ドルを受け取っていると彼らは試算している[7].

ウォルマートは競争相手企業に強力な圧力をもたらしており,しばしば従業員にも悪影響が及んでいる.ウォルマートは1990年代初めに食料品雑貨販売を始めて,数年のうちに最大の食料品雑貨販売企業になった.ある小売業コンサルタントによれば,ウォルマートは25の地域食品チェーン店に閉店または破産を強要し,またそれらの店のほとんどが労働組合に入っている労働者12,000人を解雇した,という(Goldman and Cleeland [2003]).デューブとジェイコブスの控えめな推計によってさえ,カリフォルニア州のウォルマートとその姉妹店であるサムズ・クラブ(Sam's Club)の143店舗のおよそ44,000人はより低い付加給付しか受け取っていないことに加えて,大手小売業の労働者よりも約31%も低い賃金である(Dube and Jacobs [2004]).食料品小売業は電気通信産業と似ているもうひとつの産業である.そこでは労働組合が労働者(しばしば低熟練の労働者)に対して,ある程度標準的なミドルクラスの報酬をもたらしたが,組合がないところでの競争は今では労働コストに対する強い下方圧力を作り出している.ウォルマートと競争するという名目のために賃金や付加給付を削減する経営者の方針に労働者は抵抗し,カリフォルニア州では2003年の終わりから2004年の初めにかけて大規模なストライキが見られ,別の場所でも小規模のストライキが見られた.

IV. ハイテク産業における雇用システムの変化

1. ハイテク産業の雇用問題

　継続的な技術革新はアメリカの競争力にとって決定的である．1980年代半ばに，アメリカのハイテク産業は日本の競争相手によって打撃を受けたが，まず最初に製造業から離れ，ビジネスを特にバイオテクノロジーに多角的展開し，またソフトウェア・デザインなどの強い分野に集中することによって，すぐに成功裡に再生した．1990年代には，シリコンバレーは実力主義の環境を創出し，世界中から優秀な人材を吸引し，フレキシブルな起業家主義を支援することによって，アメリカ資本主義の最良の特徴を多く反映しているように思われていた．2003年の米国商務省の研究によると，情報技術産業の労働者の平均年賃金は2002年で67,440ドルであり，全民間労働者平均の36,520ドルと比べるとかなり高水準であった[8]．あるコンサルタント会社は，情報技術産業の平均的な労働者1人あたりの産出高は，2003年では10万ドルで，シリコンバレーでは20万ドル，そして全産業平均は8万7千ドルだと推計した[9]．

　コンピュータ産業の変貌は，ハイテク産業の雇用に対する変化しつづけるインパクトを見事に映し出している．1960年から1984年の間に，非農業全雇用者は74%の増大であったのに対し，コンピュータ・同関連機器製造業のそれは259%の増大であった．長期にわたり，コンピュータ製造業の雇用増加は，集積回路（1957年），マイクロプロセッサ（1972年），パーソナル・コンピュータ（1975年）といった主要な技術革新のあとで生じた．しかし，1980年代に生産技術が発展するにつれて，製造関連の雇用者は減少し始めた．コンピュータ・同関連機器製造業の全労働者に占める生産労働者の比率は1960年の67%から1995年の35%に低下した（Warnke ［1996］p.25）．いまや小型コンピュータ製造に占める労働コストは，1996年で全コストの5%未満でしかない．さらに，コンピュータ製品の輸入は1980年代半ば以降，急速に増大した．アメリカで購入されるコンピュータの輸入部品

のシェアは1989年の42%から1995年には65%に上昇した．その理由の1つは，コストを削減するために生産の大部分を海外に移転したということである．たとえば，モニターのような重要な部品がシンガポール，韓国，台湾で作られている．1984年から1995年にコンピュータ製造業は労働力の32%を削減した．

コンピュータがより使いやすくなり手に入りやすくなるとともに，小売業やコンピュータサービスおよびデータ処理サービス業の雇用は増大し，1984-95年の間に128%も増大した．この産業の中心事業は低収益のハードウェア製造から高収益のサービスやメンテナンスに移っていった．IBMのような大企業は，典型的であるが，コストの大幅な切り下げと研究開発支出の削減を強いられた．他方で，シリコンバレーは半導体製造の急速な進歩のために1995年以降爆発的に成長し，2000年12月までに14万人の雇用を増やした．しかし，2000年12月から2003年4月までに，シリコンバレーの雇用者は17.4%減少した．それは1980年代初頭に13%の雇用減少を経験したデトロイトの例を超え，大不況以降，一地域で最大の雇用削減であった(Kerstetter [2003])．

楽観主義者は，ハイテク職の雇用は増大し始めていると考えている．グローバル化によって生み出されている高給職の一例は，サプライチェーン設計の専門家であるロジスティック・コンサルタントであり，輸送と天候状況を監視する専門家である(Matthews [2004])．その専門性は，生産のグローバル化とそれがもたらす地理的な拡大，急速な製品開発や物流の必要によって重要となっている．現在，多くの企業が速くて正確な運搬・配送における競争優位を追求しており，マサチューセッツ工科大学(MIT)はロジスティック・コンサルタントの分野でMBAプログラムをはじめた．

しかし，専門的な技術を持った人の高い失業率という問題が生じている．イリノイ大学シカゴ校のスリビスターナとセオドアによると，2001年3月から2004年4月までに，ハイテク部門では雇用のほぼ19%に相当する40万3300人が職を失った(Srivistana and Theodore [2004])．彼らは，合理化と同時に海外のアウトソーシングも，その原因であると主張している．アメリカ労働省労働統計局によると，長年2%であったコンピュータ科学者の

失業率は，2003年には5.2%になった．また，同年の電子エンジニアの失業率は6.2%で20年間で最も高かった（Lohr and Richtel [2004]）．2004年のシリコンバレーの失業率は5.9%で，これは決して高いものではないが，すでに何万人もの被雇用者が職を失っている．2000年から2003年の間に，国内のコンピュータ・プログラマーの雇用は18万2千人減少して56万3千人となった（Hilsenrath [2004]）．

ハイテクへの膨大な投資は1990年代後半の繁栄に寄与したが，現在その投資の結果，失業がさらに悪化しつつある．企業は追加的な投資よりもむしろすでに購入した設備の効率的な利用を重視しており，新しい技術は業務を行うのに必要な労働者数を削減する．ある一例はデータセンターであり，部屋にIT機器を設置して銀行取引，製造管理，顧客管理のような業務を行っている（Lohr and Richtel [2004]）．企業は1990年代にデータセンターの設置を急速に進め，コンピュータやソフトウェアを増設し人員を追加した．ネットスケープ・コミュニケーションズの共同創業者のマーク・アンドリーセンによると，従来の経験則ではデータセンターは20台のコンピュータごとに，1人の担当者またはシステム・アドミニストレータが必要であったが，現在アンドリーセンが社長を務めているオプスウェア（Opsware）のソフトウェアを使うと，50台から150台のコンピュータに対して1人の割合まで人員を削減することが可能であるという（Lohr and Richtel [2004]）．

新技術は，以前は局地的に留まるほかなかった企業活動をグローバル規模で展開することを可能としており，とくにインドや中国の途上国では，技術能力に合わせて賃金が上昇することなしにすぐに新しい技術を習得する．ハイテク産業の労働市場のダイナミクスが急速に進んでいるひとつの理由は，グローバルなITインフラストラクチャの急速な発展とグローバルな電気通信コストの下落である．アメリカの企業はますますグローバル化し，外国の取引先企業の近くに進出するという圧力は強まっている．たとえば，デル・コンピュータのアメリカ以外の労働者は，2004年1月30日時点で2万4千人となっており，国内の2万2千人よりも多くなった．そして同社の労働者は，国内においてそれまでの2年間で5千人減少しており，これはアメリカ国内全労働者2万7千人の18%に当たる（McWilliams [2004]）．

2. オフショアリング

　サービス職の急速なオフショアリングの予期せぬほどの急拡大が，社会的な不安となり政治的論争にまでなったのは2003年初めであったが，アウトソーシングの先駆者であると考えられているシティグループはすでに20年前にインドに会社を設立していた．アウトソーシングの主要なインセンティブはコストの削減である．インドのホワイトカラー専門職の給与はアメリカのそれの6分の1から3分の1であるといわれており，中国のそれはさらに低いといわれている．またコールセンターのオペレータのような未熟練職の給与格差はそれ以上に大きい．その他のインセンティブとしては，24時間のサービス体制やリスクの回避，アメリカの労働者の資質に問題があること，などがある．いまひとつのインセンティブは熟練者の雇用の容易さである．アメリカでは年々6万1千人の工学の学位を持った労働力が供給されるが，ロシアでは8万2千人，インドでは12万9千人，中国では19万5千人である（Clark [2004]）．

　しかし一方で，賃金上昇，労働力の資質問題，様々な文化的な問題やコミュニケーションの問題があるので，ハイテク職のオフショアリングには限界があると指摘する専門家もいる．最近の報道やある調査では，オフショアリングはたいてい当初期待されていたほどの大きなコスト削減は達成していないこと（一般には10～20%）と多くの企業は労働者の不満や労働者の悪評に悩まされていると報告している（Kirby [2004]）．それにもかかわらず，その調査は，多くの企業はオフショアリングを進めるつもりであることを指摘しているが，ただし企業はもっと慎重かつ注意深く計画を進める．また，ベンチャー・キャピタルはシリコンバレーの回復の鍵だとみなされているが，ベンチャー・キャピタリスト自身は業務を海外に移管するように起業家に圧力をかけている（Grimes [2004]）．専門家がオフショアリングの増加を予想している分野は，会計士，税理士，テクニカル・ライター，アーキテクトや設計者，法律家，投資調査，保険請求などである．

　比較的知られてはいないが，いまひとつのアウトソーシングの形態はビジ

ネス・プロセス・アウトソーシング（BPO）である．それは従業員の付加給付の管理，経理，調達などの標準化されたバックオフィス業務をほかの企業から請け負うというものである（Agrawal, Farrell and Remes［2003］; Bulkeley［2003］）．ある場合には，BPO 企業はすでにそこで働いている従業員の何人かを雇用し，別の場合には，BPO 企業は高給労働者をレイオフし海外に業務を移してしまう．コンサルタント企業のマッキンゼーのエコノミストは，BPO 市場においておよそ 70％ はアメリカとイギリスの企業によって占められていると推計している．相対的に自由な雇用や労働に関する法律は，職場の再編や解雇をする場合に，アメリカやイギリスの企業に柔軟性を与えている．そしてアメリカやイギリスの企業は，インドやアイルランドなどの低賃金の英語圏の多くの労働者を利用することができる．BPO は少なくとも 30 年以上前からあるが，ここ最近急速に世界大で拡大しており，その市場規模は 2002 年には 320〜350 億ドルであったとマッキンゼーのエコノミストは推測している．しかもなお，小企業から IBM やユニシスのような大企業に至るまで多くのコンピュータ企業が BPO 業務を拡大させつつある．

3. IBM のケース

IBM は今でも世界最大の IT サービスの提供者であり，世界市場の 7.5％ を占めている．1950 年代，IBM は人的資源（HR: human resource）モデルの革新者の 1 人であり，インセンティブシステムを創造し，労使間の対話を促進するために組織心理学の原理の利用を重視した（Appelbaum and Batt［1994］p. 123）．IBM はドレスコードを含めて強いコーポレート・アイデンティティやエリート意識，安定的な雇用を持っており，かつてはアメリカ企業のなかで最も「日本的な企業」として考えられていた．だが，それは 1990 年代初頭に転換することになる．強い競争圧力によって，IBM は急激なリストラクチャリングやダウンサイジングを行ったのである．1993-95 年にかけて，IBM は 12 万人の従業員をレイオフした．2004 年初めに IBM は全世界で 31 万 6 千人を雇用し，年々の研究開発支出は 50 億ドル，2004 年

のIBMの890億ドルの売上げのうち62%は国外であげ，全社の雇用のうち57%は国外のものであった．

IBMは事業開発の最先端の地位を維持するために，徹底したリストラクチャリングを続けており，技術開発それ自体からコンサルティングという形での技術的なアプリケーションやITアウトソーシング，その他サービスに業務の重点を移している．たとえば，2004年にIBMは銀行，保険，自動車，公益事業，電気通信や生命科学を含む12の主要産業の大部分に共通する業務上の問題を解決するサービスをつくり販売するために，ソフトウェア部門の3万8千人を再教育し再編成することをはじめた．さらに，IBM研究所の3千人の研究者は，より効率的に稼働するコンピュータやプログラムをつくるハードサイエンスから問題解決や人間行動のパターンをモデル化する業務に力を入れている（Lohr [2004]）．2004年末には，IBMはひとつには中国とのつながりを強固にするために，中国のLenovoにコンピュータ製造部門を売却した．

IBMは2004年現在，BPO収益の10億ドルを含めアウトソーシングから150億ドルの収益をあげており，それは売上の17%に相当する．IBMは着々とアウトソーシングの新しい分野に重点を移動してきている．最近のアウトソーシング取引は，P&Gのような別会社から人事部門の請負をしたり，BP（ブリティッシュ・ペトロリアム）の債務者のロイヤルティ支払いの追跡や債権の監視，ユナイテッド・テクノロジーズの調達費用の調査，レイセオンやAVネット（Avnet Corp.）のサプライチェーン・マネジメントの引き受けなどである（Bulkeley [2003]）．

オフショアリング計画への批判を鎮静化しようということもあって，IBMは2003年と2004年に国内で数千人の新規採用をすることを発表した[10]．しかし，この発表は誤解を招くものであった．というのも，2004年末に計画されている全雇用者数は，2003年時点の雇用者に新規雇用分を加えた合計よりも少ない数字だということが判明したからである．この不一致が生じるのは，IBM自身の雇用が若干増大する間でさえ，IBMのアウトソーシング契約は全体の職を削減する傾向があるためである．IBMがアウトソーシングを請け負う場合，通常，クライアント企業で働いている従業員を

雇い，彼らはその仕事を続ける．しばしば，IBMは，請け負った業務をいっそう効率化するにしたがい，クライアント企業から受け入れたいくらかの従業員を結局解雇する．そしてクライアント企業からIBMに移って雇われた従業員の給与や付加給付は削減される．

2004年1月にIBMの経営者は，数千人の高い給与の職を中国やインド，ブラジルに移すオフショアリング計画（それは2006年までに年1億6800万ドルの費用削減が期待できるという）に対する労働者の反感を心配していること示す資料をリークした（Bulkeley [2004a]）．外国のあるプログラマーは，数週間アメリカに滞在し，彼らが職を奪うその当の人々から職場訓練を受けることになる．これは多くのハイテク労働者にとって，特に屈辱的なオフショアリングの一側面である．IBMの労働者の不安は高まっているようである．IBMの労働者を組織しようと努力しているCWAの支部であるAlliance@IBMによれば，組合員が2003年と2004年初にかけて著しく増大した．

V. 処方箋と展望

1. 教育政策

概して言えば，減少している職はオフショアリングや自動化に対して脆弱な職であるが，国内にとどまっている職は緊密な対人関係を必要としたり，複雑な技能を要する職である．対人関係を必要とする職は，在宅介護，管理人業務，園芸，歯科，販売，教育などである．政府の見通しでは，2004年からの8年間で労働市場で最も成長する分野は，ヘルスケア，教育，バーやレストラン，政府における職であり，外国移転が困難な職である．しかし，悲観論者は，これらの職の多くは低賃金であることを懸念している．

他方で，多くの高い技能の職は依然として国内に残ると予想されている．多くのIT専門家や大学生は生計を維持するために，ビジネスや経営に関する専門知識を彼らの専門的な技能に付加している．しかし，現在のひとつの大きな不安は，高度な技術を持った労働者でさえも雇用の保障は確保されな

第1章 IT革命，グローバリゼーションと雇用システム

いことである．IT職のオフショアリングのニュースは，その人数が多いかどうかは分からないが，若者に対して大学のIT関連分野で勉強することに対して落胆させるものであった（*Business Week*, 1 March 2004, p. 49）．さらに大卒で職がない若年者は，2003年から2004年初頭にかけて非常に多くなった（Uchitelle [2004]）．

　アメリカは整合的な教育政策を実行する必要がある．アメリカは経済成長を維持するために技術優位に大きく依存するだけでなく，よりよい教育は失業期間を減少させ，技能の向上は高い賃金をもたらすのである（Baumol, Blinder and Wolff [2002] pp. 250-2）．アメリカの高卒者の約3分の2は，現在カレッジかコミュニティ・カレッジに通っている．しかし，多くのものは4年制大学を卒業することはできず，低所得ゆえに教育レベルを高めることが困難となっている．所得が上位25%の世帯の大学を卒業する人数は下位25%のそれの6倍となっている（Wessel [2004b]）．さらに政府の財政支援が減少しているにもかかわらず，カレッジの学費は急速に値上がりしている（Winter [2004]）．

　さらに付け加えておこう．4年制大学よりは有名ではないが，全米で1,200のコミュニティ・カレッジはアメリカの教育基盤の重要な一部となっており，より多くの支援が必要である．コミュニティ・カレッジは一般的には2年制であり，IT技術者を訓練するような職業教育，職業訓練を中心とした幅広い教育サービスを提供する．カリフォルニア大学バークレー校の教育・訓練の専門家であるノートン・グラブ教授によると，コミュニティ・カレッジの方針や教育の質は非常に多様である．このためコミュニティ・カレッジは幅広いが，他面では専門性を欠くことになり，その効果も小さくなる（2002年1月31日のインタビュー）．コミュニティ・カレッジの在籍者は1992-2002年の間に38%増大したが，2002年現在1200万人が少なくともパートタイムで参加している．コミュニティ・カレッジの需要は高まりつつあるが，そしてそのほとんどは低所得者からのものであるにもかかわらず，連邦政府や州政府の多くは支援を削減している（Dwyer [2004]）．

2. 労働政策

　いくつかの労働市場関連政策の改革が必要である．アメリカには国民健康皆保険の導入が必要であり，職がかわっても健康保険や年金が完全に持ち運べるようにすべきである．また，失業保険制度の改善も必要である．失業保険の受給期間の延長は，レイオフされた労働者が新しい技能を開発することを可能にするだろう．多くの失業者は，多額の受講代がかかるので，訓練コースを完全に終えることができないし，ともかくも最初に就職できる職に就かざるをえない．それがアメリカの非自発的失業者が賃金カットに苦しむことになる1つの理由である．前述のように，グローバリゼーションの賛成者はしばしば対内直接投資の利点を強調する．しかしながら，それらの利益は無駄となる．というのも，地方政府や州政府は外国の投資家であれ国内の投資家であれ，彼らを引き寄せるために多くの便益を提供するからである．つまり，国民の富を増大させる代わりに，企業に補助金を与えるのである．テキサス州はそのような目的のために，多くの資金を集めた．さらに公約した経済的利益はしばしば実現されず，外国企業でも国内企業でもインセンティブが時限切れになるか，同じものが他のところにあれば，すぐに立ち去ってしまう．

　政府は，輸入の増加によって職を失った製造業部門の労働者に訓練のための支援資金を提供している．現在いくつかの専門家や労働組合は，オフショアリングによって失職したホワイトカラー専門職の労働者にもそのような支援を拡張すべきだと要求している．数人の経済学者によると，失業の実際の理由を確認することは通常難しいので，貿易のためだけで失職する労働者に支援を限定することに十分な理由はないと主張している（Klein, Schuh and Triest [2003] pp. 157-9).

　またある研究者は，数年にわたって大きく実質低下した最低賃金を引き上げるように提案している．現在の低い賃金水準のために，企業は技能開発のどんな訓練方法も無視するようになっている，と彼らは考えている．国際経済研究所（IIE）のクレッザーとブルッキングス研究所（Brookings Insti-

第1章　IT革命，グローバリゼーションと雇用システム　　　　65

tute）のライタンは，オフショアリングの犠牲を削減するひとつの方法として，企業に「アウトソーシング保険」の購入を求めるよう提唱している．職を在外移転した場合に，この種の保険は失職を余儀なくされた従業員のある一定期間の給料分を補償するのである（Risen [2004] p. 12）．この保険制度はまた，企業に対してアウトソーシング決定の経済コストを内部化することを余儀なくさせる．

　雇用不安を和らげるひとつの有望な手段は，グローバルな労働基準を改善することであろう．キンバーリー・エリオットとリチャード・フリーマンは，労働基準の改善は貿易歪曲効果を削減するだろうと説得力のある議論をしている（Elliott and Freeman [2003]）．労働基準の乱用を減らすことによって貿易利益は増加するだろう（例えば，児童労働を廃止することで，子どもたちが通常の学校に通い，その結果人的資本を高めるだろう）．とくに中国の労働賃金は，もし企業が独立した労働組合を認めることを余儀なくされ，また適正な賃金や安全対策を提供することを余儀なくされていれば，かなり上昇していたであろう．不幸なことに，それがうまく行ったことはほとんどなく，改革論者にとって中国はウォルマート以上に恐るべき対象である．エリオットとフリーマンは，現段階の活動家の主要な成功は，国際的な課題としてグローバル・スタンダードを樹立することであると認めている．しかし，アメリカの保守派はグローバル・スタンダードやルールを含めたいかなる措置にも強く反対している．というのも，彼らはそれらの措置はアメリカの主権を侵すものと考えているからである．そのかわり，ブッシュ政権は2003年に鉄鋼産業の貿易保護を策定することによって（それは逆効果であった．Klein, Schuh and Triest [2003] p. 155），また中国の賃金を低いままにしている中国の通貨の切り上げを要求することによって，有権者を籠絡し，労働者の不安に応えている．

おわりに

　多くの経済学者や企業関係者は，着実に向上する生産性とグローバルに活動する企業の自由度のいっそうの拡大によって，すぐに生産性の向上や高賃

金の専門職を含む雇用の増大が生み出されると信じている．しかし他方で，いくつか懸念される傾向もある．そのひとつは，労働組合の影響力の低下は，パターン・バーゲニングや最低賃金のような慣行の後退とならんで雇用主によりいっそうの低賃金や悪い労働条件を強制することを容易にさせるということである．この視点からすると，ウォルマートは極端かもしれないが，それはまたアメリカの自由市場の伝統の当然の帰結でもある．ウォルマートの技術的，組織的能力は疑う余地はないが，ウォルマートの賃金や付加給付水準はその多くの労働者が公的扶助を必要とするほど低い．さらに新しい技術の発展は，ちょうど製造業で長期わたって生じてきたように，大規模なオフショアリングやサービス職の消失を可能にしている．

　新しい技術は技能の向上や職の多様化をもたらす，と考える研究者がいるということはひとつの積極的な点である（Appelbaum, Bernhardt and Murnane [2003]）．しかし，そうではなくてこれまでは技術は典型的には経営者の支配力を強めるために使われた．労働者，経営者，雇用主にとって相互に利益となるようなより良い技術の導入の試みが，21世紀の労働基準や生活水準の改善にとって重要である．

　　注
1) すでに1970年代までに，組合加盟の労働者と組合がない労働者との間で拡大する賃金格差は，企業が積極的な組合回避政策を採るような強い誘因になっていた．学歴や経験といった要因を調節して，組合加盟労働者の賃金は組合のない労働者よりも平均で15～20% 高いし，付加給付ではその格差はもっと大きかった（Katz and Darbishire [2000]）．1970年代には組合加盟労働者の相対的高賃金という効果は大きかったが，1980年代にはその効果は減って，1990年代にはほぼなくなってしまった．
2) 更新された雇用関連の経済統計については，Economic Policy Institute のジョブウォッチ・ウェブサイト（jobwatch. org）を参照．
3) アメリカ製造業のGDPシェアは，1976年の22%から2004年には14%を切るまでに低下した．
4) アメリカの自動車産業は，外国所有工場を含めるとアメリカのGDPの約4%を占める．
5) 電気通信業においては，Katz and Darbishire [2000] pp. 52-62 をみよ．
6) 微小な無線チップにより人やモノを識別・管理する仕組み．流通業界でバーコードに代わる商品識別・管理技術として研究が進められてきたが，それに留まら

ず社会のIT化・自動化を推進する上での基盤技術として注目が高まっている．
7) Dube and Jacobs [2004]．また，UCバークレー労働センターの関連するホームページをみよ．(http://laborcenter.berkeley.edu/lowwage/)
8) Lohr and Richtel [2004] からの引用．
9) Lohr and Richtel [2004] からの引用．
10) IBMはまた，2004年に企業の内外で新たな職を見つけるための支援として従業員を再訓練するプログラムに8億ドルを支出すると発表した．

参考文献

Aeppel, Timothy [2004] "Manufacturers Cite Productivity for Lack of Hiring," *The Wall Street Journal*, April 9.

Agrawal, Vivek, Diana Farrell and Jaana K. Remes [2003] "Cheap Labor is the Beginning, Not the End," *The McKinsey Quarterly*, Number 4.

Appelbaum, Eileen and Rosemary Batt [1994] *The New American Workplace : Transforming Work Systems in the United States*, Ithaca and London : ILR Press.

Appelbaum, Eileen, Annette Bernhardt and Richard J. Murnane [2003] "Low-Wage America : An Overview," In Appelbaum, Eileen, Annette Bernhardt and Richard J. Murnane (eds.), *Low-Wage America : How Employers Are Reshaping Opportunity in the Workplace*, New York : Russell Sage Foundation, pp. 1-29.

Arndt, Michael and Adam Aston [2004] "U.S. Factories: Falling Behind," *Business Week*, May 24, pp. 72-4.

Bartel, Ann P., Casey Ichniowski and Kathryn Shaw [2003] "'New Technology' and Its Impact on the Jobs of High School Educated Workers : A Look Deep Inside Three Manufacturing Industries," In Appelbaum, Bernhardt and Murnane (eds.), pp. 155-94.

Baumol, William J., Alan S. Blinder and Edward N. Wolff [2002] *Downsizing in America : Reality, Causes, and Consequences*, New York : Russell Sage Foundation.

Belson, Ken [2004] "Outsourcing, Turned Inside Out," *The New York Times*, April 11, Section 3, p. 1.

Blau, Francine D. and Lawrence M. Kahn [2002] *At Home and Abroad : U.S Labor Market Performance in International Perspective*, New York : Russell Sage Foundation.

Bulkeley, William M. [2003] "Computer Firms Seek Salvation in Business-Process Outsourcing," *The Wall Street Journal*, December 20.

Bulkeley, William M. [2004 a] "IBM Documents Give Rare Look At 'Offshoring'," *The Wall Street Journal*, January 19.

Bulkeley, William M. [2004 b] "New IBM Jobs Can Mean Fewer Jobs Elsewhere," *The Wall Street Journal*, March 8.

Clark, Don [2004] "Another Lure Of Outsourcing: Job Expertise," *The Wall Street Journal*, April 12, Section B, p. 1.

Cleeland, Nancy and Abigail Goldman [2003] "Grocery Unions Battle to Stop Invasion of the Giant Stores," *The Los Angeles Times*, November 25.

Cleeland, Nancy, Evelyn Iritani and Tyler Marshall [2003] "Scouring the Globe to Give Shoppers an $8.63 Polo Shirt," *The Los Angeles Times,* November 24.

Cummings, Jeanne [2004] "Joining the Pac: Wal-Mart Opens for Business In a Tough Market: Washington," *The Wall Street Journal*, March 24.

Davis, Bob [2004] "Migration of Skilled Jobs Abroad Unsettles Global-Economy Fans," *The Wall Street Journal*, January 26, Section A, p. 1.

Drezner, Daniel W. [2004] "The Outsourcing Bogeyman," *Foreign Affairs*, May/June.

Drucker, Jesse [2004] "Global Talk Gets Cheaper," *The Wall Street Journal*, March 11, Section B, p. 1.

Dube, Arindrajit and Ken Jacobs [2004] "Hidden Cost of Wal-Mart Jobs: Use of Safety-Net Programs by Wal-Mart Workers in California," August 2, Available at http://laborcenter.berkeley.edu/lowwage/walmart.pdf, as of 1 October 2004.

Dwyer, Timothy [2004] "A Community College Faces the Future," *The Washington Post*, December 2.

Elliott, Kimberly Ann and Richard B. Freeman [2003] *Can Labor Standards Improve Under Globalization?* Washington, D.C.: Institute for International Economics.

Erickcek, George A., Susan N. Houseman and Arne L. Kalleberg [2003] "The Effect of Temporary Services and Contracting Out on Low-Skilled Workers: Evidence from Auto Suppliers, Hospitals, and Public Schools," In Appelbaum, Bernhardt and Murnane (eds), pp. 368-403.

Fishman, Ted C. [2004] "The Chinese Century," *The New York Times Magazine*, July 4.

Fucini, Joseph and Suzy Fucini [1990] *Working for the Japanese: Inside Mazda's American Auto Plant*, New York: Free Press, Macmillan. (中岡望訳『ワーキング・フォー・ザ・ジャパニーズ：日本人社長とアメリカ人社員』イースト・プレス，1991年)

Garten, Ed [2005] "GM May Close More Factories," *The Detroit News*, April 26.

Goldman, Abigail and Nancy Cleeland [2003] "An Empire Built on Bargains Remakes the Working World," *The Los Angeles Times*, November 23.

Graham, Laurie [1995] *On the Line at Subaru-Isuzu: The Japanese Line and the American Worker*, Ithaca and London: ILR Press. (丸山恵也監訳『ジャパナイゼーションを告発する：アメリカの日系自動車工場の労働実態』大月書店，

1997 年)
Greenhouse, Steven [2004a] "Local 226, 'the Culinary,' Makes Las Vegas the Land of the Living Wage," *The New York Times*, June 3, Section A, p. 22.
Greenhouse, Steven [2004b] "Labor Federation Looks Beyond Unions," *The New York Times*, July 11, Section 1, p. 26.
Grimes, Ann [2004] "Venture Firms Seek Start-Ups That Outsource," *The Wall Street Journal*, April 2, Section B, p. 1.
Hawkins, Jr., Lee [2004] "U.S Auto Makers Get Better Grades For Productivity," *The Wall Street Journal*, June 11, Section B, p. 1.
Helper, Susan and Morris M. Kleiner [2003] "When Management Strategies Change : Employee Well-Being at an Auto Supplier," In Appelbaum, Bernhardt and Murnane (eds.), pp. 446-78.
Higgins, Andrew [2004] "As China Surges, It Also Proves A Buttress to American Strength," *The Wall Street Journal*, January 30, Section A, p. 1.
Hilsenrath, Jon E. [2004] "Behind Outsourcing Debate : Surprisingly Few Hard Numbers," *The Wall Street Journal*, April 12, Section A, p. 1.
Ip, Greg [2004] "Weak Job Market Has Hit Longtime Employees, Study Says," *The Wall Street Journal*, July 30.
Jorgenson, Dale W. [2001] "Information Technology and the U.S. Economy," *American Economic Review* 91, No. 1 (March), pp. 1-32.
Katz, Harry C. [2004] "United States : The Spread of Coordination and Decentralization without National-Level Tripartism," In Katz, Wonduck Lee and Joohee Lee, (eds.), *The New Structure of Labor Relations : Tripartism and Decentralization*, Ithaca : Cornell University Press, pp. 192-212.
Katz, Harry C. and Owen Darbishire [2000] *Converging Divergences : Worldwide Changes in Employment Systems*, Ithaca : ILR/Cornell University Press.
Katz, Harry C. and John Paul MacDuffie [1994] "Collective Bargaining in the U.S. Auto Assembly Sector," in Paula B. Voos (ed.) *Contemporary Collective Bargaining in the Private Sector*, 1 st ed. Madison, Wis. : Industrial Relations Research Association, pp. 181-223.
Kerstetter, Jim [2003] "Still the Center of This World," *Business Week*, August 25, pp. 44-45.
Kinzer, Stephen [2004] "Treading Carefully, Wal-Mart Enters Labor's Turf," *The New York Times*, July 6, Section A, p. 1.
Kirby, Carrie [2004] "Firms Plan to Send More Jobs Abroad," *The San Francisco Chronicle*, March 27, Section C, p. 1.
Klein, Michael W., Scott Schuh and Robert K. Triest [2003] *Job Creation, Job Destruction and International Competition*, Kalamazoo, MI : W. E. Upjohn Institute.
Kochan, Thomas, Harry C. Katz and Robert McKersie [1994] *The Transforma-*

tion of American Industrial Relations, 2nd ed. Ithaca : ILR/Cornell University Press.

Lane, Julia, Philip Moss, Harold Salzman and Chris Tilly [2003] "Too Many Cooks? Tracking Internal Labor Market Dynamics in Food Service with Case Studies and Quantitative Data," In Appelbaum, Bernhardt, and Murnane (eds.), pp. 229-69.

Lohr, Steve [2004] "Many New Causes for Old Problem of Jobs Lost Abroad," *The New York Times*, February 15, Section A, p. 1.

Lohr, Steve and Matt Richtel [2004] "In Productivity and Cost Cuts, A Selective Recovery," *The New York Times*, March 9, Section C, p. 1.

Matthews, Robert Guy [2004] "Globalization Creates Logistics Jobs," *The Wall Street Journal*, March 1, Section A, p. 1.

Maynard, Micheline [2005] "Foreign Markers, Settled in South, Pace Car Industry," *The New York Times*, June 22.

McWilliams, Gary [2004] "Dell's Non-US Work Force is Larger then Domestic Staff," *The Wall Street Journal*, April 13.

Morse, Dan [2004] "In North Carolina, Furniture Makers Try to Stay Alive," *The Wall Street Journal*, February 20.

Osterman, Paul [1999] *Securing Prosperity : The American Labor Market : How it has changed and what to do about it,* Princeton, NJ : Princeton University Press. (伊藤健市・佐藤健司・田中和雄・橋場俊展訳『アメリカ・新たなる繁栄へのシナリオ』ミネルヴァ書房，2003 年)

Osterman, Paul, Thomas A. Kochan, Richard M. Locke and Michael J. Piore [2001] *Working in America : A Blueprint for the New Labor Market,* Cambridge, MA : The MIT Press. (伊藤健市・中川誠士・堀龍二訳『ワーキング・イン・アメリカ：新しい労働市場と次世代型組合』ミネルヴァ書房，2004 年)

Porter, Eduardo [2004a] "Outsourcing Is Becoming a Harder Sell in the U.S," *The New York Times*, March 6, Section C, p. 2.

Porter, Eduardo [2004b] "Innovation and Disruption Still Going Hand in Hand," *The New York Times*, December 6, Section C, p. 17.

Risen, Clay [2004] "Missed Target," *The New Republic*, February 2, pp. 10-2.

Roach, Stephen S. [2004] "More Jobs, Worse Work," *The New York Times*, July 22, Section A, p. 21.

Shirouzu, Norihiko [2004] "Big Three's Outsourcing Plan : Make Parts Suppliers Do It," *The Wall Street Journal*, June 10, Section A, p. 1.

Srivistana, Snigdha and Nik Theodore [2004] "America's High-Tech Bust : A Report to the Washington Alliance of Technology Workers, Communications Workers of America, Local 37083, AFL-CIO," September.

Svensson, Peter [2004] "Some Americans Look for Safe Careers Amid Outsourcing Fears," *Seattle Post-Intelligencer,* July 5.

Triplett, Jack E. and Barry P. Bosworth [2003] "Productivity Measurement Issues in Services Industries : 'Baumol's Disease' Has Been Cured," *FRBNY Economic Policy Review*, September, pp. 23-33.

Uchitelle, Louis [2004] "In This Recovery, a College Education Backfires," *The New York Times*, March 14, Section 3, p. 1.

U.S. Department of Labor, Bureau of Labor Statistics. [Various years]. "Employment, Hours, and Earnings from the Current Employment Statistics Survey — National." Available at : data. bls. gov/cgi-bin/surveymost?ee.

Varian, Hal [2004] "Information Technology May Have Cured Low Service-Sector Productivity," *The New York Times*, February 12, Section C, p. 2.

Warnke, Jacqueline [1996] "Computer Manufacturing : Change and Competition," *Monthly Labor Review*, August, pp. 18-29.

Weathers, Charles [2001] "Manufacturing Workplaces in Kansas and America's Changing Economy," [in Japanese] *Keizaigaku Zasshi* 101, No. 4 (March), pp. 1-20.

Wessel, David [2004a] "Future of Jobs : New Ones Arise, Wage Gap Widens," *The Wall Street Journal*, April 2, Section A, p. 1.

Wessel, David [2004b] "Bush, Kerry Duel, Differ on College Costs," *The Wall Street Journal*, July 29, Section A, p. 2.

Willis, Rachel A., Rachel Connelly and Deborah S. DeGraff [2003] "The Future of Jobs in the Hosiery Industry," In Appelbaum, Bernhardt and Murnane (eds.), pp. 407-45.

Winter, Greg [2004] "Public University Tuition Rises Sharply Again for '04," *The New York Times*, October 20, Section A, p. 16.

Zimmerman, Ann [2003] "To Sell Goods to Wal-Mart, Get on the Net," *The Wall Street Journal*, November 21.

第2章
財政思想の変化と財政政策の展開
―ニューディール政策から1990年代の財政黒字化まで―

吉 田 健 三

はじめに

　この章では，アメリカの財政政策について考えていく．一般に財政学の教科書には，財政が果たすべき役割として次の3つ，すなわち資源配分の調整，所得の再分配，経済の安定化が挙げられている[1]．ここでの財政政策とは，これらのうち第3の役割である経済安定化を図る政策のことを指す．財政政策の歴史は，そう古くはない．そもそも20世紀の初頭まで，アメリカ連邦財政は，経済を安定させるほどの規模と機構を備えておらず，政府の役割は，国防や司法や警察など「夜警国家」的なものに限られていた．
　連邦政府における財政政策の確立は，1930年代以降の大恐慌と第2次世界大戦を画期としている．すなわちケインズ主義の登場である．ケインズ主義とは，一般に財政を通じて総需要を管理するマクロ経済政策を指す．それは極端に単純化して表現すれば，不況期に政府が公共事業の拡大や減税など財政赤字を創出させることで需要に刺激を与え，景気の回復を図るというものである[2]．
　本章では，このケインズ主義の確立と転換という視点から，連邦政府の財政支出および赤字規模の変動を軸に，20世紀におけるアメリカ財政政策の歴史的展開を見ていきたい．第I節では，1930年代大恐慌から1960年代のニューエコノミクスまでを対象に，ケインズ主義がアメリカ財政政策として定着するまでの過程を分析する．第II節では，1970年代のスタグフレーションから1980年代レーガノミクスまでの時代において，ケインズ主義財政

第2章　財政思想の変化と財政政策の展開　　　　　　　　　73

が批判にさらされ，その転換が試みられる過程を考察する．第III節では，1990年代における連邦政府財政の黒字化を，ケインズ主義財政からの実質的転換の1つの画期としてとらえ，その背景をニューエコノミーと呼ばれた経済構造から分析する．

　本稿の特徴は，連邦財政におけるケインズ主義の定着を，純粋な財政理論の活用としてではなく，この思想によって容認された政府支出の膨張体質，およびそれに伴う慢性的な財政赤字体質の定着として理解している点にある．したがって，この章ではケインズ主義的政策の転換の実質的な画期を1980年代のレーガノミクスの展開ではなく，1990年代の財政黒字の達成に求めている．なぜならば，ケインズ主義からの現実的な転換は，保守主義によるケインズ主義批判といった思想・理念上の転換の問題ではなく，この赤字体質の抑制ないし牽制の問題だからである．

　1980年代のレーガノミクスは，確かに思想上はケインズ主義に対する激しい批判を背景に登場したものであるが，実際の財政赤字体質との関係では明らかにケインズ主義の転換を意味するものではなく，むしろその路線を強化する政策であった．それは連邦財政の赤字体質の克服に寄与しなかったばかりか，減税によって劇的に悪化させた．

　これに対し，1990年代は財政赤字体質を抑制する現実的な取り組みが行われ，一時的とはいえ実際に成果を挙げた点において事実上ケインズ主義からの転換が成立した時期だといえる．こうした政策は，ケインズ主義の支出膨張を牽制するだけではなく，増税措置を含んでおり，「小さな政府」の理念とも対立する側面も持っていた．しかし，それは金融市場の安定化と活性化をもたらす政策として正当化され，実現していった．すなわちケインズ主義からの転換は，サプライサイド・エコノミクスの台頭といった経済思想の転換の単純な帰結としてではなく，財政均衡を利益とする別の力学が財政赤字体質を牽制することによって実現した．

　この転換の力学，またその転換が結果的に経済成長の要因の1つとして作用したこと，そのいずれもが「ニューエコノミー」と呼ばれる1990年代の独自の経済的条件，すなわち金融市場主導型の経済成長パターンに支えられた特殊な現象であった．つまり財政政策の転換や機能の評価は，それを支え

る理論・思想自体の妥当性だけではなく，常に現実の特殊な経済・政治的背景との関わりを視野にいれて行われる必要がある．これが本章の主要な問題提起である．

I. ケインズ主義の確立と展開

1. 大恐慌と第2次世界大戦

アメリカにおいて，連邦財政による経済安定化という考え方が確立する最初の契機となったのは，1929年10月24日の株価大暴落にはじまる大恐慌の到来である．

いわゆる「暗黒の木曜日」といわれる10月24日から始まる株価暴落は，それまで株価上昇に伴う繁栄に酔いしれてきたアメリカ経済・社会に大きな打撃を与えた．1929年9月時点で896億6827万ドルであったニューヨーク証券取引所の上場株式の株価総額は，3年後の1932年には156億3347万ドルにまで下がっていた．単純に計算すれば，株式はその価値の8割以上，700億ドルを失ったことになる．

こうした株式市場の崩落によって，実物経済もまた大幅に落ち込んだ．GNPは1929年には1031億ドルであったが，1932年には580億ドルと44％も落ち込み，住宅・設備・在庫などへの粗投資は，162億ドルから8億ドルにまで激減した．また失業に関して見れば，正確な統計は十分に整備されてはいなかったが，失業者は1500万人以上，失業率は25％に達していたと推計されている[3]．銀行では，取り付け騒ぎが相次ぎ，また各地で暴動が発生する事態にまで至っていた．アメリカは，深刻さ，長期性において未曾有の不況に直面していた．

この大不況に対して，連邦政府は，はじめは本格的な対策をとることはできなかった．なぜなら，そもそも連邦政府の大規模な介入によって経済の安定化を図るという発想自体がなかったからである．当時は，経済の安定化や失業救済事業は，州や地方政府の役割ではあっても連邦政府の役割ではなく，また連邦財政は均衡すべきであることが常識とされており，フーバー大統領

第2章 財政思想の変化と財政政策の展開

自身の意識もまたその例外ではなかった．この常識の範囲の中で，政府の経済政策は深刻な隘路に陥っていた[4]．

こうした状況の転換は，1933年のF.D.ルーズベルト政権の成立とともに開始した．いわゆるニューディール政策の展開である．ニューディール政策とは，主に産業・労働・農業・通貨など経済や社会の諸分野に対する連邦政府の大掛かりな介入や規制の展開である．ここでは，特に連邦政府の財政を通じた経済安定化への取り組みを見ていこう．

まず第1に，連邦政府による公共事業が積極的に行われた．従来まで連邦による公共事業は，あくまで州際の公益事業の整備を目的に実施されていた．しかし，ニューディール政策の展開において，公共事業には単なるインフラ整備以上の目的が与えられていた．その象徴となったのがテネシー峡谷開発公社（TVA）の設立である．同社は，諸州にまたがる全長1,000kmを超えるテネシー川流域の総合開発を目的に設立されたが，その理事長アーサー・モーガンの言によると，TVAの目標は単なるダム建設や送電事業に止まらず「物理的・社会的・経済的条件のすべてにわたって福祉水準を向上させること」にあった[5]．このTVAをはじめとした公共事業の規模は，1931年の4億2100万ドルから，1937年には3倍近くの11億200万ドルにまで膨れ上がった[6]．

第2は，失業救済事業であった．ルーズベルト政権期には，大恐慌に伴う失業者の大量発生の事態に対して，1933年に「連邦緊急救済法」，1935年には「緊急救済支出法」が成立した．同法のもと，政府は「連邦緊急救済局」（FERA）を通じた失業者に対する「施しもの」的な直接救済だけでなく，「民間事業局」（CWA），「雇用促進局」（WPA）による授産救済事業を展開した．授産救済事業とは，建設や土木事業の実施により失業者に雇用機会を配分する事業であり，管轄する法や部局の相違を除けば公共事業とほとんど同じ性格を持つ政策である．ニューディール後期の失業救済事業は大半がこの授産救済であった[7]．この失業救済事業の規模は，1933年の3億6000万ドルにはじまり，1939年には26億7700万ドルにまで増大した．それは，同時期の公共事業よりもはるかに大規模な支出額であった．

また第3に，この時期には各種の社会保障制度，所得分配制度も確立した．

1935年には,「社会保障法」(Social Security Act) の成立により,老齢年金保険制度が成立し,またそれまで州営であった失業保険制度に対しても,連邦政府の大規模な財政援助がはじまった.このように,ニューディール期を通じて整備された連邦政府の所得分配制度の経費は,政府の主要な歳出費目となった.連邦政府支出のうち社会保障費は,1936年の4200万ドルから1939年には8億5000万ドルにまで膨張した[8].

これらの政府活動の拡大の結果,政府の規模は著しく増大した.1930年から1939年までの間に,政府支出額は絶対額で33億2000万ドルから91億41万ドルへ,対GDP比で3.4%から10.3%にまで増大した.この歳出の拡大によってまた連邦政府の財政赤字も拡大していった.1930年の時点で,連邦政府の財政収支は,7億1300ドルの歳入超過であったが,それ以後政府財政は赤字に転じ1936年には40億ドル以上の赤字を計上した.これは対GDP比で5.5%に相当する赤字額である.その後も連邦政府財政赤字の状態は継続し,1939年にも28億ドル,対GDP比で3.2%に相当する赤字が計上された[9].

このように,政府が均衡財政の枠組みにとらわれず,不況期に積極的に財政赤字を発生させることで総需要を増大させ,景気の刺激や雇用の安定化を図る政策手法は,一般にケインズ主義的な財政政策と呼ばれる.このケインズ主義的な財政政策が初めて導入されたことが,ニューディール政策の連邦財政史上の意義であった.なお,このケインズ主義という呼称は,この着想を経済学として体系化したイギリスの経済学者ジョン・メイナード・ケインズの名を冠したものである.革新的な理論の登場が不況を救う政策を生み出したというのは,経済学者にとってロマンのある話である.しかし,実際にはルーズベルト大統領は,ケインズ理論や彼の提言に基づいて赤字政策を行ったわけではなく,不況に対する現実的対応の積み重ねがケインズ主義と呼ばれる政策と重なったというのが実態であった[10].ケインズ理論が果たした役割は,この種の財政政策を理論的に正当化しうる論理を構築し,体系化したという点にある.

アメリカの経済は,しかし,ニューディール期におけるケインズ主義的財政政策の展開にもかかわらず,本格的な回復の兆しを見せなかった[11].結局,

第 2 章　財政思想の変化と財政政策の展開　　　　　　　　　　77

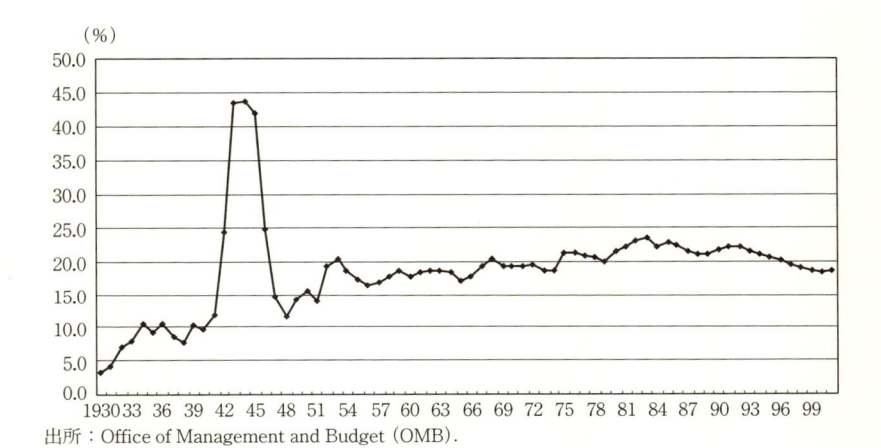

図 2-1　連邦財政支出の対 GDP 比

出所：Office of Management and Budget (OMB).

　政府がより徹底的なケインズ主義的財政政策を実施し、アメリカ経済を大恐慌以来の停滞から脱出させる契機となったのは第 2 次世界大戦であった。すでに 1940 年ごろから軍備増強を開始していたアメリカは、1941 年の日本軍の真珠湾攻撃によって、この戦争への参戦に踏み切った。この時、ルーズベルトは、「ニューディール博士は、戦勝博士にとって代わられる」と語り[12]、アメリカは一気に戦時体制へと突入した。アメリカの軍事支出は、1940 年の 16 億 6000 万ドルから、翌年には 4 倍近い 64 億 3500 万ドルと急増し、1945 年には 829 億ドルまで増大していた。図 2-1 に見るように、連邦支出の対 GDP 比は、1940 年の 9.8% から 1945 年には 41.9% と急増した。この拡大に伴い財政赤字は著しく悪化した。図 2-2 のように対 GDP 比で 1940 年には 3.0% であった赤字は、ピークの 1943 年には 30.3%、終戦時の 1945 年で 21.5% へと増大した。アメリカ連邦政府は予算均衡主義から完全に脱却していた。政府による軍需の増大は設備や労働力を稼働させ、GDP は、1940 年から 1944 年までの間に 1014 億ドルから 2198 億ドルへと 2 倍以上へと成長し、アメリカの失業率は 1939 年の 17.2%、1940 年の 14.6% から 1944 年には 1.2% にまで減少していた[13]。

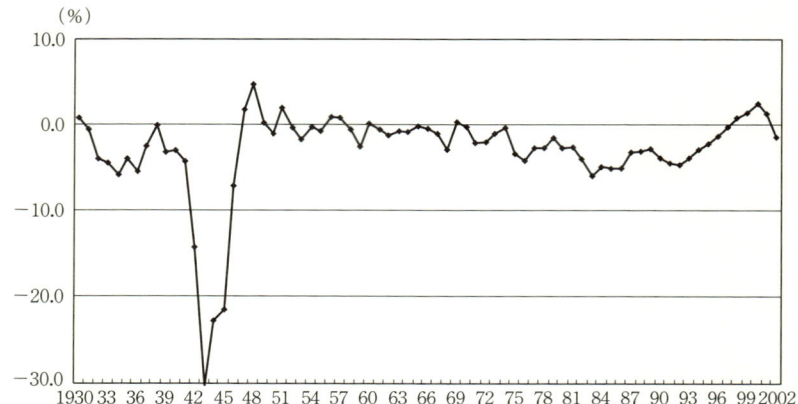

注：社会保障基金など Off-budget を含めた統合予算で表示.
出所：OMB.

図 2-2　連邦財政収支の対 GDP 比

2. 戦後における財政政策の展開

　戦争を通じて急拡大した連邦政府の財政規模は，終戦に伴う平時への復帰によって大幅に縮小した．連邦政府は，支出の中心である軍事費を大幅に削減させ，連邦財政規模の対 GDP 比は 1946 年の 41.6％ から 1947 年には 14.1％ まで縮小した．しかし，それでも大恐慌以前に比べればはるかに巨大な連邦政府支出の規模が維持された．また，この間には所得税を中心とした税制の強化や管理通貨制度の確立など，「大きな政府」を支えることのできる財政制度や通貨制度が確立されていた．

　この過程を通じて財政政策による経済安定化という考え方も定着した．その象徴的な出来事が 1946 年の「雇用法」の成立である．先に見たように，アメリカは戦争への軍事支出を通じて完全雇用に近い状態を達成していたが，同法は，連邦政府が終戦後も引き続き「最大の雇用，生産および購買力」に関して責任を負うことを規定するものであった．すなわち，それは財政の経済安定化機能に法律的な裏付けを与えるものであった[14]．

第2章 財政思想の変化と財政政策の展開

　政府による経済安定化という思想の定着は，しかしながら，戦後も一貫してケインズ主義的な財政運営が行われたことを意味したわけではない．当時は，まだ保守的な財政均衡主義への支持も根強く，ケインズ主義的な政策には経済界からの反発があった．その対立は，上記の雇用法の成立過程にも顕著に現れている．雇用法は，もとは連邦政府が財政赤字を手段として完全雇用の実現というより積極的な目的を達成する「完全雇用法」として提出された[15]．しかし，この原案には経済界を中心とした反対意見も強く，最終的に同法の目的は，完全雇用から「高水準の雇用および購買力」と変更され，またその手段としての財政赤字の規定も削除されるなど，ケインズ主義的な性格はトーンダウンした．

　積極的な財政政策にかわり，より穏やかに経済安定化を果たす財政機構として注目されたのは税制であった．戦中に構築された累進的な租税構造は，景気の拡大期に高所得者の増大を通じた税収増加をもたらし，財政黒字を生むことで景気過熱を防ぎ，逆に景気後退局面には税収を減少させ，財政赤字を生むことで景気を刺激する．すなわち，戦後の租税構造は，経済安定化の機能を自動的に果たすとされた．この効果は，財政学の教科書などでは「ビルトイン・スタビライザー」と呼ばれる．

　アメリカの経済安定化への政策は，戦後の約15年間，1950年代のアイゼンハワー政権期まで，この「ビルトイン・スタビライザー」と，それを補完する金融政策を中心に運営されていった．例えば，この間もアメリカ経済はいくつかの景気後退を経験したが，これに対し減税や歳出拡大など，より積極的に赤字財政を創出するような大規模な景気対策は行われなかった．特に1958年の景気後退期にアイゼンハワー政権が積極的な景気政策を取らなかったことは，同時代のケインズ主義者から激しく批判された[16]．

　連邦政府が，再び積極的なケインズ主義的政策を行うようになるのは，1961年のケネディ政権の成立からである．ケネディは，1960年代大統領選挙戦から，失業率の上昇や成長の鈍化などの経済問題や貧困の問題をしきりに訴えてきた[17]．こうした問題に対処するために，ケネディ政権では1962年末に大幅な赤字を生み出す減税案が提案され，1964年に実現した．またケネディ＝ジョンソン政権期には，進歩主義に基づき福祉政策など所得再分

配の拡充も試みられた．連邦政府の財政収支は1961年に33億3500万ドルの赤字，翌年には71億4600万ドルの赤字を計上してから8年連続の赤字財政が続いた．もちろん，それ以前の時期においてもアメリカ財政は断続的に赤字状態に陥っていたが，図2-2に見るように連邦政府財政の赤字が常態化したのは，このケネディ政権以降のことである．

このような積極的なケインズ主義的財政政策への転換は，ニューエコノミクスの理論によって正当化された[18]．この理論は，財政政策の運営を「完全雇用予算均衡」という基準に沿って行うべきとするものである．完全雇用均衡とは，現行の財政支出規模が，現在の税収に対してではなく完全雇用が実現した場合に見込まれる税収に対して等しくなっている状態である．この理論の言説に従えば，政府は完全雇用均衡の水準で財政運営を行うことで，経済の安定と完全雇用を達成することができる．この理論のもとで問題となるのは，現実の財政赤字の発生ではなく，より抽象的な観念上の税収に対する支出の規模である．これは，不完全雇用下における財政赤字を事実上常に正当化し，同時にケインズ主義に批判的な保守主義者に対しても数量的な赤字の上限を提示することで，彼らの同意の調達を図るものであった．こうした意味で，ニューエコノミクスの理論はケインズ主義理論の精緻化・洗練化されたものであった．

当時の財政赤字の創出は，しかし，実際にはこうした理論的な計算に基づいて行われたわけではない．現実の財政支出の規模や減税は，常に行政府や議会における政治過程を通じて決定される．この時代の財政運営もまた，ニューエコノミクスという理論の所産ではなく，現実の政治過程によってもたらされたものであった．特に，1964年からのジョンソン政権における支出膨張は，より政治的な要因に基づくものであった．

1960年代における財政支出膨張の第1の要素は，軍事費の拡大である．かねてからアメリカは，冷戦の相手国であるソ連との軍拡競争を続けており，核兵器やミサイルの開発，配備，また通常戦力の増強などに費やす軍事費も増大していた．さらに，1960年代後半から軍事費の増大の大きな要因となったのがベトナム戦争である．アメリカは親米国家である南ベトナムを支援し，この地域に対する介入を以前から行ってきた．1964年には北ベトナム

第2章　財政思想の変化と財政政策の展開　　　　　　　　　　　　　　81

に対する空爆を開始し，続いて地上軍を投入するなど本格的な軍事介入を行った．その後この戦争は，泥沼化と長期化の一途をたどっていった．1975年にアメリカ軍が撤退するまで多くの人員や兵器が費やされ，ベトナムにも莫大な被害をもたらした．この戦争に伴い，国防費は1965年の506億から1969年には825億ドルにまで増大した．

　財政支出膨張の第2の要素は，福祉関連支出の増大である．1960年代アメリカでは，戦後の経済的な繁栄の結果として実現した「豊かな社会」の中での貧困の問題に注目が集まっていた．こうした現代的な貧困の問題に対しては，ケネディ政権時から福祉拡充のいくつかの提案がなされていた．こうした動きは，ケネディ政権を引き継いだジョンソン政権の「貧困との戦い」「偉大な社会」というスローガンに象徴される．このスローガンのもと，ジョンソン政権は，老齢者への医療保険制度の実施や教育や公的扶助の拡充など，個人所得移転を行う多くの施策を実現させた．こうした福祉重視の政策転換は，当時の公民権運動や，ガルブレイスなどを代表論者とする進歩主義的な言説の隆盛を背景としていた．こうした潮流の結果，1960年代の後半より，アメリカ連邦財政では，福祉関連の支出が大きく増大した．1965年から1969年の間，連邦財政の費目のうち，健康関連が25億ドルから52億ドル，メディケアは57億ドルへ，所得保障は95億ドルから131億ドルへ，社会保障年金は175億ドルから273億ドルへとそれぞれ著しい拡大をみせた．これらの所得移転費用の合計は，この時期に，365億ドルから664億ドルへと一気に膨張した[19]．

　1960年代における，アメリカの連邦財政政策の積極的なケインズ主義への再転換は，連邦財政の肥大化を再び加速させた．それは，「大砲とバター」という言葉で表現されるような軍事費と国内の社会保障関連費との2本柱による支出構造の定着を内実としていた．こうした経費膨張の結果，連邦財政規模は，1960年から1969年までの10年の間に922億ドルから1836億ドルへとほぼ倍増した．

　だが，連邦政府の財政赤字拡大は，1960年代の中盤頃まではそれほど深刻な問題ではなかった．なぜならば，1960年代には経済もまた急拡大で成長し，税収も順調に伸びていったからである．景気は1960年代の半ばをピ

図 2-3　消費者物価指数の上昇率

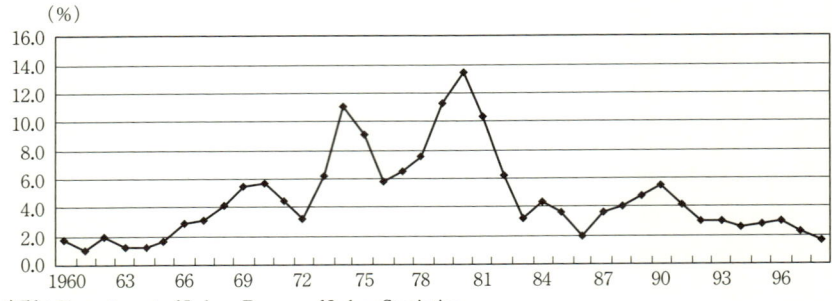

出所：Department of Labor, Bureau of Labor Statistics.

ークに拡大し，GDP は 1960 年から 1970 年の 10 年間で 5264 億ドルから 9846 億ドル，税収も 924 億ドルから 1868 億ドルとそれぞれ倍増した．その結果，財政赤字の水準は比較的低位で安定し，1967 年までは対 GDP 比で見て 1.5% を超えることはなく，図 2-3 に見るようにインフレも 3% を超えることはなかった．次の時代との比較において，アメリカ経済は，この時期にはまだ「大砲とバター」による政府支出の膨張を受容する余力が残されていたといえる．

II.　1970 年代の停滞と経済政策への批判

1.　ケインズ主義のほころび

　ケインズ主義やそれに伴う政府規模の拡大の問題点が，より明確に認識されるようになるのは 1960 年代の末から 1970 年代にかけてのことである．それは，またアメリカ国内の持続的成長が鈍化し，同時に国際経済におけるアメリカの地位の相対的な低下が対外的なドル危機などによって顕在化しつつあった時代でもあった．
　当時，注目されたケインズ主義的政策の難点は以下の 4 点である．
　まず第 1 に急激なインフレの発生である．元来，ケインズ主義的な経済政策はインフレを誘発しやすい．政府が総需要を刺激することや，また金融政

策がそれに呼応し通貨の供給量を増大させることは，いずれも物価上昇の要因となりうるからである．したがって，インフレの抑制と経済成長とのバランスの確保はケインズ主義にとって重要な課題である．しかしながら，1970年代のアメリカは明らかにこの課題への取り組みに成功しなかった．図2-3に見るように，消費者物価指数の上昇率は，1969年まで2％以内に抑制されていたが，1960年代終盤から上昇をはじめ，1969年には5％を上回り1970年代の半ばには10％前後の水準で推移し，当時のニクソン政権が価格統制さえ試みる事態となった．この狂乱的なインフレの要因は，より直接的にはオイルショックや対外的なドル価値の低下など供給面での変化や金融政策等にも求めることができる．しかし，同時期においては，財政赤字拡大こそがインフレの最大の元凶の1つとされていた[20]．

　第2は，インフレの高進にもかかわらず低迷していた景気である．このインフレと不況との同時併発状態は，スタグフレーションと呼ばれている．アメリカ経済は，ちょうどインフレ率が高まりつつあった1960年代末ごろから景気後退を始め，1970年の第4四半期には実質GDP成長率もマイナスを記録した．さらに，1974年，1975年には−0.5％，−0.17％と2年連続でのマイナス成長となった．同時に，アメリカの失業率は1960年代の中盤には4％以下で穏やかに推移していたが，1971年には7.1％に，1975年には8.5％にまで上昇した．こうしたインフレ下における景気後退は，従来のケインズ主義的な経済政策の妥当性を厳しく問い直すものであった．なぜならば，ケインズ主義に基づく経済運営とは，フィリップス曲線で表現されるインフレ率と失業率とのトレードオフ関係に基づき，失業率上昇にはインフレ政策で，インフレには財政や金融政策の引き締めで対応する，という具合に両者のバランスをとる政策であったからである．インフレ率と失業率の同時上昇という事態は，この前提となる世界観を突き崩すものであった．

　第3に，依然として歯止めなく積み上がってゆく財政赤字である．図2-2に見るように連邦政府の財政収支は，1960年代から恒常的な赤字であったが，1970年代にさらに悪化し，1976年には対GDP比マイナス4.2％にまで落ち込んだ．財政赤字の累積額は，1979年の時点で連邦政府歳入規模の2倍に相当する8295億ドルに上った．この財政赤字を生み出した主な要因は，

福祉支出を中心とした支出の継続的な拡大である．連邦支出による個人向けの所得移転は増大し続け，これらが連邦財政支出に占める割合は，1970年の38.5％から1979年には53.1％にまで膨れ上がっていた．こうした個人向け支出の膨張に伴い財政規模もまた拡大し，図2-1のように，連邦政府支出の対GDP比は1965年の17.2％から1970年には19.3％，1981年には22.2％にまで増加していた．

こうした経費の膨張は，もちろんニューエコノミクス的な計算の下に実施されたわけではない．それは，インフレと連動して自動的に膨張する「偉大な社会」関連支出や，また各種の経費が政治過程において既得権益として維持・拡大されたことに起因している．この時代は，経済政策の対象たる景気だけではなく，すでにその手段である財政自身もまた連邦政府にとって制御不能な状態に陥っていた．それは，財政の運営が理性的に行われるというケインズ主義政策の前提，しばしば「ハーヴェイロードの仮説」と呼ばれるものの非現実性を浮き彫りにするものであった．

最後に，この時代には国民の多くの層の租税負担が増加した．この負担増は，主として増税の立法によってではなく，インフレによるブラケット・クリープによってもたらされた．すなわち，インフレによる物価や賃金の上昇は，個々人の名目所得を増大させる．アメリカ連邦政府の所得税制は累進制度を採っているため，個々人は名目所得が増大することで高い限界税率に直面することになる．例えば，1970年から1980年との比較を見れば，所得分布の中央値にある4人家族の限界税率は17％から24％へ，また中央値から2倍の家族の場合には，22％から43％へと増加している．累進税制は，もはや一部の富裕層に対してではなく，中流層に対しても幅広く適用されるようになっており，負担感が強まっていった．その他，直接的な増税として1977年には年金給付などを支える社会保障税の税率も引き上げられた．納税者の累進税率構造やそれによって賄われる政府活動への不満が拡大するようになった．

2. 保守主義への回帰

　こうした状況を受けて1970年代には，ケインズ主義やそれに伴う財政支出の膨張を批判する言説が次第に力を持ち始めていた．これらの言説の代表的なものは，ミルトン・フリードマンを中心としたマネタリストやロバート・ルーカスらによる合理的期待形成理論，ブキャナンの公共選択論などである．マネタリズムとは，物価の安定，すなわちインフレの抑制を重視し，そのための手段として通貨量の管理を経済政策の最重要課題に置く見解である．彼らは，積極的な財政政策を通じた景気刺激に対して，その短期的な効果の否定はしないものの最終的には経済を混乱させる要因として否定的な立場をとっていた．「合理的期待形成理論」は，より徹底的にケインズ主義的政策の効果を否定する．彼らの見解によれば，もし政府が景気刺激策として財政赤字を拡大させた場合，合理的な経済主体は，赤字を将来に返済するための増税を予想し，家計支出を抑制するため，財政政策の効果は打ち消される．すなわち，経済主体の合理性を前提とすれば総需要管理政策としてのケインズ主義的な政策は無効であり，むしろ資源配分に歪みをもたらす政策となる[21]．また公共選択論の代表論者であるジェームズ・ブキャナンは，現実の民主政治のもとでケインズ主義は合理的に機能しなかったという点を強調し，ケインズ主義的な財政政策の弊害を強調した[22]．

　さらに，ケインズ主義の有効性を否定するだけでなく代替的な政策提起を行う学説が現れた．それはマーティン・フェルドシュタインに代表される，いわゆるサプライサイド・エコノミクスである．彼らの見解によれば，従来のケインズ主義経済学は経済政策の重点として主に需要の不足に着目し，この需要創出によって経済の安定化を図る需要側の経済学（ディマンドサイド・エコノミクス）であった．これに対して，サプライサイド・エコノミクスとは，経済政策の重点として供給力の側面（サプライサイド）を重視する立場の経済学を自認する．彼らは，インフレと景気後退に悩むアメリカ経済の主な問題点として，総需要の不足ではなく供給面での生産性上昇の鈍化に着目する．そして，この生産性を上昇するため，税制や社会保障制度を改編

することで生産のための投資やそれを支える貯蓄の増大を図るというのが，彼らの政策の要諦である[23]．

　これらのケインズ主義に対する批判的潮流は，大枠では保守主義への回帰として理解することが出来る．すなわち，戦後のケインズ主義やそれに伴って発達した「大きな政府」や諸々の福祉国家的施策に対する反発である．これらの保守主義への回帰は，経済学の世界だけではなく，また現実の政治や運動でも隆盛しつつあった．例えば，「偉大な社会」で行われた福祉政策に対して「過剰な福祉」として批判する風潮が生まれていた．またカリフォルニア州では，「大きな政府」に伴う過剰な租税負担に対する運動として，「納税者の反乱」と呼ばれる動きが生まれ，固定資産税の減税等を規定した「プロポジション13」を立法化させた[24]．

　保守主義への回帰は，しかしながら，財政政策思想としては必ずしも一貫性を持っていない．そこには，内部に異なる2つの要素が混在しているからである．第1は，「大きな政府」批判に基づく「小さな政府」への回帰，第2はフーバー以前の財政均衡主義への回帰である．両者は，無駄な財政支出を抑制するという点において主張を共有しているが，税制においては対立的な側面を持っていた．税制の面から見た場合，「小さな政府」が何より重視するのは減税であり，これこそがこの規範の中核であるといっても過言ではない．しかしながら，「財政均衡」の立場から見れば，減税は短期的には財政赤字を増加させる政策にすぎない．むしろ，財政均衡のためには増税による歳入増加こそが必要な政策ということになる．「小さな政府」と「財政均衡主義」は，保守主義という文脈を共にしながらも，具体的な政策としては増税・減税の点で異なっており，必ずしも調和した目的ではなかった．すなわち，この時期のケインズ主義批判の潮流は整合的な政策体系ではなく，内部に対立を抱え込んでいた．

　この両者の対立に「解決」を与えたのが，より過激なサプライサイダーの単純化された理論であった．その主張は，アーサー・ラッファーによる「ラッファーカーブ」に代表される．彼は，図2-4のラッファー曲線という単純化された図式を用いて「小さな政府」のための減税が結果として，税収増につながり，財政均衡に寄与するという見解を提示した．この説の内容は次の

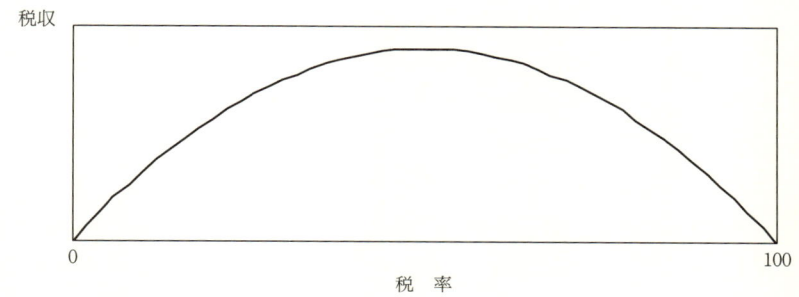

出所：小椋［1981］p. 180.

図 2-4　ラッファー曲線

通りである．まず，それは政府の税収は税率がゼロの場合と100％の場合には，どちらもゼロとなるという議論から出発する．税収が100％の場合に税収がゼロとなるのは，それが民間の経済活動を停止させるからである．しかし，この両者の間には税収をもたらす税率が存在しており，これらの想定からは税率と税収との関係はおおむね図2-4のような曲線を描くことが想定される．つまり，税率がゼロから一定の率まで引き上げることで税収は増加するが，一定の率を超えて100％に向かうと税率引き上げは税収を引き下げるという点である．彼は，この曲線をもとに今日のアメリカの税率は税収が最大化する点を上回っており，したがって税率の引き下げは最終的には税収を増加させると主張した．ここに，「小さな政府」の徹底が，「財政均衡主義」に即したものであり，保守主義の財政政策思想に内包する対立が解消される可能性が提示された．

　この単純化された議論は，もちろん理論的な難点を多く抱えている．この論理の妥当性にはいくつもの疑問の余地が残されている上，仮にこの見解の妥当性を認めたとして，税収を最大化する点をどこに求めるか，現在の税率はどの点にあるのか，など多くの問題が答えられていない．それは理論としてはあまりにも粗野なものであった．もともと，このアイデアはレストランのナプキンで説明されたという逸話が残されているほどである．こうした減税が増収をもたらすといった彼の見解は，しばしばフェルドシュタインら「正統派サプライサイド」と区別して「過激なサプライサイド」と呼ばれる．

こうした批判の存在にもかかわらず，この理論はサプライサイダーの金科玉条として政治に受け入れられていった[25]．このアイデアは，『ウォールストリートジャーナル』の論説委員のワニスキ，知識人ではアービング・クリストル，政治ではバッファロー選出の下院議員，ジャック・ケンプらに伝播していった．このラッファーからアイデアを得たケンプは，ウイリアム・ロス上院議員とともに，議会で個人所得税を3年間毎年10％引き下げる提案，いわゆるケンプ・ロス減税案を提出した．1977年9月には，共和党全国委員会がこの法案を支持することを決定し，1978年にはこれを選挙運動の最重要事項とした．

なぜ，当時からすでに疑問視されていた過激なサプライサイドの理論が，このように現実の政治の場に浸透していったのか．それは，このケインズ主義批判の潮流において，実際には「財政均衡」が重視されていなかったからだと考えられる．ラッファーカーブは，両者が同時に達成できる可能性を提示した理論であったが，彼らにとってこの仮説の真偽は副次的な問題にすぎなかった．重要なのは，この仮説によって減税＝「小さな政府」が正当化されるということであった．すなわちラッファーカーブの急速な受容過程は，当時の保守主義の隆盛が「財政均衡」ではなく「小さな政府」を目的とする運動であったことを物語っている．そして，こうしたサプライサイド減税による「小さな政府」への流れは，1981年に登場したレーガン政権によって実現した．

3. レーガン政権期の「小さな政府」とその帰結

1980年の大統領選挙において，ロナルド・レーガンはケンプ減税を中心とするサプライサイド政策の実施を標榜し，民主党の対抗馬である現職のカーターに対して「地すべり的」な大勝をおさめた．そこで訴えられたサプライサイド的な経済政策は，翌81年のレーガン政権成立時から，「レーガノミクス」として早速実施に移されていった．そのレーガノミクスと呼ばれる経済政策は次の4つの柱からなりたっている．すなわち，第1に大幅な減税，第2は歳出削減，第3は規制緩和，第4は通貨供給量の抑制である．ここで

第 2 章 財政思想の変化と財政政策の展開　　　　　　　　　　89

は，これらのうち財政政策に関連する前二者の大幅減税と歳出削減を検討しよう．

　まず，第 1 に減税について，これはまず 1981 年の 7 月に成立した経済再建税法によって実行された．当時のアメリカの個人所得税は 15 段階で最高 70％ もの限界税率が課せられていたが，同法はこれを 14 段階で最高限界税率 50％ にまで段階的に引き下げ，同時にインフレ調整の仕組みや，個人貯蓄への優遇税制も実施した．さらには，法人所得税に関しても加速償却と呼ばれる減価償却の短縮化や投資税額控除など企業の新規投資を促す減税措置が実施された．これらの減税規模は，実施当初の推計で 1986 年度までに個人所得税 5500 億ドル，法人税で 1600 億であると計算された．それは，減税としては史上空前の規模であった[26]．さらに 1986 年の税制改革法では，個人所得税率は，2 段階で最高限界税率 28％ にまで引き下げられた．この税制改革については，これは歳入中立の下で租税の「簡素」「公平」「中立」を目指す改革であり，減税を目的とした政策ではないため 1981 年時の極端な減税との性格の相違がしばしば指摘される[27]．しかし，この場合の歳入中立は 1981 年減税後の歳入を基準としているため，大きな流れとしては 1986 年の税制改革もまた，レーガン減税の一環として，その減税体系を整備し完成させる政策であったと理解することができる．

　第 2 の支出削減に関して，レーガン政権は 1981 年には 23％ であった連邦政府支出の対 GNP 比を 1986 年までには 19％ にまで抑制するという目標を打ち出した[28]．これに基づき政府は様々な経費削減措置を試みた．その対象は非国防支出，特に医療や福祉関連であり，メディケイドと呼ばれる低所得者向け医療扶助や要扶養児童家庭扶助（AFDC）などへの支出抑制措置がとられ，また連邦職員数の削減も実施された．しかしながら，こうした措置にもかかわらず，福祉や医療にかかるコストの膨張は十分には抑制されなかった．福祉経費は，1981 年には 3620 億ドルであったものが，1988 年には 5334 億ドルへと依然として速いスピードで増大していった．また国防費に関して，レーガン政権は「強いアメリカ」というスローガンを掲げ大幅な増額を実施した．レーガン政権誕生以前の 1970 年代においてはアメリカの国防費は，対ソ連との緊張緩和（デタント）の風潮の中で，その増加速度を鈍

らせていたが，レーガン政権はこの国防費の増加速度を再び加速させた．同政権の発足から2年の間，国防費は年間15％もの割合で増加し，その後も10％前後の割合を維持し，1981年には1575億ドルであった国防費は，1988年には2904億ドルにまでほぼ倍増した．対GDP比で見ても，国防費は，1970年から1979年までの間に8.1％から4.6％にまで抑制されていたが，1980年代になるとGDPに占める国防費の割合は増加し，1987年までに6.1％にまで増加した．

結果的にレーガン政権は歴代のどの政権よりも大規模な財政赤字を生み出した．図2-2で確認できるように，財政赤字の対GDP比は，1982年には4.0％，1983年には6.0％と戦後かつてない水準に到達していた．連邦の財政赤字累積額も1988年の時点では，歳入規模の3倍，GDPの半分に相当する2兆6011億ドルに達していた．この結果，財政赤字は当時注目されつつあった対外経常収支赤字の累積と並び，「双子の赤字」としてアメリカ経済の主要な危機として問題視されるようになった．ケインズ主義的な経済政策を財政赤字の創出を通じた総需要政策であると定義するならば，新保守主義を標榜するレーガンは，皮肉にもアメリカ史上最大のケインズ主義政策を実施した大統領であったということになる．

レーガン政権がケインズ主義的な財政政策の転換に結果的に失敗したのは何故だろうか．まず第1に，歳出面で見た「小さな政府」への転換の失敗が挙げられる．すなわち，レーガン政権は財政赤字を生み出す経費の構造の改革に十分に成功しなかった．レーガン政権は福祉や社会保障関連支出を主たる削減の対象としていた．これらの削減が受給者や社会に対して与えた影響は決して小さくはなかったが，それはレーガンの当初の目標を達成するものではなかった．なぜならば，新保守主義を掲げる大統領府に対して，予算に大きな権限を持っている議会の下院は，「大きな政府」を依然として志向していた民主党によって多数派を占められていたからである．この，後に共和党側から「ニューディール的利権構造」と呼ばれる議会の状況の中で，この種の経費の大幅な削減は困難であった[29]．さらに，より大きな歳出要因としてはこの既存の経費水準が維持されたまま，軍事費の一層の拡大が実施されたことである．この結果，レーガン政権は，支出面において「大きな政府」

第2章 財政思想の変化と財政政策の展開

を維持することとなった．この時期の連邦支出規模は，対 GDP 比で 1981 年 22.2% であったが，図 2-1 のようにレーガン期当初には拡大し，1983 年には 23.5% にまで膨張した．それは 1988 年には，21.2% と減少したが大幅なものではなかった．

　第 2 は，歳入の面で見た「小さな政府」の実現，すなわち大規模な減税である．もともと減税政策は，ケインズ主義的な赤字創出の手段であった．例えばサプライサイダー達によって賞賛されるケネディ期の減税は，本来ケインズ主義的な理論で基礎付けられた政策であった．ごく単純に考えても減税自体は，少なくとも短期では財政均衡の達成という目標とは対立する赤字創出策である．実際にレーガン政権期の巨額の財政赤字の最大の要因となったのはこの減税であった．例えば，1986 年のレーガン政権の推計によると，1985 会計年度において，1981 年減税法の影響による財政収入の減少は，1703 億ドルであり，これは同年度の財政赤字額 2133 億ドルの約 8 割に相当する数字であった[30]．

　本来は赤字創出策である減税が長期的には増収を生み財政均衡の規範にも「調和」するものだとしたのは，ラッファーの主張であった．この理論はその粗野な内容にもかかわらず，レーガン減税の拠り所となっていた．例えば，1981 年の減税時に用いられた推計では，大幅な経済成長に伴う増収が見込まれており，1984 年に財政は均衡するとの見通しがレーガン政権から提示された．翌年度の 1982 年に出された推計もまた，1984 年の財政赤字を 829 億ドルに見積もるものであった．それは現実の 1984 年に発生した財政赤字の 1/2 の数字に過ぎなかった．言うまでもなく，これらの推計はことごとく楽観的なものであった．レーガン期の減税政策が経済政策として持った意義に関しては様々な評価が可能であるが，少なくともそれは財政を均衡させるほどの増収を生む経済成長を実現するものではなかった．

　結果として，少なくとも短期において減税はやはり財政赤字政策であることが，改めて証明された．さらにいえば，レーガン政権が掲げた減税も政府の資金をばらまく利益分配政策であり，それは支出の膨張に伴う利益構造と結びついた伝統的なケインズ主義と同様の性格を持つ政策である．ラッファーカーブをはじめとする過激なサプライサイドの理論が果たした役割は，こ

うした本来の目的である減税を理論的に正当化する作用を持つものであった．一般に「小さな政府」は「ケインズ主義」と対立した理念として語られる．もちろん，減税を通じた「小さな政府」といった保守主義と，一般に「ケインズ主義」と呼ばれる支出拡大を通じた「大きな政府」とは，再分配政策や経済政策に関して正反対の立場をとっている．しかし，「小さな政府」が支出減ではなく減税を中心に進められる限りは，両者は共通の財政赤字創出政策であり，本章で定義されるケインズ主義政策であった．

　アメリカの財政に定着したケインズ主義的体質，すなわち財政赤字の累積体質から脱却するには，レーガン政権の登場からさらに20年近くの時間が必要であった．

III. 財政の黒字化と「ニューエコノミー」

1. 財政黒字の達成

　図2-2が示すように，アメリカの連邦財政収支は，1990年代終盤に黒字化した．1998会計年度には631億ドルの財政黒字を計上し，翌1999年度に1256億ドル，2000年度に2364億ドルと黒字幅を増大させた[31]．連邦財政の黒字発生は1969年以来28年ぶり，2年以上の黒字計上ということでは40年ぶりの出来事である．ケネディ政権下での「ニューエコノミクス」以来定着した慢性的な財政赤字は，1990年代後半に一時的にせよ，ようやく克服された．ここでは，この財政黒字の達成をもって事実上のケインズ主義からの脱却の1つの指標として理解する．

　ただし，この財政均衡の達成は，多分に当時の経済や国際環境などの外的変化に支えられたものであった．例えば，後に詳述するように財政均衡において大きな役割を果たしたのは1990年と1993年の包括的財政調整法（OBRA）であるが，この後者の法律の成立時点において，なお1998年度には財政赤字は約2130億ドルが計上されるものと推測されていた[32]．この推計と現実との誤差は，90年代後半における財政赤字の解消が当時では予想されていなかった外部的な要素に起因するものであったことを物語っている．

第2章　財政思想の変化と財政政策の展開

　この予想外の変化を生んだ要因の1つは，冷戦の終結である．第2次世界大戦後のアメリカの軍事費の拡大は，主に冷戦の相手国であるソ連との軍拡競争を根拠とするものであった．しかし，1989年ベルリンの壁崩壊に象徴される社会主義国の民主化の流れの中で1991年にソ連は崩壊した．半世紀にわたる冷戦は終わりを告げ，連邦予算の相当な額を占めていた国防費は大幅に削減された．それは1990年以降ほぼ毎年減少し，1989年には3035億ドルであったものが，1998年には2684億ドルとなった．対GDP比で見れば，1989年に5.6％であった国防費は，1998年には3.1％にまで急激に減少した．こうした変化は，一般に「平和の配当」と呼ばれている．

　第2の要因は，「ニューエコノミー」と呼ばれる歴史的な持続的景気拡大の出現である．1991年3月から始まった景気拡大は，戦後最長の120カ月間，2001年まで持続した．この持続的な拡大は，キャピタルゲイン税を中心とした個人所得税の大幅な増収をもたらし，連邦政府の歳入規模は大幅に拡大した．1989年には9921億ドルであったものが2000年には2兆252億ドルにまで増加している．対GDP比で見ても13.1％から15.9％まで増加している．これだけの持続的景気拡大とそれに伴う歳入増加は，当時のアメリカ政府にとって全く予想外の事態であった．こうしたイレギュラーな景気拡大がなければ連邦財政の均衡は達成不可能であったと考えられる．

　アメリカ連邦財政の黒字達成は，しかしながら，これら経済および国際環境の変化によって自然にもたらされた現象であったわけではない．議会予算局（CBO）の推計によれば，1992年から1998年までの財政収支の改善は，25％が景気循環要因で残りの75％が構造的な収支改善によるものとされている[33]．アメリカ連邦政府の予算過程研究の第一人者であるアレン・シックが指摘するように，1990年代の財政均衡努力の大幅な前進は，この財政均衡達成の重要な要件であった[34]．以下では，この均衡努力の前進を，それ以前の取り組みと対比していきたい．

　連邦政府による財政再建へ向けた取り組みは，すでに1970年代から始まっていた．1974年には予算改革法および執行留保法（CBICA）が成立し，さらには1985年グラム＝ラドマン＝ホリングス法（以下GRH法）が成立した．しかし，これらの立法は，いずれも財政赤字削減の決め手とはならなか

った．以下，GRH 法成立の意義と限界を見てみよう[35]．

まず GRH 法は各年度の財政赤字削減の目標規模と財政均衡を達成する目標時期を具体的な数字で明記した．しかし，これらの目標はほとんど機械的に設定され，達成困難でかつ硬直的なものであった．それはまた，異なる性質を持った経費を区分なく一括して処理するものであったため，各経費に関わる議員や利益集団間の消耗戦を喚起しがちであった．そのため，GRH 法は実際には形骸化してしまった．この傾向は，同法に存在した多くの制度的な抜け穴によってさらに促進された．抜け穴とは例えば，社会保障年金の積立金の組み入れによる赤字額の過少見積もり，歳入・歳出規模を推計する行政管理予算局（OMB）自体の楽観的な経済・財政見通し，さらには会計操作の余地などである．

次に，GRH 法は大統領に一律削減命令の権限を与えた．すなわち同法の下では，赤字額が目標値を上回った場合に大統領が予算の一律削減命令を発することができる．その狙いは，議会の経費膨張傾向への外部からの統制にある．しかし，この命令権は成立翌年の 1986 年 2 月の連邦地裁，および同 7 月の最高裁において違憲とされ，これを受けた改正によって議会を牽制する機能は大幅に損なわれた．また一律削減命令の内容自体にも適用除外費目の多さや，補正予算をカバーできない点など難点を抱えていた．

さらに，GRH 法をはじめとするレーガン期の財政均衡努力は，歳出削減に重点を置くものであり，歳入増加について増税などの具体的措置があるわけではなかった．すでに前節で見たように歳入増加は，減税による経済活性化に伴う税収の自然増によってもたらされると期待され，そのために実施されたのは増税ではなくむしろ大幅な減税であった．

1990 年代の財政均衡措置は，これら GRH 法の反省の上に設計された．

まず，第 1 に歳出抑制に関しては，1990 年に成立した包括的予算調整法（OBRA 90）の一部を構成する予算執行法（BEA）が重要な役割を果たした．同法では，予算編成過程の現実に即し具体性を持った手法が導入された．その特徴は，目標値の設定だけではなくそれぞれを実現するプロセスの改革に立ち入ったことである．特に画期的であったのは，歳出を裁量的経費と義務的経費とに区分し，両者のプロセスの違いに応じて個別のルールを適用した

点である．裁量的経費とは，毎年制定される各分野 13 本の歳出予算法によって決定される経費であり，具体的には国防費や農業補助金などがその代表的な費目である．これに対し義務的経費とは個々の法律がエンタイトルメント・プログラム，すなわち受給資格要件とその水準を定めることで，その後の費用規模が半ば自動的に決定される経費である．社会保障年金やメディケア，メディケイド，各種の福祉プログラムなどがこれにあたる．BEA では，これらの費目に対してそれぞれ次のルールが適用された．

①裁量的歳出の上限（CAP）の設定

まず，裁量的経費に関しては，CAP といわれる歳出上限が提示された．年々の予算は，この CAP の範囲内で設定されなければならない．この CAP は，特に 1990-93 年の間は，裁量的経費の中でも国防費，国際活動費，非国防費の 3 項目ごとに設定された．この CAP の設定は，機械的に設定された GRH 法の歳出上限に比べて，経済情勢の変動に応じてより柔軟に調整された．また歳出予算がこの CAP を超えた場合には大統領が一律削減命令を発することも定められた．

②義務的経費と歳入に対する Pay-as-You-Go 原則

義務的経費には，Pay-as-You-Go（PAYGO）というルールが適用された．PAYGO とは，新しい法律の成立等によって追加的な義務的経費や歳入減少が発生する場合には，それを埋め合わせるだけの義務的経費削減か増税かを行わなければならない，というルールである．このことによって，義務的経費は削減されるわけではないが，政策変更による収支を義務的経費の枠内で調整させることで，義務的経費全体の膨張の抑制を狙ったものである．

これら歳出抑制のルールの発達に加えて，BEA は様々な点で GRH 法よりも優れた赤字抑制措置を備えていた．例えば，大統領の歳出予算の一律削減命令の強化である．BEA のもと，一律削減命令は，裁量的経費が CAP を超えた場合，また全体の赤字がその条件を超える場合に発せられる．この削減命令は，その適用範囲が補正予算にまで及ぶ点において，GRH 法よりも大きな権限を持っていた．BEA はまた，削減すべき財政赤字の算出基準として，社会保障基金の黒字部分を除外することを義務付けた．この点においても赤字削減の取り組みがより実態に即したものになったと評価できる．

このように，BEA における歳出抑制の取り組みは，具体性と柔軟性の点において GRH 法よりも大幅に前進した．この枠組みは，1993 年 OBRA やその後の立法によって継承，強化されていった．また BEA の枠外でも，1990 年代にはメディケアや福祉給付の受給権の厳格化や大幅削減など義務的経費の削減努力が継続された．

　次に，歳入増大のための増税措置は，1990 年 OBRA および 1993 年 OBRA の 2 度にわたって行われた．まず，1990 年 OBRA では，所得税の最高税率が 28% から 31% に引き上げられたほか，人的控除の廃止や奢侈品税の導入，燃料税の増税など各種の増税措置が取られた．それは，成立当時の推計によれば，5 年間で 1446 億ドルもの増税措置であった．続いて，1993 年 OBRA ではより大規模な増税が行われた．同法は，所得税の最高税率を 31% から 36% にまで引き上げ，さらに一定以上の高額所得者には 10% の付加税を導入した（最高税率 39.6%）．法人税率の最高税率も 34% から 35% に引き上げられた．そのほか，輸送燃料税の導入，社会保障税の増税が実施され，その増税規模は，5 年間で 2500 億ドルであると推計された[36]．この増収は，3/4 以上が，年間所得 200,000 ドル以上の富者からの税収増であると見込まれていた[37]．この増税による税収は，実際にはこの推計以上に財政黒字の発生に対して有効であったと思われる．なぜなら，同時期から始まった「ニューエコノミー」と呼ばれる景気拡大の特徴は，貧富の格差の拡大，すなわち富者の所得の著しい増大にあったからである．相対的に富裕な層の所得が増大する中で，所得税の累進性をわずかでも回復させたことは，税収面でも大きな意味を持っていた．それは，「好景気という『追い風』を存分に受けるだけの帆を張り広げ」ることを意味していた[38]．

　財政均衡への取り組みの中でも，この増税措置はより画期的なものであるといえる．なぜならば，それは 1980 年代レーガン政権のもとで展開された「小さな政府」とは異なる方向への動きだからである．すでに述べたように，財政均衡措置の中でも歳出削減というのは，「小さな政府」への動きと合致したものである．その意味で，上記の 1990 年代の歳出抑制手法の発達は，従来追及されてきた取り組みの洗練・強化であるといえる．しかし，増税は明らかに「小さな政府」の流れに反する措置である．もっとも，この間の増

税は連邦政府の歳入体系をレーガン政権以前に戻すものでは決してなく，その規模はせいぜいレーガン期の減税のごく一部を取り戻す程度にすぎない．しかし，政策の方向性として評価した場合には，この増税は，当時は異なる保守主義的規範の中でも「財政均衡主義」が「小さな政府」より優先されていたことを指し示している．

2. 財政再建の論理と金融市場

このように，1990年代にはアメリカの連邦政府は，財政赤字の削減に向けて実効性のある取り組みを行ってきた．レーガノミクスの開始から20年近くの時を経て，戦後のケインズ主義体制のもとで定着し，またレーガノミクスのもとで拡大した連邦財政の赤字体質は，一時的にせよ改善され，ケインズ主義からの実際上の転換は実現された．

なぜ，この時期に非ケインズ主義的な財政再建策が可能になったのか．その問いに答えるには，予算を決定する議会や行政府における政治過程の詳細な分析が必要となる[39]．また，そもそも1993年 OBRA は，わずか1票の僅差で成立した．再建案の成功は多分に偶然的な要素が強く働いており，ここでその十分条件を確定することは困難である．しかしながら，保守主義的な「小さな政府」に反する「増税」を含む財政再建策が，この時期に実現したことは偶然的要素の積み重ねのみで成立するものでは決してなく，同時期の経済成長構造などの大きな背景が作用していた．

ここでは，財政再建を正当化するのに用いられた経済理論の検討を通じて，同時代の特殊な経済的発展のパターンにおいて財政再建策が持った意義を明らかにし，同時にこの時代に財政再建が成立する背景にあった，特殊な経済構造が何であったかを考察していきたい．

1990年代の財政再建を正当化した中心的な論理とは，財政赤字の削減こそが経済成長の促進に寄与する，というものである．この論理によれば，財政赤字の削減による景気の刺激は次のような過程を通じて行われる．財政赤字による国債発行は，金融市場における政府需要の発生を意味している．政府が金融市場において資金需要を追加的に発生させることは資金調達の価格，

つまり金利の上昇を招く．つまり財政赤字は金融市場における金利上昇要因であり，金利の上昇は民間の資金需要を減少させ民間の投資を削減させることとなる．このことを逆に言えば，財政赤字の削減は，金利の低下をもたらし，この金利の低下が民間の投資需要を刺激することで景気の上昇を促すこととなる．これが1990年代に唱えられた財政赤字の経済的な効果であった．それは，財政赤字の創出が需要の創出を通じて景気拡大を導くとする，伝統的なケインズ主義理論とは正反対の主張であった．

　金利を通じた財政赤字削減の経済効果は，財政再建を正当化する論理として用いられてきた．例えば1993年OBRAの法案文書では，連邦準備理事会（FRB）の議長であるグリーンスパンの次の証言が引用されている．彼は，同法に至る公聴会において1992年以降の1％もの長期金利低下に関して，財政赤字削減法案への資本市場の信頼が「ここ数カ月間の長期金利を引き下げている」と証言した．法案文書では，この金利抑制がすでに消費や事業に利益をもたらしていること，例えば住宅ローン1％の金利低下は，月々のローン支払い70＄もの引き下げになる，ということが強調されている．同様の主張は，すでに1991年のブッシュ（父）政権での大統領経済諮問委員会報告において行われており[40]，また，クリントン政権下で発表された1999年の大統領経済諮問委員会報告でも，ニューエコノミーと長期的な経済成長の要因の1つとして，金利の低下を導いた政府の財政再建の成果が強調されている[41]．

　金利を軸とした財政赤字の経済的影響は，もちろん理論的に目新しい発見だったというわけではない．この負の効果は，金融市場のクラウディング・アウトの問題として，ケインズ理論の枠組みでも問題とされてきた．例えば，初級のマクロ経済学で取り扱うIS-LM分析とは，乗数効果を通じた実物市場での需要の刺激と，クラウディング・アウトを通じた金融市場のマイナス効果とを総合して，財政赤字の経済的効果を検討することを目的としている．この枠組みにしたがって理解するならば，ケインズ主義とは実物市場への効果をより大とする認識に基づく政策であり，この1990年代の財政均衡を正当化する理論は金融市場への負の効果をより大とする認識に基づいている．すなわち，ここで発生している理論的変化とは，経済政策の波及効果として

重視される対象の，実物市場から金融市場への転換である．

この転換によってもたらされたアメリカ連邦政府の財政黒字の発生は，実際にアメリカの経済成長に対して大きな意味を持った．それは，もちろん抽象的なマクロモデルで導かれる金利低下による投資拡大という単純な文脈においてではない．それは，より具体的な経済構造の変化に関係するものである．すなわち，経済政策の金融市場への影響の着目は，1970年代以降の経済構造の変化と，その結果としての1990年代のアメリカ経済の長期的な発展パターンにも照合したものであった．

その変化の第1は，金融市場の不安定性の高まりである．金融市場は，1970年代の証券市場の規制緩和が進み，またそこに参加する金融機関のIT化を進めていた．この変化によって，リスク・リターン計算による裁定取引やコンピュータによる自動売買は活性化し，またこの裁定過程における小幅の値動きをめぐっての投機的な目的を持つ投資も増大した．それは，証券保有期間の短期化や金融市場における取引量の飛躍的な増大へ結びつき，金融市場は内外の変化やショックに対して非常に敏感に反応するようになった．金融市場への様々なショックの中でも，一般にリスク計算の基準となる国債価格の変動は特に重要であり，それゆえ年々の連邦政府の財政赤字額は大きな意味を持った．

この財政赤字ショックの大きさは，1987年10月に発生した株式市場の大暴落，ブラック・マンデーという劇的な形で認識された．この日，アメリカの株価下落率は，大恐慌の引き金となった1929年10月29日の12.8%を大幅に上回る22.6%を記録した．この暴落はたちまち世界の株式市場に波及，連鎖暴落をひきおこし，株価は1カ月あまり激しく乱高下した．レーガン政権は，この暴落から1週間後に新しい財政再建案を提示し，株式市場の安定化を図り，議会もまたこの動きに呼応して予算サミットと呼ばれる超党派での会合を開くなどの財政均衡姿勢を示し，この年の財政赤字削減幅を暴落前の当初案から大幅に拡大させた．すなわち，ここでは株価暴落の主因は当時の財政再建議論の停滞と形骸化にあるとする認識に立って対策が打たれた．実際のところ，ブラック・マンデーの主因が本当に財政赤字であったのかどうかは，立証困難な論点である．しかしながら，重要なのはここで「財政赤

字は状況次第で金融危機の引き金となりうる」という問題の理解が共有されたことである．その後も，1993年の財政再建の議論においてクリントンは，再建案の挫折が金融市場の麻痺を生むことを警告しており，またベンツェン財務省長官もまた財政再建の挫折が株価の下落や金融危機に結びつくことを強調し，議会へ財政再建案への同意を促した[42]．

　第2に，同時期の経済発展はこの不安定な金融市場の拡大に依拠していた．すでに述べたように1990年代のアメリカ経済は，「ニューエコノミー」と呼ばれる長期的な繁栄を経験した．この持続的な経済成長の主因としては，例えばIT革命による投資の増大や生産性の向上などが指摘される．これらの要因と並んで，重要であったのは金融市場における資産の膨張であった．「ニューエコノミー」の特徴の1つは，持続的な株価の上昇である．例えば，主要な株価指標の1つであるダウ工業平均株価は，1990年初めから1999年末までの間に，2,753ドルから，11,497ドルまで上昇している．また，こうした上昇は特に新興企業で顕著でありMicrosoftやYahoo！などIT関連企業で知られる店頭市場のNASDAQ株価は，同じ時期に453ドルから4,069ドルと飛躍的に増大している．こうした株価の膨張は，莫大な金融資産を生み出した．1990年の時点で米国企業の株価総額は対GDP比で61.8％であったものが，図2-5のように1990年代を通じて急膨張し，1999年には

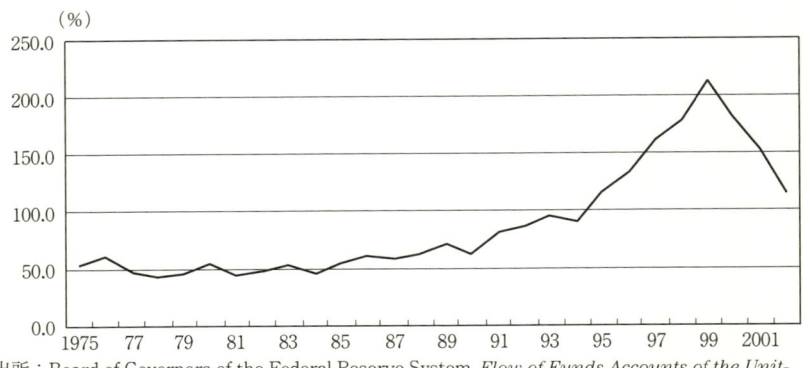

出所：Board of Governors of the Federal Reserve System, *Flow of Funds Accounts of the United States*.

図 2-5　アメリカ企業株価総額の対GDP比

213.7%にまで上昇している．こうした，金融資産の膨張は一方では，資産効果を通じて家計の消費を促し，他方ではこうした膨張をねらったIT関連企業などのベンチャー企業への投資，すなわちリスクマネーの供給も増大させた．この時代の経済成長は，株式市場における資産膨張をエンジンとするものであったといえる．

こうした資産膨張の過程において，金利の抑制は大きな意味を持っている．なぜならば，裁定取引が十分に行われる環境の下では，金利の低下は株価増大の要因となるからである．例えば，最も単純な例として市場金利が10%の状況では，10ドルの配当が確実に生まれる株式を購入するべき価格の上限は，利回りが10%に等しくなる100ドルである．ここで，金利が5%まで低下したならば，同じ株式を200ドルで購入しても利回りは，市場金利と等しくなる[43]．もちろん，この例は極端な戯画に過ぎないが，いずれにせよ株価はその代替資産である債券の利回りと密接に関係している．実際，図2-6に見るように，1990年代の金利は1980年代より抑制され，また長期的には漸減する傾向にあった．このことは同時期の株価上昇を支える条件の1つであったと考えられる．

このように1990年代の長期的経済拡大は，歴史的に見ても極めて特殊なパターンを持つ発展であった．このことから，同時代の景気拡大を旧来型の

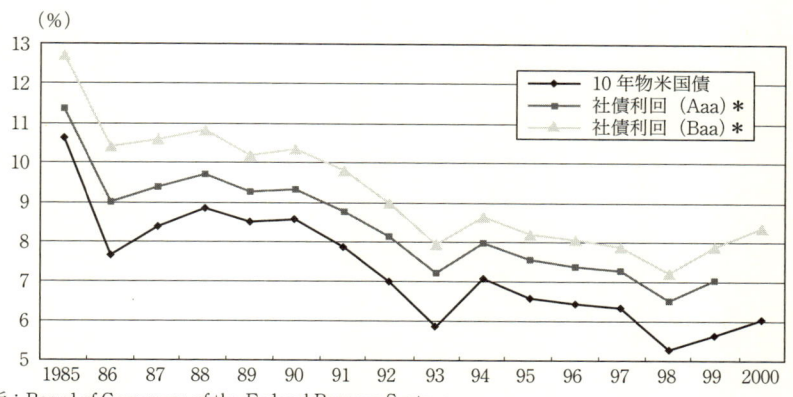

出所：Board of Governors of the Federal Reserve System.

図2-6　債券の利回りの推移

それとは異なる「テクノロジー循環」であるとか,「ウォールストリート・モデル」と捉える見解も存在する．これらの説は，いずれもこの期の経済的拡大の特徴として，生産性の上昇や設備投資の拡大のほか，金利の低下や金融市場の活況によるリスクマネーの供給を強調するものであった[44]．

　こうした金融市場を軸とする経済発展において，経済政策の主役となるのは財政政策ではなく金融政策であった．この時代，金融政策に期待されていたのは，景気過熱やインフレ懸念などへ対処しつつ金利を安定的な低下傾向へ導き，この景気拡大を持続させることであった．当時，金融市場で「グリーンスパン信仰」などの効果が語られたのは，連邦準備制度の議長のグリーンスパンが，彼の在任中にその責務を十分に果たしていたことへの賛辞だけではなく，そもそも経済における金融政策の重要性がかつてなく高まっていたことを物語っていた．

　こうした状況のなかで，財政政策に求められていたのは，財政赤字を通じて積極的に経済を牽引する役割ではなく，むしろこの金融政策や金融市場の妨げにならないことであった．財政赤字の削減はその目的に沿った政策であった．図2-7に見るように，1993年OBRA成立をめぐる議論においては，大幅な増税を含む政策パッケージが発表され，それが実現に近づくたびに債券の利回りは低下するなど好反応を示している．すなわち，金融市場にとって，財政再建は赤字累積による金融市場の不安定要素を除去する好材料とし

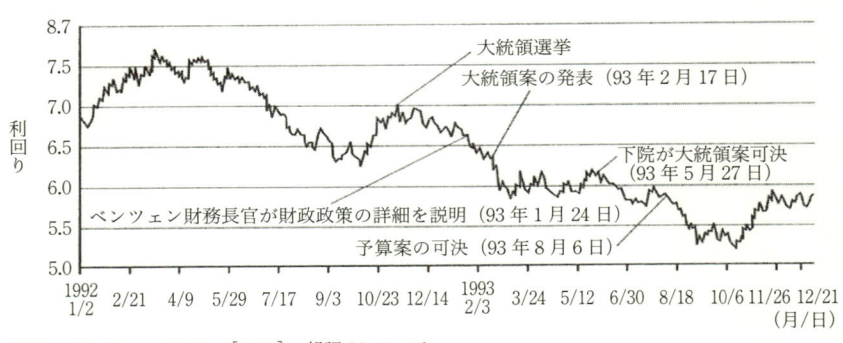

出所：Blinder and Yellen [2001]，邦訳39ページ．

図2-7　10年物米国債理論利回り（1992年9月～93年12月）

第2章　財政思想の変化と財政政策の展開

て受け止められていたと考えられる．

　以上より，当時の財政再建政策は，この時代の特殊な経済構造に適合するものであったといえる．また，この取り組みを支えた経済理論が財政赤字の影響として実需より金融市場への影響を強調するものであったことも，この成長パターンにおける適切なアプローチであったと評価できる．ただし，このことは，財政再建の経済理論が普遍的な妥当性を持っていたということを意味しない．それは，あくまで1990年代独自の経済発展パターンという限定された状況において妥当性を持つものであった．この景気拡大の後期に経済諮問委員会の議長となったジャネット・イエレン自身，この期の経済政策が良好に機能したことは，1つには幸運によるものであったことを認めている[45]．すなわち，従来政治的に困難であったケインズ主義的な財政赤字体質の克服とその成功は，金融市場の資産膨張が主導する特殊な経済成長パターンを条件とするものであった．

おわりに

　この章では，アメリカにおける財政政策の発展と転換の軌跡を見てきた．大恐慌や世界大戦を契機に定着化したケインズ主義的な財政政策は，1970年代頃から激しい批判の対象となり1980年代には転換を開始した．ここでは，この転換の理念を「小さな政府」と「財政均衡主義」の2つの規範に区分した上で，前者に主導された1980年代のレーガノミクスと後者の性格が強い財政再建過程との考察をそれぞれ行ってきた．その結果，第1に「小さな政府」理念が，減税中心で実現した結果，財政赤字体質の脱却ではなく悪化要因として作用したこと，また，第2に1990年代のケインズ主義の脱却，すなわち財政再建策の実現は，「ニューエコノミー」と呼ばれた独自な経済成長パターンを条件とするものであったことを指摘した．

　ここでは，1970年代以降の保守主義の理念を把握する視点として，「小さな政府」と「財政均衡主義」との区別を強調してきた．この視点から見れば，租税政策の面においてレーガノミクス以降の「小さな政府」は貫徹されず，「財政均衡」を優先するために，むしろ転換を強いられた，と評価できる．

ただし，これは歳入をめぐる政策に限定した評価である点には注意が必要である．1970年代以降の新しい保守主義の潮流が問題視した，「大きな政府」，また福祉国家的諸政策に対する支出抑制，削減という点では，「小さな政府」と「財政均衡主義」は共通であり，歳出面から見れば，1980年代以降2001年まではこうした支出の抑制措置が一貫して実施され，財政面での保守主義の転換が実現していると評価できる．またこの章では，分析の課題を経済安定化のための財政政策，すなわちケインズ主義に限定し，所得再分配を中心とした財政の役割の転換については十分に展開できなかった．ここではさしあたり，この歳出面での転換もまたアメリカ財政の重要な変化であることのみ指摘しておく．

　最後に，財政政策と経済理論の関係について，この章で採用した立場を書き留めておきたい．ケインズ主義からの転換を唱えた理念や理論にせよ，またそもそものケインズ主義理論にせよ，それらは科学的な妥当性によって受容され，定着したものではない．財政政策の展開は，常にその時々の政治状況や利害関係に規定されており，理論は常にその正当化を行う役割を果たしてきた．その点では，1990年代の財政再建の達成もまた，経済学の科学的な到達を理性的に応用した結果ではない．財政再建への取り組みが受容されたこと，またその政策が良好に機能したことは，様々な政治・経済的な要因を条件としている．理念や理論はこうした条件と合致し，受容される限りにおいて有効性を持っている．

　事実，こうした財政再建路線は，その後のブッシュ（子）政権の登場によって，大幅に見直されることになる．同政権は，財政政策の重点を再び「小さな政府」に置き，2001年には大幅な減税政策を取った．1990年代に構築された財政支出への規律もまた，2001年9月の同時多発テロの発生によって崩された．連邦財政は再び大きなレーガン政権期の赤字体質に逆戻りしたかのように見える．今日では，1990年代の財政赤字と金利の関係は再び疑問視されている．このブッシュ（子）政権では，財政再建を支えた経済理論は継承していない．政権の大統領経済諮問委員会議長のグレン・ハバードは，財政再建と金利との連関を否定している[46]．また，そもそも1990年代の経済成長を支えた株価上昇はエンロン事件などとともに終焉し，「ニューエコ

ノミー」と呼ばれた時代の経済拡大パターンは過去のものとなっていた.

　1990年代の財政再建を支えた様々な環境はすでに変化している. 今日では, 1990年代における財政赤字の克服の条件や意義や, さらには2000年以降の財政政策の展開もまた, 「小さな政府」と「財政均衡主義」との区別, および各時代の経済構造の特殊性の観点から分析・評価していく必要があるだろう. こうした視点は, 今日アメリカ以上の財政赤字の累積に悩まされるわが国の財政再建策を考える上でも不可欠のものと考えられる.

(本稿は, 平成16年度松山大学総合研究所特別助成による成果である.)

注
1) 例えば, 川北力編 [2003] 3ページ.
2) 本章でも触れるように, この呼称は財政赤字政策に理論的基礎を与えたとされるイギリスの経済学者ケインズの名にちなんでいる. もちろん, 実際にはケインズ理論自体はそれほど単純なものではない. しかし, ここでは, この言葉に込められた象徴的な意味を重視して敢えて財政赤字政策をケインズ主義と呼ぶ.
3) 林 [1988] 18, 122ページ. Stein [1984], 邦訳27ページ.
4) もちろん, 政府はこの事態に対して全くの無為無策であったわけではない. フーバー政権は, 復興金融公庫 (RFC) や, 連邦住宅貸付銀行, 商品信用会社, 連銀法の改正など, 主に金融面での混乱の収拾に尽力し, また地方政府には公益事業体による公共事業の推進を要請するなどの取り組みも行っていた. 詳しくは, 平井 [1988], 34-75ページ参照.
5) 林 [1988] 148ページ.
6) 平井 [1988] 87ページ.
7) 平井 [1988] 118ページ.
8) 平井 [1988] 87ページ.
9) 数値は Office of Management and Budget (OMB) の historical data より.
10) ニューディール政策におけるケインズ理論の影響力については, 平井 [1988] 156-63ページを参照.
11) ニューディール政策が経済回復に果たした役割に関しては, ケインズ主義者の間でも十分ではないという批判がある. また, マネタリストの観点からこの時期のケインズ主義的な経済政策を疑問視するフリードマン, シュワルツの研究もある. こうした研究の整理は例えば, 岩田 [2004] など. 不況対策としてのニューディールは悪化を止めたかもしれないが積極的に景気を浮揚したわけではないというのが一般的に合意される点のようである (林 [1988] 168ページ).
12) Stein [1984], 邦訳67ページ.

13) Department of Labor, Bureau of Labor Statistics.
14) 例えば，毎年報告される大統領経済諮問委員会報告は，この雇用法の規定に基づいて行われている．
15) 雇用法の成立過程やその後の動きに関しては，平井［1988］185-231 ページ．
16) Buchanan and Wagner［1977］，邦訳 52 ページ．
17) Stein［1984］，邦訳 101-97 ページ．
18) 「完全雇用予算均衡」という概念と論理は，1962 年の大統領経済諮問委員会で提示され，有名になった．Buchanan & Wagner［1977］，邦訳 176 ページ．
19) OMB の各年資料．
20) Buchanan and Wagner［1977］ch. 5, ch. 8 では財政赤字が新たな金融緩和を生む政治メカニズムが論及されている．
21) これらマネタリストや合理的期待形成学派，サプライサイド経済学の主張の手際のよい整理は，土志田［1986］，Stein［1984］など参照．
22) Buchanan and Wagner［1977］．
23) 当時のサプライサイド経済学の論理の内容に関しては，小椋［1981］に詳しい．
24) これら保守主義的な反対運動の隆盛は，Edsall and Edsall［1991］を参照．
25) ラッファーのアイデアの内容と批判，政治的に影響力を拡大していく過程は，Stein［1986］ch. 7（邦訳 251-85 ページ）を参照．
26) 土志田［1986］70 ページ．
27) 1986 年税制改革では，個人所得税などの所得税や法人の税率を引き下げる一方で，投資控除の廃止など課税ベースの拡大による歳入増加措置がとられている．1981 年と 1986 年の減税政策の性格の相違は，国枝［1999］を参照．また両政策の政治的性格の相違の分析を試みた業績としては，五十嵐［1992］がある．
28) 土志田［1986］69 ページ．
29) 「ニューディール的利権構造」とその政治状況の転換に関しては，吉原［2000］．
30) 渋谷［1992］76 ページ．その他，財政赤字増大の原因を，減税であると強調する見解は，Rubin［2003］p. 33.
31) 社会保障年金などオフバジェットを含む統合予算ベースでの数値．オンバジェットの黒字化は 1999 年であった．
32) 河音［2006］89 ページ．
33) Blinder and Yellen［2001］，邦訳 126 ページ．
34) 片山［2003］16 ページ．
35) 以下，GRH 法の問題点と 1990 年代の財政再建の整理については，前田［2000］，河音［2006］を参照した．
36) Budget Committee［1993］．
37) *The Washington Post*, August 3, 1993.
38) 渡瀬［2000］．
39) こうした財政再建の政治的側面の分析を試みたものとして，例えば待鳥［2003］．
40) Council of Economic Advisers (CEA)［1991］, *The Washington Post*, August 3, 1993.

第2章 財政思想の変化と財政政策の展開　　107

41) CEA [1999] p. 3.
42) *The Washington Post*, August 3, 1993.
43) この点は，初級の資産価格決定の理論によっても確認できる．理論的には，株式の価値は他の資産の利子率との比較において決定される．すなわち株式の価格 P は，年々の配当を D，価格変動などのリスクのない資産（例えば定期預金など）からの利回りを r，株式のリスクプレミアムを p とすれば，P=D/(r+p) で決定される．すなわち，リスクプレミアムが一定であるならば，分母にある利子率の上昇は株式価格の下落の要因となる．
44) Mandel [2000]; Bluestone and Harrison [2000] など．
45) Blinder and Yellen [2001] ch. 11.
46) このハバードの見解の他，財政赤字と金利の関連に関する議論は，Gale and Orszag [2003] で整理されている．

参考文献

Blinder, A. and J. Yellen [2001] *The Fabulous Decade : Macroeconomic Lessons from the 1990s*, New York : The Century Foundation, Inc. and The Russel Sage Foundation.（山岡洋一訳『良い政策悪い政策—1990年代アメリカの教訓』日経BP社，2002年）

Bluestone, B. and B. Harrison [2000] *Growing Prosterity — The Battle for Growth with Equity in the Twenty-First Century*, Berkley and Los Angels, California : University of California Press.

Buchanan, J. and R. Wagner [1977] *Democracy in Deficit — The Political Legacy of Lord Keynes*, New York : Academic Press, Inc.（深沢実・菊池威訳『財政赤字の政治経済学』文眞堂，1981年）

Budget Committee [1993] *House Report*, No. 103-111.

Council of Economic Advisers (CEA) [1991 ; 1999] *Economic Report of the President*, U.S. Government Printing Office.

Edsall, T. and M. Edsall [1991] *Chain Raction — The Impact of Race, Rights, and Taxes on American Politics*, New York : W. W. Norton & Company Inc.（飛田茂雄訳『争うアメリカ—人権・権利・税金』みすず書房，1995年）

Gale, W. and P. Orszag [2003] "The Economic Effects of Long-Term Fiscal Discipline," *Discussion Paper* No. 8, The Urban-Brookings Tax Policy Center.

Mandel, M. [2000] *The Coming Internet Depression*, New York : Basic Books.（石崎昭彦訳『インターネット不況』東洋経済新報社，2001年）

Rubin, I. [2003] *Balancing the Federal Budget*, New York : Chatham Bridge Press, p. 33.

Stein, H. [1984] *Presidential Economics : The Making of Economic Policy from Roosevelt to Reagan and Beyond*, New York : Simon and Schuster.（土志田征一訳『大統領の経済学—ルーズベルトからレーガンまで』日本経済新聞社，

1985 年)
The Washington Post.

五十嵐武士 [1992]『政策革新の政治学―レーガン政権下のアメリカ政治』東京大学出版会.
岩田規久男 [2004]『昭和恐慌の研究』東洋経済新報社.
片山信子 [2003]「米国の財政再建と議会予算局（CBO）の役割」,『レファレンス』2003 年 12 月号.
川北力編 [2003]『平成 15 年度版図説日本の財政』東洋経済新報社.
河音琢郎 [2006]『アメリカ財政再建と予算過程』日本経済評論社.
国枝繁樹 [1999]「サプライサイド減税再考」,『国際税制研究』No. 3, 103-25 ページ.
小椋正立 [1981]『サプライサイド経済学』東洋経済新報社.
渋谷博史 [1992]『レーガン財政の研究』東京大学出版会.
土志田征一 [1986]『レーガノミックス―供給経済学の実験』中公新書.
林敏彦 [1988]『大恐慌のアメリカ』岩波新書.
平井規之 [1988]『大恐慌とアメリカ財政政策の展開』岩波書店.
前田高志 [2000]「アメリカ（第 2 章）」,『諸外国における財政再建の実情に関する調査報告書（参議院受託研究）』PHP 総合研究所, 11-29 ページ.
待鳥聡史 [2003]『財政再建と民主主義―アメリカ連邦議会の予算編成改革分析』有斐閣.
吉原欽一編 [2000]『現代アメリカの政治権力構造―岐路に立つ共和党とアメリカ政治のダイナミズム』日本評論社.
渡瀬義男 [2000]「クリントン政権による財政再建と福祉改革」, 日本財政法学会編『財政再建と憲法理念』龍星出版.

第3章
「ニューエコノミー」と租税政策

塚 谷 文 武

はじめに

「伝説の10年」[1]と呼ばれた1990年代アメリカの経済成長は，2001年ITバブルの崩壊とともに新たな局面を迎えた．戦後のアメリカ経済は，3度にわたって長期景気拡大を経験した．1960年代ケネディ・ジョンソン政権下の「黄金の60年代」(106カ月)，1980年代レーガン政権下の92カ月に及ぶ景気拡大，そして3度目が10年という戦後最長を記録し，いわゆるニューエコノミーと呼ばれた1990年代の経済成長である[2]．過去2度の景気拡大期には1960年代のケネディ減税，1980年代のレーガン減税が実施され，当初意図された目的とは異なりケインズ的な需要刺激効果によって景気拡大を実現した．特に，1980年代のレーガン政権下では第1期のサプライサイド経済学を理論的根拠とした1981年経済再建税法，第2期には包括的所得税改革を理念とした1986年税制改革法と，2度にわたる抜本的な税制改革が実施された．前者は限界税率の引き下げによって労働供給と貯蓄にインセンティブを与えることを目的としていた点で，戦後アメリカ租税政策上においても新たな試みであった．一方，後者は「税率のフラット化」と「課税ベースの拡大」という包括的所得税改革の理念に基づいた税制改革であり，第2次世界大戦後の租税政策上最も重要な変化と位置付けられている[3]．21世紀を迎えてもなお，アメリカ国内外を問わずレーガン税制を再考する研究の多さはこのような歴史的意義を反映している．しかし，「見果てぬ夢の実現」とまでいわれた1986年税制改革以後，租税政策はG.H.W.ブッシュ（1世）

(1989-93), クリントン (1993-2001), G.W. ブッシュ (2世) (2001-) 各政権のもとで, 1980年代の政策理念とは異なる新たな展開をみせたのである. これまで1990年代以降のアメリカ財政に関する研究では, 連邦財政の健全化過程についての研究や, 福祉国家再編過程における財政構造分析が中心となって行われてきた[4]. それらの研究では, 連邦財政収支を黒字化させた要因として租税政策の変化が捉えられているため, 政権を問わず共通した租税政策とその政策論理について明らかにされていない.

そこで, 本章では, 1990年代以降のアメリカ租税政策においてみられた政策転換に焦点をあて, その政策論理を明らかにする. 第Ⅰ節では, 連邦財政収支の健全化の過程でどのような租税政策が展開されたのか, 主要な税制改正の概要とその目的などから租税政策の全体像を明らかにする. 第Ⅱ節では, 勤労者所得控除, 年金拠出金控除などが拡充された背景として, 労働供給, 貯蓄または教育投資を促進するといった供給面を重視する政策論理が存在していたことが明らかにされる. さらに, 第Ⅲ節で検討するように, この政策論理は1990年代にはいりキャピタル・ゲイン減税が実施された背景にも存在していたのである. 結論として, 1990年代の租税政策の背景には政権を問わず供給重視の政策論理が存在していたことを明らかにした.

Ⅰ. 1990年代以降の租税政策の全体像:財政健全化過程の租税政策

1990年代に入りアメリカの連邦財政収支は, 統合予算ベースで1998年に692億ドルの財政黒字を計上し, オンバジェット (on-budget) ベースでも1999年に黒字転換を実現した. 連邦財政収支の黒字化は, 1969年以来29年ぶりのことでありアメリカ財政史上においても画期的な変化であった[5]. 1990年代初頭のブッシュ政権下で2904億ドル (1992年) の財政赤字を計上していたことを考えれば, 巨額の財政赤字がいかに短期間に削減されたかがわかる.

本節では, 1990年代の財政収支健全化過程における主要な租税政策の概要とその目的, 特徴について明らかにしている. 以下では, 1990年代以降

第3章 「ニューエコノミー」と租税政策 111

を財政赤字期（1990-97年）と財政黒字期（1998-2001年）に時期区分し，その期間内の4つの税制改正に焦点をあてる．

1. 財政赤字下（1990-97年）の租税政策

(1) 1990年包括財政調整法

1989年1月にレーガン前大統領から政権を引き継いだブッシュ大統領は，1990年度予算教書において「緊急の優先政策の重視」「未来への投資」「財政赤字への対処」「新規増税の回避」という4年間の政策方針を明らかにした[6]．アメリカ国民にとってより良い未来を創造するには，技術，長期投資，教育システムの改善，生産性の上昇などの投資を促進する「サプライサイド」（供給面重視）政策が必要であるとした．そのために，基礎研究を促進し，研究開発投資に対する税額控除の実施，キャピタル・ゲイン課税を軽減して長期投資を促進し，教育により多くの資金を投入することによって競争力を向上させることが提案された[7]．

しかし，湾岸戦争の勃発など国際情勢の変化による軍事支出の増大，国内では貯蓄貸付組合（S&L）への公的資金投入を主な要因として2904億ドル（1992年）という戦後最大（当時）の財政赤字をもたらした[8]．その結果，ブッシュ政権は就任当初から「増税はしない」ことを公約としていたが，1991年から1995年の5年間で4963億ドルの増収を図った「1990年包括財政調整法（Omnibus Budget Reconciliation Act of 1990，以下OBRA 90）」を成立させた．その概要は以下の通りである．

第1に，所得税の最高税率を28%から31%に引き上げるとともに，個人のミニマム・タックス算出の税率をミニマム所得の21%から24%に引き上げる．ミニマム・タックスとは，租税優遇措置による一定以上の税負担の減免を制限するものであり，課税所得に租税優遇措置による課税所得の減額を足し戻したもの（ミニマム所得）に24%の税率を適用して計算した税額が通常の税額を上回る場合に，その上回る額がミニマム・タックスの税額となる．

第2に，個人最高所得税率の引き上げにともない本来であればキャピタ

ル・ゲインの最高税率も 31% となる．しかし，キャピタル・ゲインに適用される税率は 28% にとどめ，優遇税率が適用されることとされた．

第3に，所得税において概算控除ではなく項目別実額控除を選択する場合，10万ドルを超える所得の 3% 相当額だけ控除額を減額した．但し，減額前の控除額の 20% は最低限として保証された．

第4に，一定の期限切れ措置を 1991 年 12 月まで延長した．主な措置には，調査試験研究費の税額控除，従業員への教育費補助の所得控除，低所得者住宅税額控除等などが含まれていた．

第5に，勤労者所得税額控除 (Earned Income Tax Credit, 以下 EITC) を拡大した．OBRA 90 では，子供 2 人以上の世帯に対する措置を追加し，その最大控除額を 1,235 ドルに定めた．改正するにあたり EITC の拡充よりも最低賃金を引き上げるべきかという議論があったが，ブッシュ政権は低所得者層への所得保障として EITC の役割の重要性を支持することで制度の拡充を行った．

このように OBRA 90 では，巨額化する財政赤字への対処として累進的規定として所得税率の引き上げと，ミニマム・タックス税率の引き上げが行われた．これらの政策は 1980 年代レーガン政権で行われた減税政策とは異なる方向性をもつものであった．しかし，その一方でブッシュ政権は R&D 投資税額控除などの企業に対するサプライサイド政策を継続し，低所得者層への配慮として EITC の拡充を行ったのである．

(2) 1993 年包括財政調整法

1993 年 1 月 20 日発足当時のクリントン政権が直面した経済問題は，ブッシュ前政権から引き継がれた 2904 億ドル (1992 年) にのぼる膨大な財政赤字の削減および，7.5% (1992 年) という 1984 年以来の高水準に達した失業率の上昇にあらわれた不況を打開することであった．

就任当初クリントン大統領は具体的な戦略として，課税の累進的再分配の必要性を強調し，課税ベース拡大路線，つまり包括的所得税を好んでいた．しかし，現実には伝統的な政治的手法つまり，特定のグループに対して租税上の恩恵を与えようとするものであった[9]．

最終的な赤字削減としてクリントン政権が成立させた「1993年包括財政調整法（Omnibus Budget Reconciliation Act of 1993，以下OBRA 93）」は全体として，1994-98年度の5年間に4960億ドル（歳出削減2550億ドル，ネット増税2410億ドル）の財政赤字の削減が計画された．その主な租税改正の項目は以下のとおりである．

第1に，個人所得税の最高税率を引き上げ，新たに36%の最高税率を設定した．同時に，一定の高額所得者に対する10%の付加税（税率は39.6%）を適用した（1993年1月より遡及実施）．

第2に，輸送燃料税の導入（1993年10月実施）．ガソリンなどに対して1ガロンあたり4.3セントを課税，OBRA 90により導入された自動車燃料税を延長した．

第3に，社会保障税（メディケア保険料）の課税対象所得の上限撤廃（1994年1月実施）．加えて，公的年金に対する課税強化（1994年1月実施）を実施した．

第4に，扶養子女をもつ勤労者に，勤労所得の26.3%（1人）まで還付可能（refundable）な税額控除を認めた．子供のいない単身者で9,000ドル以下の所得である場合に，EITCを増額する．OBRA 90に引き続きEITCが拡充されたのは，税制改正全体の累進性を高め，収入が貧困線以上の世帯についても制度の恩恵をゆき渡らせるためであった[10]．

このように，OBRA 93ではOBRA 90に引き続き個人所得税の最高限界税率の引き上げ，勤労所得税額控除の拡充といった政策に共通性がみられた．また，増税策と同時に歳出削減策として裁量的経費に対するCAP制の延長，義務的経費に関してもPay-as-You-Go原則が適用された．

結果として，クリントン政権は中間所得者層に対する減税という選挙公約を破り，ヘルス・ケア改革にともなう支出増加を賄うためにたばこ税の増税を主張した．その結果，租税の再分配・公平性の向上に失敗し，赤字縮小策はきわめて控えめなものとなった[11]．しかし，OBRA 93において増税と支出削減が産出と雇用を増加させるという反ケインズ政策がもたらしたものは，長期利子率の低下という形で金融市場の信頼性を回復させ，「経済は債券市場から大きな力を与えられる」ことで財政再建に寄与したことであった[12]．

(3) 1997年納税者負担軽減法

第2期目にはいったクリントン政権が最初に提出した1998年度予算教書（1997年10月-1998年9月）において，第2期の優先課題を次のように述べている．「アメリカ国民が子供を育てやすいように租税負担を軽減し，大学への進学を容易にさせ，将来のために貯蓄をしなければならない．それは，教育や訓練，環境科学，技術，そして平均的なアメリカ国民の生活の質を向上させるための法整備といったものへの投資を促進させる」[13]．21世紀にむけた様々な投資の促進を通じて長期的な経済成長をもたらすような政策を優先課題として位置付けていた．

しかし，OBRA 90，OBRA 93など一連の財政赤字削減策以後，1996年段階で1992年の約半分の額まで財政赤字は削減されたが，1997年時点では依然として1000億ドルにのぼる財政赤字を計上していた．そこで，1997年7月にはクリントン大統領と議会共和党の間に2002年の財政収支均衡に向けての合意が成立した．この合意を受けて8月には「1997年納税者負担軽減法（The Taxpayer Relief Act of 1997）」が成立した．5年間で約2700億ドルの歳出削減とともに，5年間で約950億ドルの減税を行うことが決定された．その内容は以下の通りである．

第1に，17歳未満の子供を持つ納税者に対して，子供1人あたり400ドルの税額控除（1999年以降は500ドル）を増額した．

第2に，教育関連の減税として高校卒業以降，最初の2年間の大学の授業料等について，学生1人あたり1,500ドルまでの税額控除を認めた．また，大学の授業料等について，納税者1人あたり5,000ドル（2003年以降は10,000ドル）を上限とした20%の税額控除が認められた．その他にも，教育に対する様々なインセンティブ策として，ホープスカラーシップ税額控除，大学授業料控除，免税及び償還免除の教育ローン拡充といった政策が含まれていたのである．

第3に，個人退職勘定（Individual Retirement Account，以下IRA）の拠出金控除限度額の拡充．現行のIRAへの拠出金控除限度額2,000ドルが適用される所得範囲を調整粗所得5万ドル〜6万ドル（夫婦合算申告者）までとした．また，一定要件下の引出し時にペナルティーが課されないRoth IRA

が新たに創設された．主に，高等教育への教育支出などがその要件に含まれていた．

第4に，キャピタル・ゲイン減税．証券を18カ月超保有した後に実現した長期キャピタル・ゲインについて現行の28％を20％（2001年以降に取得し，5年以上保有した場合は18％）へ，現行15％を10％（2001年以降に取得し，5年以上保有した場合は8％）へ共に引き下げた．また，主たる住宅の譲渡益の25万ドルまでを非課税（夫婦合算申告者の場合には50万ドルまで）とした[14]．

第2期クリントン政権の政策意図の重点は，人的資本の活用におかれていた．それは，アメリカ国民の生活水準を向上させるための児童控除の拡充，ミドル・クラスの教育費負担を軽減し大学進学率を上昇させるための教育関連の減税などによって具体化された．これらの政策には，人的資本の強化が労働生産性の上昇に寄与し，長期的な経済成長に寄与するという考えが反映されていたのである．

2. 財政黒字下（1998-2001年）の租税政策：2001年経済成長と減税調整法[15]

1990年代初頭に存在した巨額の財政赤字はクリントン政権第2期において大幅に改善し，2000年度（1999年10月-2000年9月）には2365億ドルの財政黒字を計上した[16]．

そのような状況のなかで，ブッシュ政権は就任直後の2001年2月28日に発表した「新たな始まりへの青写真（*A Blueprint for New Beginnings*）」において来る4年間のおおまかな政策方針を提示した．その政策方針は2002年予算教書においてより具体化され，「教育改革」「メディケア，社会保障改革」「軍事力の近代化」「ヘルス・ケア改革」「環境の保全」などが政策目標として掲げられた．これらの政策にくわえてクリントン政権最後の年に発生した財政余剰の約4分の1を，典型的な4人家族に対して1,600ドルの払い戻し減税を実施することを提案した[17]．2001年6月には，その方針に沿う形で11年間（2001-11年度）で減税額1兆3485億ドルに及ぶ「2001年経済

成長と減税調整法（Economic Growth and Tax Relief Reconciliation Act of 2001, 以下 EGTRRA 2001)」が成立した．

当初この減税法は，1990年代初頭から継続されてきた財政赤字削減策の成果を納税の義務を果たしてきたアメリカ国民の手に返すことを目的とした政策であった．しかし，2000年に入りアメリカ経済は，株式市場の下落，製造業を中心とした産出高の低下をうけて，実質 GDP，失業率などが大幅に低下した．さらには，2001年9月11日に同時多発テロが発生し，この傾向に拍車がかけられた．株式市場は9月21日には12％下落，新規雇用も伸び悩み，失業率は2001年第3四半期に1.3％ ポイント（前年比）の上昇をみせた．そのためブッシュ政権の租税政策は，景気刺激策としての減税政策へと役割を変化させていったのである．

EGTRRA 2001 では第1に，個人所得税率の最高税率が39.6％から35％に引き下げられ，新たに10％の税率区分が設けられた．その結果，2006年までに10％，15％，25％，28％，33％，35％（6段階）に引き下げられた[18]．

第2に，扶養児童税額控除の拡充．従来17歳未満の扶養児童1人あたり500ドルの児童税額控除を認めていたが，これを段階的に1,000ドル（2010年）に引き上げた．

第3に，教育貯蓄勘定（Education IRA）への拠出限度額の引き上げ．教育貯蓄勘定の運用益への課税は引出し時まで繰り延べられる．また，税制上適格な高等教育費の支払いに充当される場合は所得不算入となる．改正によって，年間拠出限度額を500ドルから2,000ドル（2002年）に引き上げるとともに，適格教育費の定義を拡大して小中学校における教育費も適格教育費に含めることとされた．

第4に，個人退職勘定（IRA）及び401(k)制度の拡充である．IRA への年間拠出限度額を現行の2,000ドルから5,000ドル（2008年）に段階的に引き上げる．401(k)プランについても，年間拠出限度額を10,500ドルから15,000ドル（2006年）に段階的に引き上げる．

図 3-1 には，1990年代以降の主要な租税政策と連邦財政収支の推移が描かれている．図においても確認されるように，1990年代以降の租税政策は財政赤字削減を最優先課題とした制約のもとで展開された．それは，レーガ

第3章 「ニューエコノミー」と租税政策

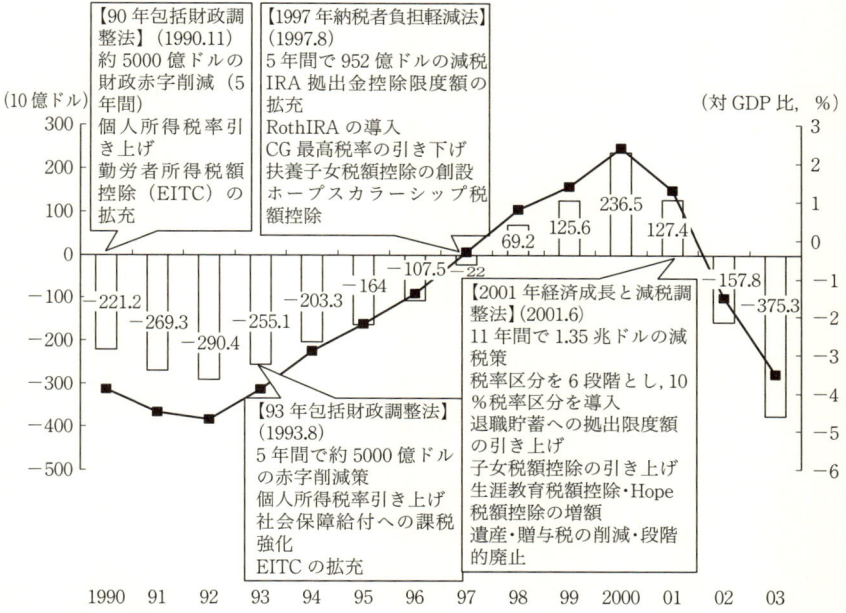

```
【90年包括財政調整法】(1990.11)
約5000億ドルの財政赤字削減（5年間）
個人所得税率引き上げ
勤労者所得税額控除（EITC）の拡充

【1997年納税者負担軽減法】(1997.8)
5年間で952億ドルの減税
IRA拠出金控除限度額の拡充
RothIRAの導入
CG最高税率の引き下げ
扶養子女税額控除の創設
ホープスカラーシップ税額控除

【93年包括財政調整法】(1993.8)
5年間で約5000億ドルの赤字削減策
個人所得税率引き上げ
社会保障給付への課税強化
EITCの拡充

【2001年経済成長と減税調整法】(2001.6)
11年間で1.35兆ドルの減税策
税率区分を6段階とし, 10%税率区分を導入
退職貯蓄への拠出限度額の引き上げ
子女税額控除の引き上げ
生涯教育税額控除・Hope税額控除の増額
遺産・贈与税の削減・段階的廃止
```

データ：−221.2, −269.3, −290.4, −255.1, −203.3, −164, −107.5, −22, 69.2, 125.6, 236.5, 127.4, −157.8, −375.3

注：財政収支は統合予算ベース.
出所：Office of Management and Budget, *Budget of the United states U. S. Government*, FY2005より作成.

図3-1 連邦財政収支の推移と租税政策

ン政権を引き継いだブッシュ政権以後，CAP制やPay-as-You-Go原則などの予算編成過程の変更による歳出削減と同時に行われた．その背景には，グリーンスパン前FRB議長の次の発言にあらわれているような財政赤字削減に対する認識の変化があった．すなわち，「財政収支の黒字化は，長期利子率を低下させることで，民間投資を促進し，労働生産性の上昇，経済成長をもたらすのである」[19]．このような認識のなかで，個人最高所得税率の引き上げ，貯蓄促進のための財政赤字削減，教育など国民の生活レベルを向上させる未来への投資を重視するといった政策が行われたのである．しかし，連邦財政収支が黒字化したことの本質的な問題点は，Burman [1999a] が示唆するように財政赤字が存在していたときにはなかったような機会，つまり，財政余剰の使い道について議論が起こること自体にあったのである[20]．

それを裏付けるように，2365億ドル（GDP比2.4％）という歴史的な水準に達した2000年度以降は，ブッシュ共和党政権下において租税政策が再び大規模な減税へと変化したのであった．その結果，再び連邦財政収支は2003年に3753億ドルという戦後最大の赤字を記録したのである．

II. 租税政策の新たな展開

1. 租税支出構成の変化

図3-2は，1980年以降の主要な租税支出（tax expenditure）の構成比をあらわしている．租税支出とは，「1974年議会予算と保管管理法（The Congressional Budget and Impoundment Control Act of 1974）」において次のように定義されている．「連邦法において特別な不算入制度，免税，粗所得からの控除，また特別な控除，低減税率，課税繰り延べ措置等によって生じる税収ロス（revenue losses）」であると．つまり，税制改革によって導入された様々な措置の結果生じる税収ロスを，支出額として捉えたものである．このような租税支出の定義にもとづき1980年代以降の変化に注目した場合，租

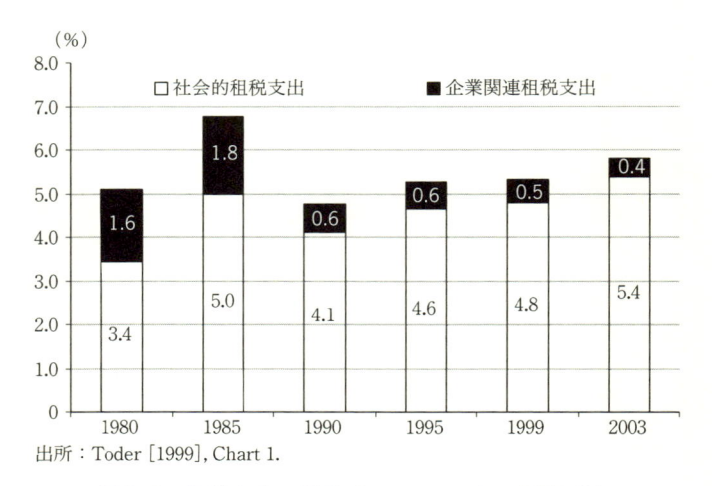

	1980	1985	1990	1995	1999	2003
企業関連租税支出	1.6	1.8	0.6	0.6	0.5	0.4
社会的租税支出	3.4	5.0	4.1	4.6	4.8	5.4

出所：Toder [1999], Chart 1.

図3-2 租税支出の推移（1980-2003年，GDP比）

税支出額の全体的な規模は大きな変化を示していない．しかしながら，その構成比には大きな変化がみられる．その内訳をみるためにここでは，租税支出を企業関連租税支出（business tax expenditure）と社会的租税支出（social tax expenditure）に区分している．前者には，主に機械・設備の加速度減価償却制度（accelerated depreciation allowance for machinery and equipment）や投資税額控除（investment tax credit），キャピタル・ゲインに対する税率引き下げ，法人所得税率引き下げなどが含まれる．一方，後者には主に年金プランへの拠出金控除または受取金の不算入（net exclusion of contributions to, and earnings from, retirement savings plans），雇用主医療保険費用不算入（exclusion of employer contributions for medical insurance premiums and medical care），児童控除（child credit），勤労者所得税額控除などが含まれている．その内訳をみてみると，GDP に対する社会的租税支出は 1980 年から 1999 年までに 40% 以上増加し，1999 年には租税支出全体の 79% を占め，1980 年には 57% を占めたのである[21]．

項を改めて，租税支出構成にみられる 1990 年代以降の租税政策の変化の背景について分析したい．

2. 供給面重視の租税政策

(1) 勤労者所得税額控除の拡充

前項で明らかにされた社会的租税支出において最も高い伸び率を示していたのが EITC であった．勤労者所得税額控除は 1975 年に低所得者の社会保障税負担を軽減するために導入され，その後ブッシュ政権下の OBRA 90，クリントン政権下の OBRA 93 において大幅に拡充された．OBRA 93 では，扶養子女をもつ勤労者に勤労所得の 26.3%（1 人）まで還付可能（refundable）な税額控除を認め，子供のいない単身者で 9,000 ドル以下の所得である場合に EITC を増額することとされた．

ここでの問題は，1990 年代に入りなぜ EITC が拡充されたのかである．ここでは，2 つの視点からその要因を分析している．すなわち，経済政策と社会政策からのアプローチである．経済政策の視点からは，EITC が労働供

給を増やす効果を与えているかどうかが問題となり，社会政策としての評価においては低所得者層向けの所得保障政策として機能しているかが焦点となる．

　まず，経済政策としての視点からEITCが拡充された要因を分析するには，1980年代にみられた所得税に対する議論を踏まえなければならない．従来の租税論上所得税に対しては次のような批判がみられた．第1に，所得税の累進構造がもたらすディスインセンティブ効果である．所得税の累進性が高ければ，所得のうち租税として徴収される部分が多いため個人の労働供給を抑制する効果がある．第2に，所得に対する租税負担が大きければ大きいほど，その負担を回避しようとループホール（税の抜け穴）の利用や新たなループホールを作る誘因を高めてしまう．第3に，1970年代のインフレーションの高進と税制の相互作用が経済活動への阻害効果を高め，M.フェルドシュタインなどを旗手とした保守派の経済学者などを中心に所得税に対する批判が急速に高まった．そして，レーガン政権のもとで税率のフラット化という政策の流れが生み出され，限界税率の引き下げによって労働意欲を高め，貯蓄，投資を促進し，生産性を高めるというサプライサイド租税政策が実施されたのである．

　しかし，1980年代の租税政策についての評価は論争がつきない．先行研究においても1980年代租税政策において行われた限界税率の引き下げが明確に労働供給に対してインセンティブ効果を発揮したことは確認されていない．Auerbach and Slemrod [1997] が指摘したように，1986年税制改革（Tax Reform Act of 1986）は税制改革自体が税収中立であったため，個人に対する税率引き下げなどの減収部分は法人部門への増税によってファイナンスされた．そのため，単なる限界税率の引き下げの効果は法人税の負担増によって生じる収益率の低下，賃金の引き下げによって相殺されてしまうのである．たとえ，大幅な税率の引き下げが行われたとしても，その効果は緩慢でしかない[22]．また，『1996年大統領経済報告』においても，1980年代の経験は次のように評価されている．限界税率引き下げの経済効果について，税率のフラット化が供給サイドの反応を引き出したという証拠はない．1981年経済再建税法（ERTA 81）と1986年税制改革法（TRA 86）によって，生

産性上昇，労働参加率は全く影響をうけなかったし，経済成長に効果を示したとはいえない．そして，逆説的であるが「限界税率の引き上げは労働供給，貯蓄に逆インセンティブ効果をもたず，税収を増加させる効果をもつという認識へと変化した」のである[23]．

このようにして，限界税率の引き下げによって労働供給を増加させるという1980年代にみられた政策の考え方は大きく変化した．つまり，労働供給を増加させるうえでEITCは限界税率の引き下げよりも有効であるという認識である．その変化を決定的にしたのが，クリントン政権下で成立した1996年個人責任・就労機会調整法（Personal responsibility and Work Opportunity Reconciliation Act）であった．この改革では，現金扶助といった従来の福祉政策から，就労促進を重視した政策への転換が行われた．改革理念に基づいて行われた現金扶助の受給期間の制限や州政府の政策，そしてEITCの拡充といった要因が，受給世帯の大幅な減少をもたらしたのである．福祉改革後には要扶養児童家庭扶助（Aid to Families with Dependent Children，以下AFDC）旧受給者の労働参加率，特に子供のいる女性の低所得世帯のそれは急激に増加したのである[24]．

一方，社会政策面からの視点では，低所得者層への所得保障政策として従来はAFDCや貧困家庭への一時扶助（Temporary Assistance to Needy Families）といった直接的支出計画（direct spending program）が実施されていた．しかし，図3-3でも確認できるように，1990年代以降EITCは連邦政府支出のなかでも支出額が大幅に増加している．このような事態を反映して，EITCに関する議論のなかでも，所得保障政策としての政策目的を達成するには直接的支出計画よりも税制を通じたほうが効果的であるという認識へと変化したのである[25]．これは，EITCが労働供給へのインセンティブ策としての役割を担うと同時に，所得保障政策としての役割を担っていたことを意味している[26]．つまり，このようにEITCが拡充されたのは，EITCが労働供給を促進するという供給面を重視する政策として，また所得保障政策として効果的であるという考えが説得的であったからである．

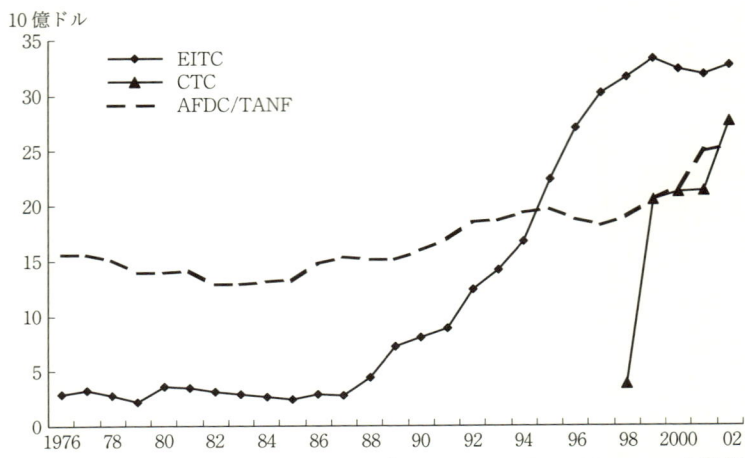

出所：Adam Carasso and Eugene Steuerle, "Growth in the Earned Income and Child Tax Credits," Tax Facts Column, Tax Notes Magazine, January 20, 2003 より作成.

注：EITC とは勤労所得税額控除（Earned Income tax credit），CTC とは扶養子女控除（Child Tax Credit），AFDC とは要扶養児童家庭扶助（Aid to Families with Dependent Children），TANF とは貧困家庭への一時扶助（Temporary Assistance to Needy Families）．

図 3-3　連邦政府の支出の推移

(2) 年金拠出金控除の拡充

次に，社会的租税支出のなかで租税支出額とその対 GDP 比で最大項目であるのが年金拠出金控除である．1997年の租税支出額は673億ドル，対 GDP 比率で0.84%，2003年には1380億ドル，対 GDP 比率1.24% となっている．いずれも，最大の租税支出額である[27]．

年金拠出金控除の拡充は1981年経済再建税法（ERTA 81）においても導入され，1990年代にはいり1997年納税者負担軽減法における IRA 拠出金控除限度額の引き上げ，新たに Roth IRA が創設された．また，ブッシュ政権下の EGTRRA 2001 においても IRA，401(k) プランへの拠出金控除限度額は大幅に引き上げられている．ここでは退職貯蓄，特に IRA への租税インセンティブ策が1990年代以降拡大された背景を分析しているが，それには2つの目的があったと考えられる．第1に，貯蓄の促進と，第2に，教育投資の促進である．

第3章 「ニューエコノミー」と租税政策

　退職貯蓄に対するインセンティブ策は，1980年代にM.フェルドシュタインなどを中心としたサプライサイダーが主張する貯蓄の促進を通じた投資の増加という経済理論に基づいたものであった．フェルドシュタインのハーバード大学での教え子でもある1997年当時の財務副長官L.サマーズは，1998年度予算教書のなかで提案されたIRA拡充の必要性を「貯蓄促進」という観点から捉え，以下のように述べている．

　　第1に，低い貯蓄率はアメリカ経済が現在直面する最も重要な経済問題である．
　　この点は，FRB議長のA.グリーンスパンも共有している点であり，貯蓄率が
　　低い現状は長期的な経済成長を阻害する要因となる．第2に，アメリカ経済が
　　長期的に経済成長を実現するには貯蓄の促進が不可欠であるという視点から，
　　貯蓄を促進する政策としてIRAに対する優遇措置の拡充が必要である[28]．

　しかし，現実的にIRAが貯蓄促進的であるかどうかについては1980年代レーガン政権下で導入されて以来議論が分かれている．当然，1997年納税者負担軽減法（TRA 97）の審議過程においてもこの点が最大の争点となった．この点について，代表的な民間シンクタンクであるブルッキングス研究所のW.ゲールは，IRAを拡充することについて以下のように批判を展開している．

　　既存制度はすでに貯蓄に対して優遇措置を多く認めている．にもかかわらず，
　　貯蓄率は近年減少しているということは，IRAは貯蓄を増加させるインセン
　　ティブ効果を与えない．IRAの拡充によって生じる税収ロスは小さいもので
　　はなく，貯蓄に対してネガティブな効果しか与えないのである[29]．

　一方，このような批判に対して，G.ハバード（コロンビア大学教授）はIRAについて貯蓄を促進するための効果的な政策であるとしている．

　　慎重な実証研究においても，IRAの拡充によって1ドルがIRAに拠出される
　　ことで約26セントの貯蓄が増加することが明らかにされている．また，IRA
　　の拡充によって生じる税収ロスはその他の税が改正されることなども加味すれ

ば大きなものではない.そして,既存の税制が貯蓄,資本形成にとって不利なものである以上,消費をベースとした税制への移行を進めるべきである[30].

　このような見解からも明らかなように,IRA が貯蓄促進的であるかどうかについては依然議論が対立していた.それにもかかわらず,IRA の拡充が行われたのは,IRA を拡充する目的がもうひとつあったからである.それが,IRA の導入による教育投資の促進という目的であったのである.
　クリントン政権下では経済成長に寄与する人的資本投資の促進を図るために教育への減税政策が導入された.前述のように,1997 年納税者負担軽減法においても教育に対する様々なインセンティブ策として,ホープスカラーシップ税額控除,大学授業料控除,免税及び償還免除の教育ローン拡充といった策が含まれていたのである.
　教育に対する租税優遇措置の導入は,クリントン政権以降,現ブッシュ政権にも共通してみられる政策であり,1990 年代のアメリカ租税政策にみられる特徴的な変化といえる.なぜクリントン政権下で教育に対して様々な租税政策が導入されたのか,それはクリントン政権で労働長官を務めたロバート・ライシュの主張が反映されている.グローバル化が進む経済においては国際間を比較的移動することが少ない人間と社会資本の優劣で各国の生活水準が決定されるようになり,教育および技術的知識が直接投資をひきつける決め手となる.そして,国民の能力を高め,より生産的・創造的にする国家的人的資本政策によって新しい富(新しい知識,洞察力,技術革新)が生み出されるのである[31].つまり,高等教育の充実を通じた人的資本投資の促進が生産性の上昇をもたらし,アメリカ企業の国際競争力の強化につながると考えられている.
　さらに,クリントン政権の認識として L. サマーズは,アメリカでは労働者の平均的な学業成績の上昇は 1963 年から 1992 年までの生産性上昇の 5 分の 1 を説明することができるとし,人的資本投資と生産性の関係を重視している.そして,以下のような視点から経済成長にとって重要となる教育に対する投資を促進する必要性を強調した.

第 3 章 「ニューエコノミー」と租税政策　　　　　　　　　　125

　第 1 に，大学への進学に貧困ラインの約 3 倍以上の所得が必要となるような教育費の高騰．第 2 に，教育についての政策が具体化されることは，中間所得者層の税負担を低下させ，教育や技術を取得するための投資を促進させる．それは中間所得者層への減税を意味している．第 3 に，租税政策によって教育への投資を促進することは，金銭的な教育支援制度のように学生が申請しなくても多くの国民にその便益がゆきわたる．そして，第 4 に，IRA の拡充や新たな Roth IRA の創設によって，低中所得者層の国民は自らのニーズのために多くを貯蓄できる．IRA や授業料控除の制度を利用することで多くの国民は大学進学のための貯蓄について租税負担を回避することができる[32]．

　このような視点から IRA 拡充の必要性が強調されたわけであるが，制度が改正された場合の効果については次のように述べている．

　　政府によれば，夫婦合計所得が 6 万ドルの世帯で，大学の授業料が 1 万ドル（4 年間），IRA 控除できないとした場合，大学まで 12 年間のうち年間 3,100 ドルの貯蓄が必要となる．しかし，政府の提案によって IRA への拠出金は控除可能となり，IRA において生じる利子所得の非課税扱い，授業料のための引き出し時にはペナルティーが課されない．提案が実際に施行された場合，IRA への拠出を年間税引き前所得のうちわずか 1,900 ドルの貯蓄で足りるため，年間 1,200 ドルの節約となり 39％ も安く子供を大学に進学させることができる[33]．

　このような指摘からも明らかなように，1990 年代にみられた IRA 拡充といった政策は，貯蓄の促進と同時に教育投資を促進する供給面を重視した政策であったといえる．すなわち，IRA の拡充は中間所得者層が負担する教育費の上昇を，IRA への拠出金控除などを通じて間接的に軽減する．軽減された負担はアメリカ国民のより多くの子供に高等教育を受けさせることで，人的資本投資を促進することになる．人的資本投資の増加は，生産性の上昇，国際競争力の強化をもたらし，経済成長を実現するのである．次節では，このような貯蓄及び投資を促進する供給面を重視する政策論理が，キャピタル・ゲイン減税においても貫徹していたことが明らかになる．

III. キャピタル・ゲイン減税

1990年代以降のアメリカ租税政策においてみられた変化は，1997年納税者負担軽減法においてキャピタル・ゲイン減税が実施されたことである．しかし，既存研究においてこの変化の背景は明らかにされていない．本節では，キャピタル・ゲイン減税が行われた背景について，1997年納税者負担軽減法に関する議会証言をもとに明らかにしている．

1. キャピタル・ゲイン課税論争

アメリカ租税制度において，キャピタル・ゲイン課税の歴史は古い．その歴史を簡単に振り返れば，1934年以来長期キャピタル・ゲインは課税所得に不算入 (exclusion) として扱われ歴史的に優遇されてきた．その後，1981年税制改革において長期キャピタル・ゲインの60％が課税所得に不算入とされるとともに，最高個人所得税率が50％に引き下げられたことで最高税率は20％に低下した．一時的に，1986年税制改革法では長期キャピタル・ゲインは全額課税所得へ算入され，キャピタル・ゲインへの課税は強化された．しかし，1990年代に入りブッシュ (1世)，クリントン両政権下で個人所得税の最高税率が31％，39.6％に引き上げられたにもかかわらず，キャピタル・ゲインに対する最高税率は28％に据え置かれ優遇税率が適用される形となった．1993年大統領経済諮問委員会報告において，クリントン政権は次のようにキャピタル・ゲイン減税の短期的な経済刺激効果を認めている．「経済活動が刺激されうるのは，支出を増やしたり収入全体を削減したりすることなくキャピタル・ゲイン税率の適切な引き下げのように経済的インセンティブを強化する政策変更によってである」と[34]．その後，第2期クリントン政権下のTRA 97において，長期キャピタル・ゲイン (1年以上) の最高税率は20％へ引き下げられた．さらに，ブッシュ政権下の2003年には15％へと引き下げられている．ここでは，このような政策スタンスの変化がなぜ生じたのかを明らかにするために，連邦議会においてみられたキャ

第3章 「ニューエコノミー」と租税政策   127

ピタル・ゲイン課税に関する論争に注目する．

　1997年3月13日に開かれた上院財政委員会の議会公聴会では，1998年度予算教書において提案されたキャピタル・ゲインの課税取扱いについて様々な議論が行われた．その主要テーマは，キャピタル・ゲイン課税の引き下げによる経済効果をどのように評価するかにあったが，議論の前提として次のような問題提起がなされた．

> アメリカ租税制度が抱える最大の問題点は，貯蓄と投資を促進するような租税制度になっていないということであった．個人は28％，法人には35％という高い限界税率が適用され，キャピタル・ゲインはインフレに対してインデクゼーション（indexation）されていないことが，貯蓄と投資を阻害しているというのである[35]．

　つまり，1990年代ニューエコノミー下の1997年という時期に，アメリカ経済の貯蓄および資本形成不足という共通認識が存在し，その前提のもとでキャピタル・ゲイン課税に関する議論は展開されたのである．そのため，貯蓄不足の解消と投資の促進を図るにあたり，キャピタル・ゲイン減税は有効

表3-1　キャピタル・ゲイン減税に関する論争点

主な論点	推進派	反対派
キャピタル・ゲイン（CG）実現行動（資本供給）への影響	CG実現額を増加させる	実証研究では，実現額や資本形成の促進に対して緩慢な影響しか確認されていない
経済成長（生産性）への影響	雇用を創出し，生産性の上昇に寄与する	長期的な経済成長に寄与する可能性はあるが，短期的な経済刺激効果は期待できない
ベンチャー・キャピタル投資への影響	リスクの高い投資を促進し，技術革新を促す	ベンチャー・キャピタルは資産のうちのわずかな部分に過ぎない
税収への影響	CG実現額が増加することで税収不足はカバーされる	ロック・イン効果を緩和させ，税率の引き下げが課税ベースの縮小をカバーするという実証研究はみられない
所得分配への影響	すべての所得階層に減税の恩恵はゆきわたる	一部の高額所得層のみを優遇する

出所：U.S. Senate, The Committee on Finance [1997c] より作成．

かどうかということが議論の焦点となったのである（表3-1）.

元FRB議長のP.ボルカーは，自身がキャピタル・ゲイン課税に関する専門家ではないことを前置きし，以下のような見解を述べている．

> キャピタル・ゲイン課税の引き下げが生産性や長期的な経済成長に及ぼす潜在的な効果は，その多くを政策が新たなベンチャー投資，技術革新など期待される経済的な成果をあげるかどうかに依存している．（中略）しかし，経済や生産性に対する政策的なインパクトは緩慢なものであり長期的なものであることだけは明らかである．そして，その他の諸要因——総貯蓄などの動向——がその効果を無力なものにしてしまうであろう．結論として，一律のキャピタル・ゲイン課税の引き下げは公平性と複雑さという深刻な問題，税収不足，キャピタル・ゲインに関する意思決定の歪みをもたらしてしまう．

総じて，ボルカーの考えはキャピタル・ゲイン減税による減税効果自体に懐疑的であった．しかし，貯蓄不足という事実がアメリカ経済の長期的な成長にとって足枷となるということでは他の証言者と共通していた．そのため，貯蓄を促進するには，キャピタル・ゲイン課税の取扱いではなく，財政赤字を削減することが必要だと指摘した．同時に，現行の所得課税から貯蓄を非課税とする消費ベース課税へと租税制度自体を移行させるべきであると述べている[36]．

これに対して，A.アウアーバッハ教授（カリフォルニア大学バークレー校）は別の視角からキャピタル・ゲイン減税を批判している．

> 第1に，キャピタル・ゲインへの課税は他の資産よりも税制上優遇されている．キャピタル・ゲインは実現時まで課税されず，死亡時までの課税延期，労働所得の最高税率（39.6％，1997年）よりも28％と低い税率が適用され，すでに課税上有利に扱われている．第2に，貯蓄，資本形成の促進による経済成長へのインセンティブは大きいものではない．第3に，ロックイン効果[37]が緩和されることで，キャピタル・ゲイン税収の増収をもたらすという見解についても根拠が不十分である．したがって，キャピタル・ゲインに関する税制改正は，たとえ消費の増加と貯蓄の減少が生じたとしても，資本形成と産出高をわずか

第3章 「ニューエコノミー」と租税政策   129

しか増加させることができない．つまり，キャピタル・ゲイン減税は有効な政策とはいえないのである[38]．

このようなキャピタル・ゲイン減税に対する批判に対して，他の証言者から反対意見が述べられた．その代表的な証言としてアメリカ資本形成委員会 (American Council for Capital Formation) の理事長 M. ブルームフィールドがキャピタル・ゲイン減税支持の証言を行ったのである．アメリカ資本形成委員会は，製造業や金融機関，中小企業などあらゆるアメリカ企業を代表する組織である．ブルームフィールドは，一国経済の経済成長を左右する重要な要因は投資の動向であることを改めて指摘し次のように述べている．

> 過去の世界経済の経験が示しているように，投資が活発に行われない国は低成長を経験し，1960 年代，1970 年代アメリカの総投資が対 GDP 比 8.9% であったのに対して，1990 年代には 4.8% に低下している．このような認識に基づいて，キャピタル・ゲインに対する一律の税率引き下げは，資本コストを引き下げ，生産的な投資を促進することで産出と雇用を増加させる．また，株式市場の活性化にも寄与し，新規事業への投資をよりリスクの低いものとし，税収への影響についてもロック・イン効果を相殺し税収を増加させる[39]．

このように，連邦議会におけるキャピタル・ゲイン課税についての論争は賛成論と反対論が鋭く対立していた．しかし，連邦議会における審議の結果 TRA 97 において長期キャピタル・ゲインの最高税率は 28% から 20% へと引き下げられたのである．その理由としては以下の要因が考えられる．

第1に，上院財政委員会の委員長，または証言者全員に「貯蓄および投資の促進」が経済成長にとって最も重要であるという共通認識が存在していたからである．確かに，P. ボルカーや A. アウアーバッハらが指摘するようにキャピタル・ゲイン課税の経済効果自体には疑問の余地が多くあった．しかし，反対論を展開する P. ボルカーでさえも短期的な経済効果を期待することはできないとしながら，「長期的（1 年以上）」という条件がつけば貯蓄・投資に対する現行租税制度の阻害効果を緩和できると考えていたのである[40]．

第2に，税収への影響についても1997年時点で株価が依然として上昇局面にあり，推進派が主張する課税の引き下げによってロックイン効果は相殺され全体として税収は増加するという考えが説得力をもっていたと考えられる．また，図3-4でも明らかなように株価の上昇がもたらすキャピタル・ゲイン税収の増加は1995年以降から顕著となり，個人所得税収全体に占める割合も6%（1990年）から12.7%（2000年）へと倍増していた．キャピタル・ゲイン課税の税収調達力の高まりは財政収支健全化の要因のひとつでもあった．そのため，連邦政府の税収に与える影響からもキャピタル・ゲイン減税の必要性が高まっていたのである．

　第3に，賛成論のなかでもみられた株式市場への配慮である．つまり，キャピタル・ゲイン減税は，個人投資家の税引き後の利益を増加させることで株式市場への資金供給を促進し，株価の上昇，資本コストの低下に寄与するという考え方である．このような主張がより説得的であったのは，1990年代に入りアメリカ経済が家計部門からIRAや401(k)プランなどの年金基金を通じて株式市場に潤沢な資金が供給されたからであった．そのような資金循環構造の変化を下地として，株価の持続的な拡大が経済的好循環の中心的

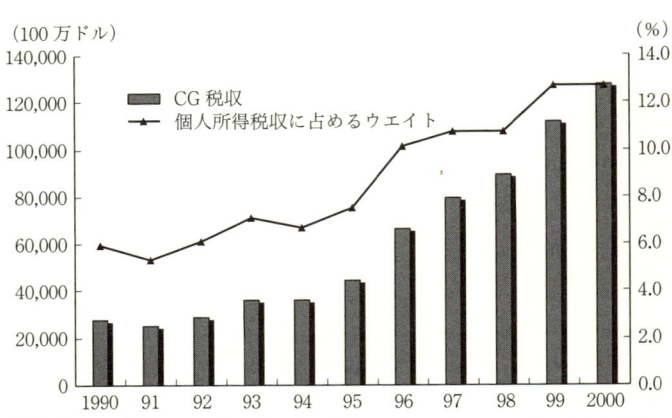

出所：Internal Revenue Service, http://www.irs.ustreas.gov/taxstats/, Office of Management and budget, *Budget of the United States Government, Fiscal Year2005, Historical Tables* より作成．

図3-4　キャピタル・ゲイン税収の推移

第3章 「ニューエコノミー」と租税政策　　　131

要因となっていたのである[41]．その結果，実現，未実現を含むキャピタル・ゲインの増加をもとに家計部門の消費増加，そして税収の増加をもたらした．つまり，資産価格の上昇を根拠とした消費の拡大，いわゆる「資産効果」に依存した経済成長の形成と定着が，キャピタル・ゲイン減税の必要性を従来よりも高めていたのである[42]．

　さらにいえば，渋谷［2005］が主張するように，この時期アメリカ社会では配当所得やキャピタル・ゲインなどの資産所得が増大し，資産形成の面で大衆化が進んでいたのである．そのため，キャピタル・ゲイン減税の恩恵を享受する機会が増え，アメリカ社会全体における投資，および貯蓄優遇税制に対する支持が広まったと考えられる[43]．

2. キャピタル・ゲイン減税の帰結

　キャピタル・ゲイン課税の引き下げが実現されたあとのアメリカ経済の動きを客観的に評価すれば，確かにキャピタル・ゲイン課税論争における推進派の主張が正しいように作用したといえる．持続的な株価の上昇にともなってキャピタル・ゲインの実現額も上昇し，経済成長，税収の増加にも寄与していた．しかし，これらの政策は以下のような新たな問題をもたらしたのである．

　第1に，税収安定性の低下がもたらす財政基盤の脆弱性である．ここまでの分析で明らかなように，現代アメリカ資本主義は株式市場の動向が景気の動向にダイレクトに影響し，さらには財政収支との連動性を急速に高めている．株価の上昇局面では，キャピタル・ゲイン実現額の増加は税収を増加させる．しかし，「株価⇒景気動向⇒財政収支」という構図の定着は，株価の調整局面に税収が急速に落ち込むことを意味している．事実，2001年ITバブルの崩壊の影響から，純キャピタル・ゲイン実現額（調整粗所得のうち損失を除いたもの）は前年度比マイナス48.5％に落ち込んだ[44]．財政収支と株式市場との連動性の高まりは，最終的に財政基盤を脆弱にしてしまうのである．それは，1990年代アメリカの経済成長の構造自体，または租税体系自体のあり方について根本的な議論を引き起こさざるをえない．

表 3-2 源泉別所得の変化（10億ドル）

調整粗所得 (AGI)	課税年度	給与・賃金	伸び率 (%)	課税利子	伸び率 (%)	配当	伸び率 (%)	キャピタル・ゲイン	伸び率 (%)
2万ドル未満	1998	383.6		23.2		8.3		9.8	
	1999	376.5	−1.8	21.2	−8.7	8.7	4.9	8.8	−9.9
	2000	370.3	−1.7	20.7	−2.1	8.9	2.1	8.8	0.3
	2001	361.6	−2.3	21.7	4.5	8.8	−1.6	5.7	−35.1
	2002	357.7	−1.1	18.1	−16.4	8.2	−5.9	4.1	−28.2
	2003	353.4	−1.2	15.1	−16.6	8.4	2.2	4.3	5.2
2万ドル以上7万5千ドル未満	1998	1,887.1		61.9		29.6		43.8	
	1999	1,926.0	2.1	57.4	−7.2	32.5	10.0	42.7	−2.5
	2000	1,964.2	2.0	60.8	5.9	31.4	−3.6	44.0	3.4
	2001	2,019.7	2.8	62.8	3.2	27.8	−11.4	24.0	−45.5
	2002	2,035.0	0.8	46.8	−25.5	24.6	−11.6	20.8	−13.4
	2003	2,024.1	−0.5	36.3	−22.4	24.2	−1.6	20.4	−2.2
7万5千ドル以上100万ドル未満	1998	1,442.6		64.9		57.7		173.6	
	1999	1,614.2	11.9	66.4	2.4	64.6	12.0	212.0	22.1
	2000	1,840.0	14.0	79.2	19.3	74.1	14.6	220.7	4.1
	2001	1,962.8	6.7	77.6	−2.0	56.9	−23.2	127.1	−42.4
	2002	1,985.8	1.2	57.0	−26.6	48.8	−14.2	107.3	−15.6
	2003	2,083.2	4.9	49.3	−13.6	53.2	9.1	129.0	20.2
100万ドル以上	1998	159.0		24.7		21.7		222.7	
	1999	207.2	30.3	27.3	10.4	25.4	16.7	271.4	21.9
	2000	271.1	30.9	34.5	26.4	31.1	22.5	347.6	28.1
	2001	207.4	−23.5	31.2	−9.5	24.2	−22.1	184.5	−46.9
	2002	166.8	−19.6	22.3	−28.6	19.6	−19.0	128.9	−30.2
	2003	173.3	3.9	22.1	−0.9	27.3	39.0	162.4	26.0

出所：Internal Revenue Service, http://www.irs.ustreas.gov/taxstats/index.html より作成．

　第2に，表3-2をもとに源泉別の所得の伸び率を確認すると，あらゆる源泉で高額所得者層の伸び率が高いことがわかる．そのなかで，顕著な伸びを示しているのは給与・賃金とキャピタル・ゲインであり，両者ともに1998年から2000年まで前年比で20％から30％の伸びをみせている．この時期はニューエコノミー型の経済成長のピーク時であり，株価の持続的な上昇がストック・オプションを通じた給与所得の増加，キャピタル・ゲインの実現額の増加につながったものと考えられる．加えて，100万ドル以上の所得層ではキャピタル・ゲインが調節粗所得全体の41.7％（1998年）を占めており，それ以外の所得層（いずれも10％以下）に比べて減税効果が極めて大

第3章 「ニューエコノミー」と租税政策   133

きかった。その意味で、キャピタル・ゲイン減税は高所得者優遇税制であったといえる。この問題については、クリントン政権の大統領経済諮問委員会 (CEA) の委員長を務めた Stiglitz [2003] も、クリントン政権において行われたキャピタル・ゲイン減税は、人口のトップ1％にしか政策の恩恵がゆきとどかず、2001年ITバブル崩壊へとつながる「根拠なき熱狂」をうみ出す要因となっていたことを自ら認めている[45]。そして、「1997年の減税は、アメリカ史上最も逆進的な政策のひとつである」と述べている[46]。

おわりに

　1990年代以降のアメリカ租税政策においてみられた共通した政策的変化はどのような政策論理によって説明されるのか、この点を明らかにすることが本稿の目的であったが、分析結果は以下のように整理される。

　1990年代以降の租税政策の背景に共通してみられた租税政策上の課題には「供給面の重視」という考えが存在していた。すなわち、貯蓄促進という観点から財政赤字の削減が必要とされ、IRAの拡充は貯蓄を促進すると同時に教育投資を促進し人的資本投資を高めることを目的としていた。より多くの子供が大学などの高度な教育を受けることができれば、長期的に経済の生産性を高め、国民の生活水準を高めることにつながると考えられたのである。そして、キャピタル・ゲイン減税は、貯蓄及び資本形成の促進を目的とした政策であり、その政策が説得的であったのは株価の上昇を根拠としたニューエコノミー型の経済成長に整合的であったからである。

　1990年代ニューエコノミーの原動力となった資産効果が示すように、今後もアメリカ経済が株式市場を中心とした経済成長パターンを定着させていくことは明らかである。しかし、議会予算局から発表された報告書によって、2001年以降3年にわたって実施されたブッシュ減税の恩恵がトップ1％の所得階層にしか行き渡っていないことが明らかにされた[47]。これらの問題が示唆していることは、租税制度がもたらす不公平 (inequality) 問題への対応の必要性である。21世紀に入り着実に高齢化社会が進行していくなかで、ブッシュ政権がこの問題をどのよう解決していくのかが今後の焦点となるで

あろう．

注
1) Blinder and Yellen [2001].
2) 正確な景気拡大期間は以下のとおりである．1960年代は1961年2月を景気の谷とし，1969年12月を山とする106カ月．1980年代は，1982年11月から1990年7月までの92カ月．これに対して1990年代は，1991年3月から2001年3月をピークとする120カ月を記録した．これは，過去の2度の長期成長を更新し戦後で最も長い景気拡大となっている．データはNational Bureau of Economic Research, http://www.nber.org/を参照．
3) Brownlee [1996] p. 152.
4) 代表的な研究としては，河音 [2000]，渋谷 [2005] などがある．
5) U.S. Office of Management and Budget [2004].
6) U.S. Office of Management and Budget [1989].
7) U.S. Office of Management and Budget [1989].
8) U.S. Office of Management and Budget [2004].
9) Brownlee [1997] pp. 138-9.
10) Steuerle [2002] p. 145.
11) Brownlee [1996] pp. 136-7.
12) Blinder and Yellen [2001] p. 21.
13) U.S. Office of Management and Budget [1997] p. 3.
14) キャピタル・ゲイン課税については，翌年施行された内国歳入庁（IRS）改革法（1998年7月22日成立）において，長期保有の対象期間を12カ月以上の資産に緩和する措置がとられた（最高税率は20％）．
15) 本章では，ニューエコノミー下の租税政策を分析対象としているため「2001年経済成長と減税調整法」までに分析を限定している．ブッシュ政権のその後の租税政策については，塚谷 [2006] を参照されたい．
16) U.S. Office of Management and Budget [2004].
17) U.S. Office of Management and Budget [2001] p. 3.
18) 10％ブラケットの創設は2001年1月に遡及，その他の税率の引き下げは2001年7月より段階的に施行．
19) U.S. Senate, Committee on the Budget [1998] Hearings.
20) Burman [1999a] p. 408.
21) Toder [1999] p. 2を参照．
22) Auerbach and Slemrod [1997] pp. 600-3
23) Council of Economic Advisers, *Economic Report of the President 1996*, pp. 101-20.
24) Steuerle [2004] p. 184. その他にEissa and Liebman [1995] がある．
25) Sammartino and Toder [2002] p. 6.

26) EITCと所得保障政策については，根岸 [1999] を参照．
27) U.S. Office of Management and Budget [1996].
28) U.S. Senate, Hearing, The Committee on Finance [1997a] pp. 2-6.
29) *Ibid*, pp. 39-55.
30) *Ibid*, pp. 56-63.
31) 室山 [2002] 154-5 ページ．
32) U.S. Senate, Hearing, The Committee on Finance [1997b] pp. 112-8.
33) *Ibid*., pp. 112-8.
34) 平井規之監訳『1993 年米国経済白書』，166 ページ．
35) インデクゼーションは，物価調整のことをさす．U.S. Senate, The Committee on Finance [1997c] Hearing, p. 1.
36) *Ibid*., pp. 108-10.
37) 税率の引き上げによってキャピタル・ゲインの実現が延期される効果．
38) *Ibid*., pp. 43-52.
39) *Ibid*., pp. 54-64.
40) *Ibid*., p. 108.
41) 資金循環構造の詳細な変化については，塚谷 [2002] を参照されたい．
42) Bluestone and Harrison [2000] では，賃金，付加給付の増加や繰延された貯蓄が消費増加の根拠となる従来の経済成長をメーンストリート・モデルと定義づけた．それに対して，資産価格の上昇が消費の増加要因として作用した1990年代の経済成長をウォールストリート・モデルと定義し，その違いを明確にしている．
43) 渋谷 [2005] 268 ページ．
44) Internal Revenue Service, Statistics of Income, *Individual Income Returns*, http://www.irs.gov/index.html.
45) Stiglitz [2003] pp. 173-5.
46) *Ibid*., p. 176.
47) U.S. Congressional Budget Office [2004].

参考文献

Auerbach, A. and Joel Slemrod [1997] "The Economic Effects of the Tax Reform Act of 1986," *Journal of Economic Literature*, Vol. 35, No. 2.

Blinder, A.S. and Janet L. Yellen [2001] *The Fabulous Decade : Macroeconomic Lessons from the 1990s*, New York : The Century Foundation Press.（山岡洋一訳『良い政策 悪い政策：1990年代アメリカの教訓』日経BP社，2002年）

Bluestone, Barry and Bennett Harrison [2000] *Growing Prosperity - The Battle for Growth with Equity in the Twenty-first Century*, Boston, New York : A Century Foundation Book.

Brownlee, W.E. [1996] *Federal Taxation in America — A Short History*, Woodrow Wilson Center Press and Cambridge University Press.

Burman, Leonard E. [1999a] "Surplus Tax Policy ?," *National Tax Journal*, Vol.

52, No. 3.

Burman, Leonard E. [1999b] *The Labyrinth of Capital Gains Tax Policy*, Washington, D.C.: Brookings Institution Press.

Eichner, Matthew and Todd Sinai [2000] "Capital Gains Tax Realizations and Tax Rate: New Evidence from Time Series," *National Tax Journal*, Vol. 53, No. 3, pp. 664-665.

Eissa, Nada and Jeffrey B. Liebman [1995] "Labor supply response to the earned income tax credit," NBER working paper series, No. 5158.

Elmendorf, W., Jeffrey B. Liebman and David W. Wilcox [2002] "Fiscal Policy and Social Security Policy During the 1990s," In J. Frankel, ed., *American Economic Policy in the 1990s*, Cambridge, Massachusetts, MIT Press.

Feldstein, M. [1994] *American Economic Policy in the 1980s*/edited and with an introductory essay by Martin Feldstein, National Bureau of Economic Reserch: University of Chicago Press.

Hassett, Kevin and Glenn Hubbard [2001] *Inequality and Tax Policy*, Washington, D.C.: AEI Press.

Sammartino, Frank and Eric Toder [2002] *Social Policy and the Tax System*, Tax Policy Center-A joint venture of the Urban Institute and Brookings Institution.

Steuerle, E. [2002] "Tax Policy from 1990 to 2001," In J. Frankel, ed., *American Economic Policy in the 1990s*, Cambridge, Massachusetts: MIT Press.

Steuerle, E. [2004] *Contemporary U.S. Tax Policy*, Washington, D.C.: The Urban Institute Press.

Stiglitz, J.E. [2003] *The Roaring Nineties: A New History of the World's Most Prosperous*, New York: W.W. Norton. (鈴木主税訳『人間が幸福になる経済とは何か:世界が90年代の失敗から学んだこと』徳間書店, 2003年)

Toder, Eric [1999] *The Changing Composition of Tax Incentives: 1980-99*, Washington, D.C.: The Urban Institute.

U.S. Congressional Budget Office [2004] *Effective Federal Tax Rates Under Curent Law 2001-2014*, August.

U.S. Office of Management and Budget [1989] *Budget of the United States Government, Fiscal Year 1990*.

U.S. Office of Management and Budget [1996] *Analytical Perspectives, Budget of the United States Government, Fiscal Year 1997*.

U.S. Office of Management and Budget [1997] *Budget of the United States Government, Fiscal Year 1998*.

U.S. Office of Management and Budget [2001] *Budget of the United States Government, Fiscal Year 2002*.

U.S. Office of Management and Budget [2004] *Budget of the United States Government, Fiscal Year 2005, Historical Tables*.

U.S. Senate, Committee on the Budget [1998] Hearings, *The Current Fiscal Situation*, January 29.

U.S. Senate, Committee on Finance [1997a] Congress First Session, Hearings, *Expanding IRA's*, March 6.

U.S. Senate, Committee on Finance [1997b] Hearings, *Education Tax Proposals*, April 16.

U.S. Senate, Committee on Finance [1997c] Hearings, *Tax Treatment of Capital Gains and Losses*, March 13.

財務総合政策研究所『財政金融統計月報』, 各号.
河音琢郎［2000］「財政再建の光と影」, 関下稔・坂井昭夫編著『アメリカ経済の変貌』同文舘.
渋谷博史［2005］『20世紀アメリカ財政史III』東京大学出版会.
塚谷文武［2002］「90年代アメリカ経済と資金循環構造の変化」,『経済学雑誌』(大阪市立大学経済学会) 第103巻第1号.
塚谷文武［2004］「1986年税制改革法の経済効果—80年代アメリカ産業の国際競争力問題との関連—」,『経済学雑誌』第104巻第4号.
塚谷文武［2004］「第1期レーガン租税政策と産業の再生—投資インセンティブ策の論理とその効果—」,『季刊経済研究』(大阪市立大学経済研究会) 27巻1・2号.
塚谷文武［2006］「ブッシュ政権による法人所得税改革の論理」渋谷博史・渡瀬義男『アメリカの連邦財政』日本経済評論社.
根岸毅宏［1999］「アメリカのEITC（勤労所得税額控除）と所得保障政策」,『国学院経済学』第47巻第1号.
室山義正［2002］『米国の再生—そのグランドストラテジー』有斐閣.
吉田健三［2003］「貯蓄支援税制としてのアメリカ401(k)に関する考察」,『海外社会保障研究』142号, 78-89ページ.
吉冨勝［1999］「アメリカ経済その新しい構造と新しい危機—証券資本主義の貫徹とその矛盾」,『世界』9月号, 144-53ページ.

第 4 章
市場型金融システムとアメリカ商業銀行の復活

大 橋 　 陽

はじめに

　ウォール街大暴落に始まる大不況，その対応として打ち出されたニューディール政策は，アメリカ経済に大転換を迫るものであった．その結果，大不況の震源地である金融システムは，数々の重要な法律によって厳しい規制を受けるようになったが，その狙いは，金融仲介機関と金融市場を分離し，投機的活動を抑止することにあったように思われる．そうしてニューディール期以降，商業銀行は，金利，営業地域，業態に関する規制に束縛されながらも，その規制が過当競争を防ぐものであったために，比較的良好な経営環境に恵まれてきたといえる．

　しかし，1970年代のインフレはこの条件を覆すものであった．商業銀行にとって，規制はかえって収益を圧迫するものとなったので，銀行は規制緩和を求めるとともに，収益改善に苦闘してきた．インフレは逆鞘をもたらすとともに，非仲介化（企業金融の証券化）を促進したからである．さらに，ニューディール規制システムは非対称的なものであり，商業銀行が他業態に進出するのを阻んだが，非銀行企業が商業銀行の領分を侵食するようになった．

　ニューディール期に形成された規制システムの撤廃は長い道のりであった．1980年預金取扱機関規制緩和・通貨管理法によって1986年までに金利規制が解除された．続いて94年にはリーグル＝ニール州際銀行業・支店設置効率化法により地理的営業規制が撤廃され，さらには1999年金融近代化法

第4章 市場型金融システムとアメリカ商業銀行の復活　　139

(通称グラム＝リーチ＝ブライリー法)によって業態規制が取り除かれ，ようやく原則自由化が実現したのである．この金融自由化が金融統合を促進したことは周知の通りである[1]．

ところで，アメリカ型金融システムにおいては，伝統的に銀行中心の相対型取引よりも市場型取引が重要な役割を果たしてきた．ニューディール期の規制システムにより，銀行は企業の規模と活動領域に追いつくことができず，企業の資本調達コストは上昇した (Calomiris [2000])．そして過去30年あまりの非仲介化によって市場型取引という特質はさらに強まった．家計の資金は非銀行金融仲介機関や金融市場へと流れ，企業は短期資金をコマーシャルペーパー (CP) で，長期資金を社債で賄うことがより多くなった．つまり，アメリカにおける商業銀行は，バランスシートの両側において不利な状況におかれたのである．

では，商業銀行はアメリカ型金融システムにおいてマージナルな役割に甘んじ，衰退していく運命なのであろうか．

商業銀行は伝統的銀行業——預金や貸付，決済——では「衰退」しているかもしれない．しかし，多くの論者が指摘するように，銀行の収益源は金利収入から非金利収入へとシフトしてきており，このことは銀行の役割が変化していることを示唆する．そこで，この非金利収入を探ることによって銀行の新たな行動を明らかにし，その意義を追求することを本章の目的としよう．決済機能が銀行の本質的な役割であることは明白であり，ナローバンクや電子マネーをめぐる議論も活発だがそれは別の研究に譲り，本章では商業銀行の金融仲介能力に焦点を絞ることにする．その際，金融仲介機関／金融市場という二分法で商業銀行を論じるのではなく，両者の相補性に注目することで，新しい商業銀行像が浮かび上がると考えられる．

結論を先取りして言えば，商業銀行の役割は総合的金融仲介からリスク仲介へと転換しつつあるということである．このきっかけを作ったのは1970年代のインフレである．それにより競争制限的規制は自己資本比率に基づく規制へ転換していった．商業銀行，とくに大銀行は，この規制のフレームワークの変化に応じて変貌してきたのである．

本章の構成は次の通りである．まずIでは，ニューディール期に成立した

規制システムの自由化と商業銀行の経営状況を検討する．規制システムを動揺させたのは，1960年代末からはじまるインフレである．この時期から，非仲介化と他業態との競争によって商業銀行の産業構造・経営状態は一変し，90年代に入ると銀行の衰退が懸念されるまでになった．これにより「銀行衰退論争」が起こり，金融機関全体に占める資産規模や，バランスシートで示される金融仲介能力だけでは銀行の全貌を捉えきれず，オフバランスの活動を評価しなおす必要性が指摘された．それを受けてIIでは，「ニューエコノミー」下における商業銀行の収益性改善を明らかにし，オフバランス取引の拡大を中心に，商業銀行の業務の転換を実証的に明らかにする．この転換は大銀行に色濃く反映されている．続いてIIIでは，商業銀行のオフバランス取引，とくに資産金融の証券化に着目し，金融システムにおける商業銀行の機能を再定義する．これらの業務は金融仲介機関と金融市場を橋渡しする役割を果たしており，その2つに境界線を引くことは適切ではないであろう．最後に，結論と今後の研究課題をまとめて筆を擱くことにしよう．

I. 銀行は衰退しているのか？

1. 銀行を取り巻く経営環境

周知の通り，ウォール街の不正行為を暴露したペコーラ委員会の調査結果を元に1933年銀行法（通称グラス゠スティーガル法）は成立した．同法によって，業態の垣根が作られ，金利規制が敷かれることとなった．商業銀行と投資銀行は分離されることとなり，商業銀行はレギュレーションQにより預金金利の上限が定められ，また要求払い預金への付利が禁じられた．地理的営業範囲についてはすでに，1927年マクファデン法によって制限されていた．同法は，国法銀行の支店設置を本店所在市内に制限し，国法銀行と州法銀行の競争条件を等しくしたが，これによって銀行の営業範囲の拡張は抑止されたのである[2]．これらの競争制限的な規制は，商業銀行に安定した収益基盤を与えてきたといえよう．さらに，連邦預金保険公社（FDIC: Federal Deposit Insurance Corporation）の設立は銀行取付を沈静化し，預金者に

第4章 市場型金融システムとアメリカ商業銀行の復活

安心感を与えることで，パニックの予防に役立ってきた．また証券市場についても数々の規制が設けられ，情報開示を徹底するとともに証券取引委員会（SEC: Securities and Exchange Commission）という監視機関が設置された．

アメリカにおける銀行数は，大不況期に激減した後，こうした規制のフレームワークの下で，緩やかな増加傾向を辿って1984年にピークに達し，14,496行を数えるまでになった．この銀行数の多さは，歴史的所産であり，主として単店銀行制度（unit banking system）の名残である．銀行の巨大な権力に対する反感が，支店銀行制度の展開を抑制し，小規模銀行の林立をもたらしたのである．

しかし，1970年代から銀行の経営環境は悪化し，規制のために身動きできない状態に陥った．ベトナム戦争，「偉大な社会」計画などの福祉政策は財政支出を拡大し，60年代後半にクリーピング・インフレーションをもたらした．そして70年代のインフレの昂進によって商業銀行の収益基盤は掘り崩されることになった．

端的に言えば，伝統的銀行業とは，預金を受け入れ，貸付と決済を行うものである．預金金利と貸付金利の差がネットでの金利収入となるが，インフレは逆鞘をもたらした．商業銀行の資金調達面を見ると，預金は市場金利を提供するMMMF（Money Market Mutual Fund）および金融市場へと流出していった．バランスシートのもう一方でも，貸付は停滞し，企業金融に占める銀行融資のシェアは低下した．これが非仲介化（disintermediation），あるいは，企業金融の証券化（primarily securitization）と呼ばれる現象にほかならない．

非農業非金融企業の資金調達を見てみると，有利子負債（credit market instruments）に占める銀行融資のシェアが低下していることが分かる．1970年には，CP 1.97%，社債46.17%，銀行融資28.67%，ファイナンスカンパニー5.42%，モーゲージ16.27%であった．2004年には，CP 1.96%，社債56.83%，銀行融資11.44%，ファイナンスカンパニー8.19%，モーゲージ12.89%となっている．年により変動があるのは確かだが，社債のシェア上昇と銀行融資の低下は趨勢的なものといえる（FRB, *FFA*）．この非仲介化に加えて，競争の激化と，規制の非対称性という要因によって商業銀行は苦

表 4-1　家計保有資産：1970-2004 年

(単位：10 億ドル，%)

	1970 年		1980 年		1990 年		2000 年		2004 年	
	金額	比率	金額	比率	金額	比率	金額	比率	金額	比率
現金・預金	531.9	20.9	1,458.2	22.1	2,890.8	19.6	3,368.7	10.0	4,654.0	12.7
MMMF	0.0	0.0	62.2	0.9	368.6	2.5	959.8	2.9	903.5	2.5
債券	216.3	8.5	425.4	6.4	1,555.2	10.6	2,198.7	6.5	2,172.1	5.9
株式・出資金	1,203.7	47.2	3,057.0	46.3	4,821.2	32.8	12,690.0	37.8	12,580.1	34.4
投資信託	40.4	1.6	45.6	0.7	456.6	3.1	2,832.8	8.4	3,558.3	9.7
生命保険準備	130.7	5.1	220.6	3.3	391.7	2.7	819.1	2.4	1,099.3	3.0
年金準備	253.8	10.0	970.4	14.7	3,376.3	22.9	8,831.3	26.3	9,612.9	26.3
銀行個人信託	137.9	5.4	265.3	4.0	551.7	3.7	1,095.8	3.3	957.6	2.6
その他計	32.9	1.3	95.7	1.4	304.9	2.1	783.3	2.3	1,081.8	3.0
合計	2,547.6	100.0	6,600.4	100.0	14,717.0	100.0	33,579.5	100.0	36,619.6	100.0

出所：FRB, *FFA* より作成.

境に立たされることになった．

　まず，他の金融仲介機関との競争が激化したことである．貯蓄金融機関（thrift），ファイナンスカンパニーとの競合をはじめ，投資信託，MMMF，生命保険会社，年金基金などと資金を奪い合うことになった．表 4-1 は，家計保有資産を示している．1970 年から現在までの内訳の推移をみると，4 つの大きな特徴が浮かび上がる．1 つ目は，預金のシェアが 70 年の 20.9% から 2000 年には 10.0% へ半減していることである．ただし，04 年には若干上昇して 12.7% となった．

　2 つ目は，MMMF および投資信託の急成長である[3]．1970 年にはほとんどシェアがなかったが，MMMF および投資信託はそれぞれ，2004 年には 2.5%，9.7% へ伸びた．MMMF は，1977 年にメリルリンチがバンク・ワンと提携して開発した証券総合口座（CMA：Cash Management Account）によって爆発的に成長した[4]．これは市場金利を提供し，預り金・証券口座と MMF（Money Market Fund）口座を統合したもので銀行に脅威を与えた．有利な金利を提供しながら，小切手やクレジットカードによる購入，他行 ATM での入出金，口座振替といった銀行預金と同じ役割を果たしたからである．

　MMF（および投資信託）は，資金のプール化と決済，そして資源の移転

第4章　市場型金融システムとアメリカ商業銀行の復活　　143

という機能の点では銀行と同じである[5]．だが，運用において，商業銀行は主として商工ローンに資金を投下し，MMF は，社債や CP に投資するという相違点がある．銀行貸付は資源の移転とリスク管理を自行に内部化しており，MMF は資源の移転の機能を果たすが，リスク管理は外部の格付機関の情報を利用する．そのほか店舗維持コスト等の相違のために，商業銀行は MMF よりも営業コストが 10 倍もかかるのである（Crane and Body [1996] pp. 112-3）．

　特徴の 3 つ目は，株式の直接所有のシェアが低下していることである．しかし，直接所有は減少しているが，家計は投資信託を通じて株式を間接的に保有している．最後の特徴は，年金基金が 10.0% から 26.3% へ大幅に増えていることである．生命保険は若干シェアを落としているが，家計は「貯蓄の機関化」を支えていることが分かる．したがって，家計の資産は機関投資家を通じて金融市場へ流入しているのである．

　商業銀行の経営環境悪化の別の要因は，事業会社を含む非銀行企業が商業銀行と同様の業務に参入したことである．1933 年銀行法は，連邦準備加盟の銀行子会社をもつ銀行持株会社に対して連邦準備制度理事会（FRB）へ登録することを義務づけたが，非銀行企業への投資を禁じたわけではなかった．1956 年銀行持株会社法（Bank Holding Company Act of 1956）は単一銀行持株会社（one bank holding company）を規制対象外としたが，複数銀行持株会社（multi bank holding company）については FRB への登録を義務づけ，非銀行業務を厳しく制限した．1970 年の改正で単一銀行持株会社に対しても規制の網は広げられた．それに対して，非銀行企業はループホールを通じて，貯蓄金融機関を買収したりノンバンク・バンクを設立したりすることによって，商業銀行の領域に侵入していった．ノンバンク・バンクは，銀行法上の銀行であるが，銀行持株会社法上は銀行ではない．1970 年の持株会社改正法第 2 条(c)は，銀行の要件を①要求払預金，②商工ローンを行う機関とし，①と②の両方を備えていないものは銀行と看做さなかったのである．これにより，非銀行企業が銀行と類似の業務を行うことができたのである（内田 [2000] pp. 42-4）．

2. 商業銀行の産業構造

　1970年代のインフレが商業銀行の経営環境を劇的に変化させたのは今述べたとおりである．そして，この時期から商業銀行は，ニューディール期にはめられた足枷を外すべく，規制緩和を求めていくことになる．冒頭で述べたことの繰り返しになるが，1980年預金取扱機関規制緩和・通貨管理法（DIDMCA: Depository Institutions Deregulation and Monetary Control Act of 1980）によって預金金利上限規制，94年リーグル=ニール州際銀行業・支店設置効率化法（Riegle-Neal Interstate Banking and Branching Efficiency Act of 1994，以下，リーグル=ニール法と略す）によって地理的営業規制，さらには1999年金融近代化法（Financial Modernization Act of 1999）で業態規制の撤廃を実現したのである[6]．

　ここで，商業銀行数の変化について確認しておくことは有益であろう．図4-1は，連邦預金保険公社加盟の商業銀行数を，単店銀行と支店銀行の積み

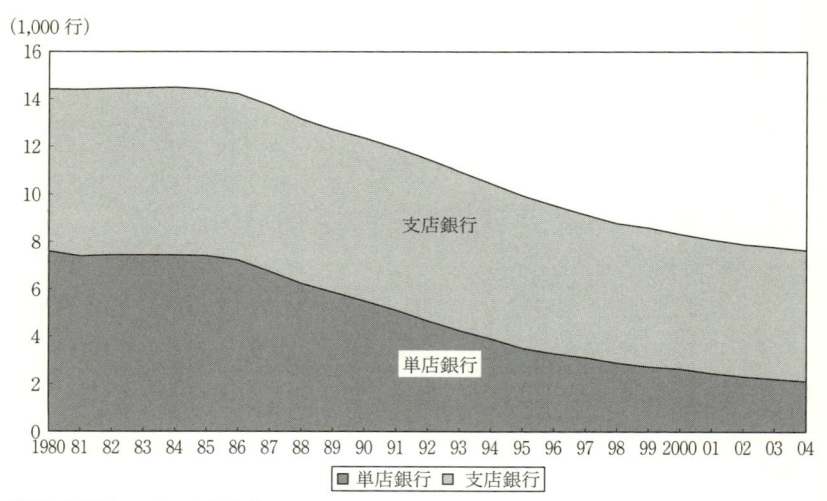

出所：FDIC, *HSOB* より作成．

図 4-1　商業銀行数の推移：1980-2004年

第4章　市場型金融システムとアメリカ商業銀行の復活　　145

上げグラフで示している．

　銀行数が14,496行とピークを迎えた1984年には，単店銀行と支店銀行（支店をもつ銀行）の数はそれぞれ，7,427行と7,069行であり，ほぼ同数であった．2004年には商業銀行は7,630行，そのうち単店銀行は2,126行，支店銀行は5,504行となっている．この間の変化をみると，商業銀行は6,866行（−47.4％），単店銀行は5,301行（−71.4％），支店銀行は1,565行（−22.1％）減少している．図4-1からも一目瞭然のようにこの間の銀行数減少の大きな部分を単店銀行の減少が占めている．

　図4-2は，銀行店舗（本店と支店）数と，支店をもつ銀行1行当たりの支店数を示すものである．これによると，1984年から2004年までに銀行店舗数は，56,295店舗から77,605店舗へ21,310店舗（37.9％）増加している．それは1行当たりの支店数が，5.9行から12.7行へと115％も上昇したからである．平均してみれば，消費者の商業銀行へのアクセスはかつてないほど改善されているのである[7]．

　以上の基礎的なデータは，銀行数減少は単に破綻のためというよりもむし

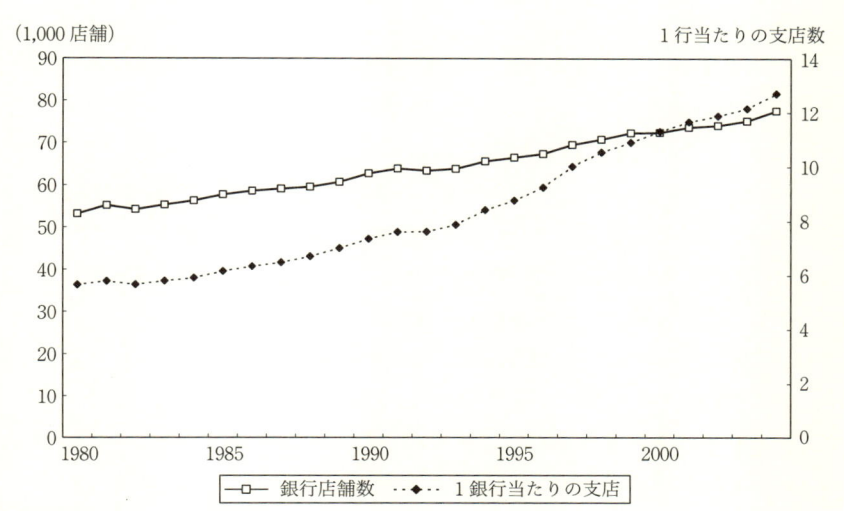

出所：FDIC, *HSOB* より作成．

図4-2　商業銀行店舗数と1行当たりの支店数：1980-2004年

ろ，金融統合が進展していることを示唆する．大橋［2004；2005］は，①州内支店設置（intrastate branching），②州際銀行業（interstate banking），③州際支店設置（interstate branching）という3つの概念を整理した上で，1994年リーグル=ニール法と金融統合の実態について探求した．

①州内支店設置は当該州内における国法・州法銀行の支店開設を意味し，これは基本的には州の金融当局の裁量に任されているが，現在，ほとんどの州では，州内全域にわたる支店設置を認めている．②州際銀行業とは，銀行持株会社が複数の州にそれぞれ銀行子会社を取得し，「事実上の支店」として所有・営業することを指す．それはマクファデン法を回避する手段であったが，1956年持株会社法で厳しく制限された．③州際支店設置は，持株会社形態で別個の銀行子会社を設立することなく，銀行が複数の州で支店設置を行うことを指す．リーグル=ニール法は，この3つの側面それぞれを自由化するものであった．①については州法によらず州内支店設置制限を撤廃し，②についても州法の規定にかかわらず1995年9月29日をもって全国的銀行業を認めた．③について，1980年代半ば頃から，州際支店設置が州の互恵原則によって進められていたが，リーグル=ニール法は，1997年6月1日をもって他州の銀行を買収して支店とすることを認めた[8]．

このリーグル=ニール法のインパクトは大きかった[9]．州境を越えた商業銀行の活動の急伸を見てみよう．州際支店は，1994年1月9日，「30マイル・ルール」の下では，10行30支店が存在したにすぎなかった．リーグル=ニール法が施行された94年9月28には12行328支店，州際支店設置が完全に認められた97年6月30日には103行5,414支店，2004年6月30日には356行25,785支店へと飛躍的に増加したのである（FDIC, *QBP*）．

Pilloff［2004］は，合併を網羅的に記録したSNLデータベースを用いて，1994年から2003年までの商業銀行と貯蓄金融機関の合併パターンを調査した．この10年間に，およそ3兆1000億ドルの資産，2兆1000億ドルの預金，47,300の店舗が買収された．被買収銀行・貯蓄金融機関について，中央値（median）は，資産1億200万ドル，預金8600万ドル，店舗数3であった．平均（mean）は中央値よりはるかに高く，資産8億7400万ドル，預金6億100万ドル，店舗数13となっている．平均が中央値より高いのは，少

数の巨大合併案件があったためである．このうち，3分の2が商業銀行間の合併であり，残りの3分の1は少なくとも一方が貯蓄金融機関であった．合併のピークは1998年であり，案件数は493でとりわけ多いわけではないが，超大型合併が起きたために，買収された預金，資産の額は圧倒的に多かった．

ただし，この影響は全米に均一に広がったわけではない．大別すると，①両岸沿い・都市部の有力商業銀行を核とした州際銀行業および州際支店設置，②内陸部・農村部の小銀行同士の合併による州内支店設置である．①は，総合金融機関，超大型地方銀行（super regional bank）の出現をもたらしたのに対して，②は，単店銀行の急減をもたらすものであった（大橋 [2004；2005]）．

さて，企業組織の合併には，大別して垂直的統合と水平的統合がある．銀行について言えば，合併は水平的合併として行われる．もちろん，アンバンドリングによって金融の諸機能は，もはやすべてが1つの銀行に内部化されているわけではなく，標準化された形での機能分化（＝モジュール化）が急速に進んでいる．そうした形での「垂直的分業」あるいは契約銀行業（contract banking）は進んでいるが，金融統合は金融機関の同業種および異業種の水平的合併として把握するのが一般的である．

では金融統合はなぜ進んだのであろうか．伝統的な産業組織論にしたがえば，同業種間の合併は，重複する経営資源の削減によって規模の経済を追求し，異業種間の合併は範囲の経済を通じてシナジー効果を追求するものである．しかしながら，金融統合に関する数多くの実証研究は，これらの効果を示す強い証拠を提供していない（たとえば Group of 10 [2001]）．多くの研究によると，小銀行同士の合併では規模の経済が働くが，それは資産100億～250億ドルほどで消滅してしまう．大型の合併では規模の経済は期待できないのである．また，買収後における買収銀行（acquiring bank）の株価は低下しており，合併は買収銀行の株主と消費者に損失をもたらし，被買収銀行（target bank）の株主を利するにすぎず，たいていの合併は株式市場に好感をもたれていない（Brewer and Jackson *et al.* [2000]；Walter [2004] pp. 187-200）．

さらに研究のなかには，合併は，中小企業および消費者の銀行へのアクセ

スの悪化，預金金利低下および貸付金利上昇をもたらしたとして，競争政策の観点から望ましくないと提言するものもある（Calomiris [1998]；Calomiris and Pornrojnangkool [2004]；Kroszner and Strahan [1999]）.

　この点に関連して，市場集中度と競争の効果については，3つのアプローチから研究が進められてきた（Berger, Demsetz and Strahan [1999]）．第1は，S-C-Pモデル（structure-conduct-performance model）であり，産業構造が企業行動を規定し，さらに企業行動が企業業績および市場成果（たとえば預金金利やクレジットへのアクセス）を決定するというものである．ハーフィンダール指数（HHI）やn社の累積集中度（CR_n）によって計測された市場集中度の上昇は，好ましくない市場成果をもたらすことになるので，このモデルによると合併は規制によって抑止さるべきである．第2は，効率性仮説であり，第1のものと正反対の含意をもつ．それによると，効率性が高い企業であるがゆえに規模が拡大し，その結果として市場シェアが高まったのである．つまり，ハーフィンダール指数およびCR_nの上昇を外生変数ではなく内生変数と見るのである．したがって合併は企業効率性の向上を示すので，規制緩和が望ましいことになる．これら2つのアプローチは静態的な分析であるのに対して，第3のアプローチは，合併による市場支配力と効率性の効果を動態的にとらえるものであるが，合併の影響については確定的な結論は出ていないといえる．

　多角化についても期待した効果があるとはいえない．多角化をはかる金融機関は，品揃えをよくすることによって，消費者が1つの金融機関ですべての用事を済ますことができるという．だが，クロスセリングは難しい課題である[10]．商業銀行は，負債サイドでは家計の預金に依存し，家計に対して決済機能を提供してきた．他方，家計に融資することは少なく，家計はコミュニティ・バンクや貯蓄金融機関，ファイナンスカンパニーから融資を受けるのが一般的であった．ファイナンスカンパニーは預金ではなく，CPや社債で資金調達を行い，貸付を行うノンバンクである．それは，①製造業者が自社商品の販売促進を目的として設立したキャプティブ（GEキャピタル，フォード・モーター・クレジット，GMACなど），②金融機関系（シティファイナンシャル，CITなど）に分かれる（沼田 [2002] pp. 40-3）．近年では，

第4章　市場型金融システムとアメリカ商業銀行の復活　　149

リテールが重要な収益源になることが分かったので，マネーセンター・バンクも個人顧客を融資先に含めるようになっている．それらは，スーパー・リージョナル・バンク，中堅銀行，ファイナンスカンパニーを買収することによって，ホールセールだけでなくリテールへと業容を拡大しているのである[11]．

3. 「銀行衰退論争」をめぐって

　1970年代初め，商業銀行は全金融機関の資産の5割強を占めていたが，90年代半ばまでにはおよそ3割に低下した．また，80年代半ば以降，銀行の破綻や合併が相次ぎ，銀行数は急激に減少していった．さらに，80年代から90年代はじめにかけて，「3つのL」——途上国融資（LDC），レバレッジド・バイアウト（LBO），不動産融資（Land）——で失敗した．こうした理由のために，銀行は衰退しているのではないかという懸念が生じたのである．
　かくして「ニューエコノミー」が始まろうとする1990年代初めから半ばにかけて，商業銀行の地位低下を巡って「銀行衰退論争」が起きた．94年5月，シカゴ連邦準備銀行で開催された「銀行構造・競争会議」のテーマは，「銀行業の役割は衰退しているのか」と題されたものであった（Federal Reserve Bank of Chicago［1994］，高木［1995］）．その会議などで交わされた「銀行衰退論争」は，①ストックの計測値において銀行のシェアが低下していると指摘する衰退肯定論，②代替的な銀行活動の計測値によれば銀行の地位低下は見られないと主張する衰退否定論，この2つの陣営の間で展開された．
　①の衰退肯定論はしばしば，金融セクターにおける銀行資産のシェア低下を銀行の地位低下の証拠として引き合いに出す．金融セクターは経済全体に占める重要性を増しているので，銀行の資産シェアはあくまでセクター内の相対的なものにすぎない．しかしながら，銀行の衰退という印象は前述の理由から根強かった．
　②の衰退否定論は，商業銀行の資産シェア低下をどのように説明するかに関心を集めた[12]．その主たる主張は，資産シェアは銀行の役割を計るのに適

切な指標ではないこと，代替的計測法からみれば銀行は決して衰退していないというものである．

　高く評価されている研究である Boyd and Gertler [1994] は，商業銀行は資産を増やさない方法で業務を展開させているので，資産は金融サービスを評価するのに適切ではないと言う．そして銀行のオフバランスシート取引の影響を銀行資産に反映させるために，2つのアプローチを採った．1つは，バーゼル協定のリスク加重資本基準に基づいて，オフバランスシート業務の与信相当額（credit equivalents）を求め，オンバランスシートの貸付に対する比率を求めるものである．その比率は1983年から91年までに13％から19％へ増加しているが，その与信相当額をオンバランスシート上の資産に加えることで，資産規模が修正される．もう1つは，非金利収入（オフバランス業務）と金利収入（オンバランス業務）の比率を算出し，その比率から非金利収入を生み出すのに相当する「資産額」をバランスシート上の資産に加えるものである．いずれのアプローチで資産を調整したとしても，その結果は，全金融機関に占める銀行の「資産」シェア低下は認められないというものであり，銀行は衰退していないことになる．したがって，銀行の資産シェア低下は，銀行の衰退を表すものではなくて，銀行のビジネス・モデルが変化していることを示すにすぎない．さらに，Boyd and Gertler [1994] は，外資系銀行による融資がデータには含まれていないので，バランスシート上の預金と資産は過小評価されていると指摘した．

　Kaufman and Mote [1994] も資産基準の改善を行い同様の結論を導いている．カウフマン＝モートの資産基準の改善は，銀行の信託業務，証券業務，ミューチュアル・ファンズを組み込むことによって行われた．これらは商業銀行がオフバランス業務と，一見他業態の業務と思われるものに進出していることを示す．彼らはさらに付加価値によって銀行の活動を再評価している．それによると，1980年代にGDPに占める金融セクターの付加価値の割合は若干上昇しており，金融セクターに占める銀行セクターの割合は，15.4％から17.7％に上昇している．

　このように銀行衰退否定論は，資産におけるシェアと伝統的銀行業の相対的地位低下は認めるが，代替的計測法によると銀行の地位は低下していない

第4章　市場型金融システムとアメリカ商業銀行の復活　　151

と主張する．それらの研究はオフバランスシートの重要性を指摘している．バランスシート上の資産と修正された「資産」のズレは，銀行の衰退ではなく変貌を表すのである．従来の計測値は伝統的銀行業を把握する上では適していたのだが，現在の銀行の実態を捉えきれていない．次節では，銀行の収益源と，銀行のオフバランスシートの活動について深く探ることにしよう．

II. 商業銀行の収益革命

1. 銀行産業の収益性

　商業銀行は，1980年代のATM設置をはじめ，90年代に入るまでにITへの投資を大規模に行ってきた．そして比較的高い生産性を維持してきたといってよい．1人当たり産出高を97年基準の指数で見ると，87年に72.8，90年に80.7，96年に100と順調に生産性を高めていった．だが，それ以降横這いとなり，2003年には101.5となっている．1990年代の生産性の年変化を見てみると，1990-95年には全産業が2.8％に対して商業銀行は3.2％，1995-2000年には全産業が3.5％に対して2.5％となっている．「ニューエコノミー」下で生産性の伸びは若干減速した（Department of Labor；BLS）．
　図4-3は，1970-2004年までの商業銀行の経営状態を示している．経営状態を示す指標は，純利益をはじめさまざまなものがあるが，ここでは自己資本利益率（ROE：Return on Equity）と総資産利益率（ROA：Return on Asset）を見ることにしよう．この2つは銀行の収益力と効率性を表す代表的な指標である．序章のIIで論じたように，ROEとROAを追求する企業のあり方は，アメリカン・グローバリズムの特徴でもある．一般的に，ROEは，当期純利益を自己資本で除したものであり，株主にとっては持分に対するリターンを示すので投資効率の指標となる．またROAは，当期純利益を総資産で除した指標であり，企業の効率性の代表的な尺度である．このROAは，調達した資金をいかに有効に資産に投入し，その総資産でどれだけ利益をあげているかを示す．銀行は現在，自己資本比率規制を受けているので，限られた総資産で効率よく利益をあげることが肝要である．この点

出所：FDIC, *HSOB* より作成

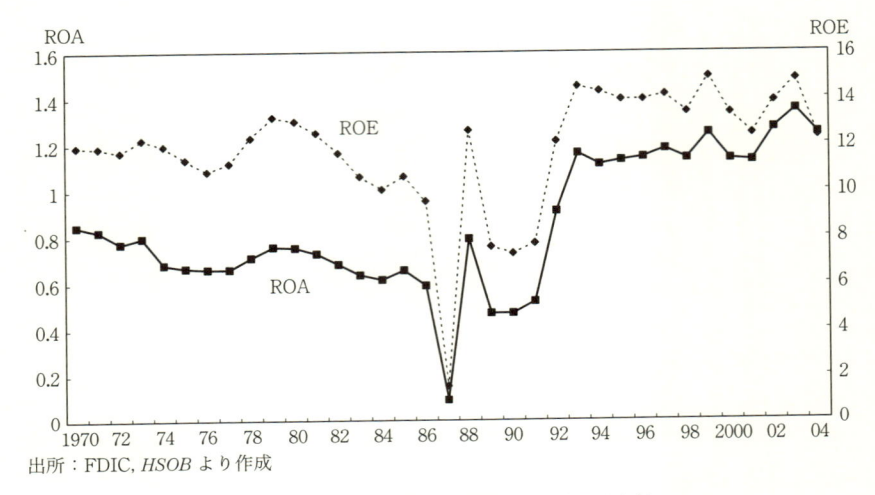

図 4-3　商業銀行の収益性：1970-2004 年

に関して，資産保有に関係のないオフバランスシート取引が増加しているので，銀行の効率性を判断するためには ROA だけでなく ROE も併せて参照しなくてはならない．

多少便宜的であるが① 1970-79 年，② 1980-92 年，③ 1993-2004 年の3つの期間に分けて，図 4-3 で商業銀行の経営状態を見てみよう．① 1970-79 年は，インフレで非仲介化がはじまった時期である．この期間，平均で ROA は 0.78，ROE は 12.40 であった．

② 1980-92 年は，金融機関の経営が悪化し，本格的に規制緩和へスタートを切った時期であった．インフレと非仲介化に対応できるように，1980 年の DIDMCA によって金利規制は緩和された．貯蓄貸付組合（S&L：Saving and Loans）は住宅資金を融資していたため，典型的な「短期借り長期貸し」の構造をもっていた．そのためインフレによって逆鞘に陥ったが，DIDMCA によって資金調達面の制約を緩められ，1982 年ガーン゠セントジャーメイン法（Garn-St. Germain Depository Institutions Act）によって資金運用面も一定程度自由化された[13]．同法によって，総資産の 40％ までを非住宅不動産担保貸付に，30％ までを消費者ローンおよび社債に，10％ までを商工

ローンに投下できるようになった．しかし，これはS&Lをリスキーな経営に走らせ，第2次S&L危機をもたらすことになり，1989年金融機関改革・救済・執行法（FIRREA: Financial Institutions Reform, Recovery, and Enforcement Act of 1989）によって抜本的な解決をはかられたのである．同法は，①連邦貯蓄貸付組合保険公社（FSLIC）を廃止してFDICに預金保険および監督機能を統合すること，②整理信託公社（RTC: Resolution Trust Corporation）を設立して破綻機関の資産を処分して流動化を促進することを定めた．

S&Lだけでなく，商業銀行も「3つのL」で失敗して米銀の地位は低下し，1987年には低迷を極めた．このため，銀行の格付けは低下し，銀行よりも一流企業の信用度の方が高くなり，企業は金融市場から直接資金調達するほうが有利になった．その結果，よりリスクの高い融資を行うモラル・ハザードが起こり，金融危機が引き起こされたのである．

ここに至り，1991年連邦預金保険公社改善法（FDICIA: Federal Deposit Insurance Corporation Improvement Act of 1991）が定められた．この法案は，ニューディール規制システムに重大な変更を迫る大きな構想をもっていたが，その一部が実現したにすぎなかった．だが自己資本比率に基づいたリスク管理原則を導入したという意味で画期的なものであった．自己資本比率に応じて，①預金金利上限規制を再導入し，②リスクに応じた預金保険料率を設定し，③他業態への進出を一部認めたのである．こうした制度改革によって，商業銀行の新たな戦略の土台が築かれた．さらに，同法は規制当局に対しても，全預金者の保護という平等主義的アプローチの転換を迫った．早期是正措置を講じ，納税者の負担が最小であることを示すように措置についての説明責任を求め，「大きすぎて潰せない（TBTF: Too Big to Fail）」原則適用の厳格化を義務づけた．この時期は，このように金融仲介機関全体にとって経営危機の時期であり，平均でROAとROEはそれぞれ，0.63と10.17であった．

③1993-2004年は「ニューエコノミー」を含む時期である．前節で見たように，商業銀行関係者の間に銀行衰退肯定論が出されたにもかかわらず，商業銀行は「復活」を遂げたようだ．ROAとROEはそれぞれ，平均で1.23

と14.35であり,前の2つの期間よりも相当高くなっている[14]．

1990年を2番底として,1993年にはROA,ROEともに1970年以降の最高値を記録した．その後,収益性は安定的に推移している．これは「ニューエコノミー」という好景気のためでもあるだろうが,銀行も「ニューエコノミー」に適応してきたからであろう．

2. 高収益要因としての非金利収入

預貸スプレッドから金利収入を得る伝統的銀行業は,1970年代以降,重要性を低下させてきた．その要因についてはすでに論じた通りである．前述の銀行衰退否定論が示唆しているのは,商業銀行の収益源が金利収入から非金利収入へシフトしていることである．本項では,オフバランス取引を中心に収益構造を分析していくことにしよう．

まず,金利収入についてであるが,金利収入は,①融資・リースの金利収入と,②その他の金利収入に分けられる．後者の項目には,有価証券,特定取引資産,フェデラル・ファンド放出・売戻条件付買入有価証券,預け金が含まれる．①の融資・リースの金利収入がだいたい4分の3,②その他の金利収入が4分の1で,時間を通してその比率はほとんど変わっていない．1970年以降も金利収入は伸びているのだが,資産規模の拡大に追いついていないので,収入に占める比率は低下した（FDIC, *HSOB*）．

商業銀行の収益源の変化を探る手がかりとして,非金利収入比率が役立つであろう．この非金利収入比率は,総非金利収入（total noninterest income）を分子とし,総非金利収入と純金利収入（net interest income）の和である営業収入（operational income）を分母とするものである．FDICのデータから,1934年以降の非金利収入比率を見てみると,34年の34.0%から53年の17.0%まで低下しており,それから80年まで20%弱でほぼ横這いであった[15]．その後,90年に32.2%,95年に34.8%,2000年に43.1%,04年に42.4%となっている．このように80年から非金利収入比率は急速に上昇し,現在40%強で落ち着いている．

非金利収入比率について2001年から2004年までの平均を見ると,全銀行

は42.69%，1億ドル未満（コミュニティ・バンク）は21.27%，1億ドル以上10億ドル未満（中堅銀行）は28.29%，10億ドル以上（大銀行）は45.16%となっている．平均で銀行数を見ると，全銀行は7,842行，コミュニティ・バンクは4,056行でおよそ51.7%，中堅銀行は3,368行で42.9%，大銀行は5.3%を占めている．大銀行は数の上では5%程度にすぎないのだが，シェアが圧倒的に大きいので，全銀行の非金利収入比率は大銀行の比率に近づくことになる（FDIC, QBP）．だが，このように資産規模によって非金利収入比率は大きく異なっており，資産規模によって商業銀行の収益源，すなわち，業務が異なっていると容易に予想しうる．

　表4-2は，商業銀行の非金利収入の内訳を示している．同表は，Samolyk［2004］にしたがって，非金利収入を①非金利収入の伝統的源泉，②トレーディング・投資銀行業務・保険，③サービシング・証券化，④その他の4つに整理したものである．2001年以前のコール・レポートには，非金利収入の内訳として預金口座管理料，信託収入，トレーディング収入，その他の手数料収入，その他非金利収入のカテゴリーが設けられていたにすぎなかった．2001年3月以降，カテゴリーが新設されたことによって商業銀行の非金利収入の実態を詳しく知ることができるようになった[16]．

　4年平均の数字を中心に見ていくと，全銀行について言えば，①非金利収入の伝統的源泉は，全体の34.86%を占めている．内訳は，資産売却損益0.88%，融資売却損益4.82%，信託報酬12.06%，預金口座管理料17.10%となっている．Samolyk［2004］によると，2001年において預金口座管理料を報告している銀行は8,050行中7,909行である．このほか3つの項目も，2,000行前後の銀行が報告し，上位5行のシェアも比較的低いので，このカテゴリー群の業務は商業銀行が幅広く手がけているものと言える．

　②トレーディング・投資銀行業務・保険は，合わせて13.66%を占めている．この業務は銀行以外の金融機関が手がけていたものであり，伝統的銀行業の埒外のものである．内訳はトレーディング収入6.34%，投資銀行業務5.46%，ベンチャー・キャピタル報酬−0.13%，保険1.98%となっている．金融商品およびデリバティブ契約の取引からの純損益が計上されるトレーディング収入，ベンチャーキャピタル報酬を報告している銀行は非常に少ない．

表 4-2　商業銀行の資産規模別非

非金利収入カテゴリー	2001 年		2002 年	
	金額・件数	割合	金額・件数	割合
全銀行				
報告銀行数（件数）	8,080		7,888	
非金利収入の伝統的源泉				
資産売却損益	2,264,338	1.43	1,307,016	0.76
融資売却損益	4,670,927	2.96	8,153,140	4.73
信託報酬	20,782,162	13.15	20,395,626	11.83
預金口座管理料	26,465,253	16.75	29,748,429	17.26
トレーディング，投資銀行業務，保険				
トレーディング収入	12,504,787	7.91	10,810,171	6.27
投資銀行業務	9,062,791	5.73	9,223,167	5.35
ベンチャーキャピタル報酬	－740,231	－0.47	－476,466	－0.28
保険	2,874,725	1.82	3,373,886	1.96
サービシング，証券化				
サービシング手数料	11,693,732	7.40	11,386,409	6.61
証券化収入	16,161,836	10.23	19,515,807	11.32
その他				
その他の非金利収入	52,293,828	33.09	58,921,819	34.19
非金利収入合計	158,034,125	100.00	172,359,003	100.00
ネット金利収入	214,653,688	135.83	236,601,974	137.27
非金利収入/営業収入		42.40		42.15
1 億ドル未満				
報告銀行数（件数）	4,486		4,169	
非金利収入の伝統的源泉				
資産売却損益	14,219	0.67	14,651	0.71
融資売却損益	64,629	3.03	93,034	4.53
信託報酬	102,771	4.81	124,042	6.04
預金口座管理料	896,517	41.98	866,291	42.17
トレーディング，投資銀行業務，保険				
トレーディング収入	59	0.00	214	0.01
投資銀行業務	20,805	0.97	18,084	0.88
ベンチャーキャピタル報酬	316	0.01	－400	－0.02
保険	71,065	3.33	71,386	3.47
サービシング，証券化				
サービシング手数料	320,790	15.02	239,210	11.64
証券化収入	2,374	0.11	7,626	0.37
その他				
その他の非金利収入	642,108	30.07	620,226	30.19
非金利収入合計	2,135,656	100.00	2,054,363	100.00
ネット金利収入	8,155,494	381.87	7,967,452	387.83
非金利収入/営業収入		20.75		20.50

第4章　市場型金融システムとアメリカ商業銀行の復活　　157

金利収入：2001-04 年

(単位：1,000 ドル，％)

2003 年		2004 年		4 年平均	
金額	割合	金額	割合	金額	割合
7,770		7,630		7,842	
572,198	0.31	2,037,942	1.11	6,181,494	0.88
13,398,090	7.18	7,555,641	4.11	33,777,798	4.82
20,800,854	11.15	22,562,876	12.26	84,541,518	12.06
31,729,932	17.01	31,928,131	17.35	119,871,746	17.10
11,474,177	6.15	9,664,375	5.25	44,453,510	6.34
10,294,963	5.52	9,697,166	5.27	38,278,087	5.46
50,089	0.03	273,173	0.15	−893,435	−0.13
3,456,377	1.85	4,173,340	2.27	13,878,328	1.98
14,205,936	7.62	14,886,498	8.09	52,172,575	7.44
21,789,696	11.68	22,184,247	12.06	79,651,586	11.36
58,764,007	31.50	59,042,808	32.09	229,022,463	32.67
186,536,320	100.00	184,006,192	100.00	700,935,643	100.00
239,986,281	128.65	249,611,123	135.65	940,853,070	134.23
	43.73		42.44		42.69
3,912		3,655		4,056	
43,736	1.88	10,296	0.60	11,843	1.01
134,053	5.75	56,747	3.31	49,780	4.23
132,714	5.69	142,269	8.30	71,685	6.09
834,209	35.78	770,767	44.99	481,112	40.90
385	0.02	−8	0.00	93	0.01
18,013	0.77	15,845	0.92	10,392	0.88
−85	0.00	−71	0.00	−34	0.00
75,949	3.26	80,147	4.68	42,650	3.63
283,336	12.15	157,021	9.16	142,908	12.15
9,218	0.40	37	0.00	2,751	0.23
800,131	34.32	480,278	28.03	363,249	30.88
2,331,656	100.00	1,713,331	100.00	1,176,430	100.00
7,382,962	316.64	6,982,773	407.56	4,355,527	370.23
	24.00		19.70		21.27

(表 4-2, つづき)

非金利収入カテゴリー	2001 年		2002 年	
	金額・件数	割合	金額・件数	割合
1億ドル以上10億ドル未満				
報告銀行数（件数）	3,195		3,314	
非金利収入の伝統的源泉				
資産売却損益	43,679	0.36	15,741	0.12
融資売却損益	695,631	5.74	1,117,289	8.45
信託報酬	1,941,193	16.00	1,810,946	13.69
預金口座管理料	3,266,515	26.93	3,546,188	26.81
トレーディング，投資銀行業務，保険				
トレーディング収入	−34,625	−0.29	6,244	0.05
投資銀行業務	386,523	3.19	388,598	2.94
ベンチャーキャピタル報酬	4,646	0.04	3,370	0.03
保険	199,822	1.65	235,162	1.78
サービシング，証券化				
サービシング手数料	694,423	5.73	488,876	3.70
証券化収入	442,166	3.65	526,956	3.98
その他				
その他の非金利収入	4,489,256	37.01	5,085,289	38.45
非金利収入合計	12,129,219	100.00	13,224,658	100.00
ネット金利収入	31,033,886	255.86	33,317,297	251.93
非金利収入/営業収入		28.10		28.41
10億ドル以上				
報告銀行数（件数）	399		405	
非金利収入の伝統的源泉				
資産売却損益	2,206,440	1.53	1,276,624	0.81
融資売却損益	3,910,667	2.72	6,942,817	4.42
信託報酬	18,738,198	13.03	18,460,638	11.75
預金口座管理料	22,302,221	15.51	25,335,950	16.13
トレーディング，投資銀行業務，保険				
トレーディング収入	12,539,353	8.72	10,803,713	6.88
投資銀行業務	8,655,463	6.02	8,816,485	5.61
ベンチャーキャピタル報酬	−745,193	−0.52	−479,436	−0.31
保険	2,603,838	1.81	3,067,338	1.95
サービシング，証券化				
サービシング手数料	10,678,519	7.43	10,658,323	6.79
証券化収入	15,717,296	10.93	18,981,225	12.08
その他				
その他の非金利収入	47,162,464	32.80	53,216,304	33.88
非金利収入合計	143,769,250	100.00	157,079,982	100.00
ネット金利収入	175,464,308	122.05	195,317,225	124.34
非金利収入/営業収入		45.04		44.57

出所：FDIC, *SOB* より作成.
注：2003-05 年のデータについては，非金利収入の内訳の合計は 100% にならないが，データ

第4章　市場型金融システムとアメリカ商業銀行の復活

2003年		2004年		4年平均	
金額	割合	金額	割合	金額	割合
3,434		3,530		3,368	
48,529	0.34	89,113	0.70	28,152	0.38
1,347,601	9.44	903,597	7.07	580,588	7.75
2,080,004	14.57	1,763,866	13.80	1,085,144	14.49
3,762,801	26.35	3,907,539	30.58	2,069,006	27.63
17,073	0.12	13,201	0.10	270	0.00
354,762	2.48	288,772	2.26	202,665	2.71
2,025	0.01	−889	−0.01	1,307	0.02
264,958	1.86	281,203	2.20	140,164	1.87
580,217	4.06	563,707	4.41	332,460	4.44
437,929	3.07	508,716	3.98	273,681	3.66
5,384,298	37.70	4,459,856	34.90	2,774,100	37.05
14,280,202	100.00	12,778,673	100.00	7,487,536	100.00
33,446,468	234.22	35,090,771	274.60	18,984,061	253.54
	29.92		26.69		28.29
424		445		418	
479,933	0.28	1,938,533	1.14	843,076	0.92
11,916,436	7.01	6,595,297	3.89	4,195,031	4.59
18,588,136	10.94	20,656,741	12.19	10,920,530	11.94
27,132,922	15.97	27,249,825	16.08	14,574,417	15.93
11,456,719	6.74	9,651,182	5.69	6,350,138	6.94
9,922,188	5.84	9,392,549	5.54	5,255,241	5.75
48,149	0.03	274,133	0.16	−128,907	−0.14
3,115,470	1.83	3,811,990	2.25	1,799,805	1.97
13,342,383	7.85	14,165,770	8.36	6,977,856	7.63
21,342,549	12.56	21,675,494	12.79	11,102,366	12.14
52,579,578	30.94	54,102,674	31.92	29,580,146	32.34
169,924,462	100.00	169,514,188	100.00	91,469,698	100.00
199,156,851	117.20	207,537,579	122.43	111,067,995	121.43
	46.04		44.96		45.16

をそのまま利用した．

トレーディング収入を報告したのは 8,050 行中 175 行であり，上位 5 行のシェアは 82.60% にも上り，ベンチャーキャピタル報酬も 61 行が報告しているにすぎない（Samolyk [2004] p. 53）．この 2 つの業務を手がけているのは主として大手行ということになる．投資銀行業務には，証券引受と私募発行の手数料および委託売買手数料，投資アドバイスおよび経営サービス，M&A サービスが含まれる．また，保険には，保険引受，保険販売，再保険からの各種手数料，売上が含まれる．投資銀行業務を報告している銀行数は 2,178 行，上位 5 行で 55.80% のシェアを占めており，保険は 4,063 行が報告し，上位 5 行で 38.40% を占めている．②のカテゴリーは，保険を除くと比較的大規模な銀行の業務のように思われる．トレーディング，ベンチャーキャピタルはごく少数の銀行の収益源となっており，上位行のシェアも高い．また投資銀行業務の報告数は多いが，それにもかかわらず上位行のシェアは高くなっている．

　③サービシング・証券化は，「信用の商品化 (commoditization of credit)」にかかわるものであり，18.81% を占めている．そのうちサービシングは 7.44% であり，不動産モーゲージ，クレジットカード，その他の金融資産のサービシング収入が含まれる．証券化収入は 11.36% を占め，証券化にかかわるサービシング以外の手数料，証券化された資産の売買損益が計上される．サービシングは 1,626 行が報告し，上位 5 行で 41.50% のシェアを占めており，証券化収入は 100 行が報告し，上位 5 行で 64.00% のシェアを占めている（Samolyk [2004] p. 53）．

　④その他の非金利収入は，32.67% と大きな割合を占めている．このカテゴリーには，貸金庫賃貸料，小切手・マネーオーダー・銀行振出小切手・トラベラーズチェックの手数料，ATM 使用料，データ処理収入，非連結子会社からの収入，不動産賃貸料など，①～③に含まれないものすべてが計上される．このカテゴリーは 7,983 行が報告し，上位 5 行のシェアは 21.20% と非常に低い．

　全銀行について見てきたが，念のため資産規模別に特徴をまとめておこう．コミュニティ・バンクの非金利収入比率は，21.27% と非常に低く，伝統的銀行業への依存度が高いようだ．①の伝統的源泉が 52.23% を占め，なかで

も預金口座管理料が40.90%と非常に高い．②のカテゴリーはわずか4.51%にすぎず，そのほとんどが保険にかかわっている．また，③のカテゴリーは12.38%であるが，うち12.16%がサービシングからのものである．

中堅銀行の非金利収入比率は28.29%となっており，コミュニティ・バンクよりは高くなっている．①の伝統的源泉が50.26%と高い点はコミュニティ・バンクと共通であるが，預金口座管理料は27.63%と低くなっており，その代わり信託報酬が14.49%と高くなっている．また②のカテゴリーは4.60%，③のカテゴリーは8.10%と低く，この点においてもコミュニティ・バンクと同じである．

大銀行の非金利収入の状態は，コミュニティ・バンクや中堅銀行とは大きく異なっている．まず非金利収入比率が45.16%と圧倒的に高くなっている．そして①の伝統的源泉は33.38%にすぎず，しかも預金口座管理料は15.93%と非常に低くなっている．②のカテゴリーは14.51%を占め，コミュニティ・バンクおよび中堅銀行よりも約10%高い．トレーディング収入（6.94%），投資銀行業務（5.75%），ベンチャーキャピタル報酬（-0.14%）は，大銀行ならではの業務のように思われる．③のカテゴリーの比率が19.77%と高いのも特徴的である．なかでもサービシング手数料（7.63%）より証券化収入（12.14%）が高いことが注目に値する．

以上，商業銀行の非金利収入の実態について見てきた．コミュニティ・バンク，中堅銀行は，依然として伝統的銀行業による金利収入への依存度が高い．しかし，大銀行の収益基盤は，非金利収入を得られる業務へシフトしつつある．そして伝統的な非金利収入の源泉だけでなく，他業態の金融機関の業務分野への進出や，証券化への関与が重要な収益源となっているのである．

III. 金融のアンバンドリングと商業銀行

1. 資産金融の証券化の意義

これまでのところ，多くの研究は，金融機関の業態別にその行動や制度を分析してきた．だが，Merton and Body [1995] は，金融を機能的視点から

分析することを提唱している．それによると，金融サービスの提供者は，規制，技術，文化などの相違のために空間的，時間的に見ると多様な形態をとりうるが，その役割は本質的には同じである．逆に，アメリカの商業銀行とドイツのユニバーサル・バンクのように，見かけ上は同じ銀行でも果たしている機能はまったく違う場合もある．マートン＝ボディによると，金融サービスの機能は，①決済，②資源のプール化および小口化，③異時点間・異地点間の資源移転，④リスク・マネジメント，⑤価格情報，⑥情報の非対称性から派生するインセンティブ問題の解決，この6つに集約される．長い間，この6つの機能は，1つの金融機関に内部化されていたといってよい．

かつて商業銀行は，伝統的銀行業の性質により，金融サービスの6つの機能を果たすことにおいて圧倒的優位性をもっていた．預金業務は，銀行に資金を大量にプールする能力を与えただけでなく，口座間の振替による決済機能を与えた．そして決済機能を通じて，顧客の資金繰りを把握し，貸出先の財務状態を審査する能力を高めていったのである．こうした預金・貸出業務双方を備えることで資金の変換機能を提供していたことは言うまでもない．変換機能が円滑に働かなくなる典型例は銀行取付であり，それを防ぐために預金保険機関や中央銀行が必要とされる．取付にいたらなかったとしても，1970年代のインフレによって，商業銀行，そして貯蓄貸付組合の資金変換機能は麻痺し，経営状態が悪化したことは，繰り返し述べた．

まさにその時期から，金融機関に内部化されていた金融の諸機能は，束になっていたものが分解され，それぞれ別の主体に担われるようになってきたのである．このことをアンバンドリング（unbundling）と呼ぶ[17]．その先駆的かつ典型的な事例は，政府後援企業（GSEs：Government Sponsored Enterprises），連邦政府機関（Federal Agencies）の強力な支援を受けて発達した住宅モーゲージ・ローンである[18]．

住宅モーゲージ・ローンは，融資の対象と性格がローカルなため，かつては地元の貯蓄金融機関や商業銀行が，審査（screening）から組成（origination），リスク引受（risk taking），融資調達（funding），回収（servicing）に至るまですべてを内部化していた．この金銭貸借においては，住宅ローンのすべての金融機能が1つの金融機関に統合されていたのである．その仕組み

第4章 市場型金融システムとアメリカ商業銀行の復活　163

は，地域社会の住民の貯蓄を受け入れ，住民がそこから融資を受けて家を建て融資返済を済ますと，次の住民が借入できるようになるというものであった．Crane and Body [1996] にしたがって，これを金融の諸機能の視点から言い換えると次のようになる．貯蓄金融機関は，地域住民の経済資源をプールし，ある住民から別の住民へそれを移転する．さらには，住民の信用状態や融資物件に精通することによって情報の非対称性から生じる逆選択やモラル・ハザードを防ぎ，貸し倒れやバランスシートなどリスクを管理する．

　長く続いたこのビジネス・モデルは，1970年代のインフレによって崩壊することになる．貸出金利は低いまま，資金調達コストが上昇したことで収益は低減し，高金利を求める預金者の引き出しにより流動性問題を抱えたからである．これを解決するために，バランスシートの借方からモーゲージを外して流動性を確保しなくてはならなかった．こうして，住宅モーゲージ・ローン市場は逸早くアンバンドリングが一般化した分野となった．現在，アメリカでは，ローン債権を返済終了まで保有せずに，途中でそれを証券化するようになっている．そして，原債権を売却した資金を，より高い収益を上げられるホーム・エクイティ・ローンなどに投下するのである．この市場を拡大させたのは，皮肉にも2度にわたるS&L危機であった．

　証券化市場では，連邦住宅抵当公庫（FNMA：Federal National Mortgage Association：Fannie Mae），連邦住宅金融抵当公庫（FHLMC：Federal Home Loan Mortgage Co.；Freddie Mac）が，ローンを組成した金融機関から債権を買い取り（倒産隔離），モーゲージ担保証券（MBS：Mortgage Backed Securities）およびモーゲージ債務証書（CMO：Collateralized Mortgage Obligation）を発行してその支払保証を行い，資金調達を担うようになった[19]．民間の証券発行体（private conduit）の発行したMBS，CMOのうち，原債権に連邦住宅局および退役軍人省の保険がついたものには，政府抵当公庫（GNMA：Government National Mortgage Association；Ginnie Mae）が支払保証（外部信用補完）を行う．現在，MBSの引受，投資家（年金基金や海外の機関投資家）への分売は，ベア・スターンズ，UBS，リーマン・ブラザーズなど，投資銀行が受けもっている．

　貸出市場については，組成やサービシングはフリートボストン（2003年

10月27日にバンク・オブ・アメリカによる統合が発表された）やウェルズファーゴといったごく一部の大銀行が主要な担い手である[20]。大きなシェアを占めているものの1つに，カントリーワイド・ホーム・ローン社 (Countrywide Home Loans, Inc.) がある．同社の子会社は，モーゲージ・バンク (mortgage banking company) であり預金業務をもたないが，全国に支店網を展開している．オリジネーターは地元に密着した方が有利であるが，一部を除く商業銀行や貯蓄金融機関は，オリジネーターとしての地位も安泰とはいえない．というのは，ITを駆使したクレジット・スコアリングが審査，組成で重要な役割を果たすようになったからである．

ともあれ，地域社会に限定されていた住宅モーゲージの市場は，全国規模，さらには世界規模に拡大したのである．1990年から94年までにおよそ4兆ドルのモーゲージが組成されたが，このうち6割が証券化されている (Merton and Body [1995])．

このように預金（資金調達）と貸付（資金運用）の結びつきはもはや緊密なものではない．この住宅モーゲージ・ローンのアンバンドリングを機能的視点からみると次のように要約できる．経済資源のプール化は，預金という形態から，住宅モーゲージ・ローンをプール化してMBSを発行する形態に変化した．コミュニティ内に限定されていた経済資源の移転は，投資銀行によるMBSの引受・分売により全国規模，世界規模に拡大した．リスクは各主体に分散化されている．審査および組成を行う商業銀行および貯蓄金融機関などはパイプラインリスクを，MBS発行体や民間モーゲージ保険会社は信用リスクを，投資家は金利変動リスク，期限前償還リスク，流動性リスクをそれぞれ負担する．投資判断には格付機関の情報が利用される．また，商業銀行がブッキングしていた住宅モーゲージ・ローンは「短期借り長期貸し」の危うい構造をもっていたが，債権がオフバランス化された結果，「30年固定」，「15年固定」商品が一般化した．このオフバランス化は，情報の非対称性から生じるインセンティブ問題の解決に資するであろう．銀行そのものは「中身」の見えにくい存在であるが，証券化された資産のキャッシュフローを把握することは比較的容易である．このことによって証券化商品は高い格付けを得ることができ，他方，銀行は資金調達を有利に行えるのであ

第4章 市場型金融システムとアメリカ商業銀行の復活　　　　165

　ローン債権のオフバランス化に関連して，大規模融資に用いられるシンジケート・ローンに触れておこう．シンジケート・ローンは，主幹事銀行が相手先企業を審査するとともに，融資パッケージをアレンジし，パートナー行を募って融資を行うものである．主としてそれは，1980年代に巨額の資金を必要とする買収のための融資方法として発展した．大銀行にとっても，巨額の融資は1行で賄いきれないケースもあるし，ポートフォリオを1件の融資先に集中することはハイリスクであるので，シンジケートが組まれるのである．

　注目すべきは，貸出市場だけでなくローン・セカンダリー市場も急速に伸びていることである．セカンダリー市場は，1991年から2003年までに，80億ドルから1兆4457億ドルへと18倍に成長した．ここでもバランスシート上から債権を外し，そのローンを売買することが増えているのである．LSTA（Loan Syndications and Trading Association, Inc.）によれば，セカンダリー市場の発展は，銀行に対して，①資産効率性を高め，②出口戦略を提供し，③ローン・トレーディングという新たな手段（ポートフォリオ・マネジメント）を提供する．一方，投資家（商業銀行および機関投資家）に対しては，①LIBORを基準値とした金利というシグナル，②さまざまなリスクの投資対象，③財務制限条項（covenant）による保護を提供する．シンジケート・ローンにおける商業銀行の役割は，融資の提供者からローンのディーラーおよびトレーダーに変化したといえよう．

2. 証券化商品の浸透

　証券化は，住宅モーゲージ・ローン債権だけでなく，さまざまな債権に適用され，市場は拡大している．リテールの分野では資産担保証券（ABS：asset backed securities），ホールセールの分野では商業用モーゲージ担保証券（CMBS：commercial mortgage backed securities）が普及しているのである．

　ABSは，モーゲージ以外の資産を担保とした商品の総称である．その嚆

矢は，1985年のスペーリー・リース・ファイナンス社によるコンピュータ・リース債権の証券化であり，対象資産は，ホーム・エクイティ・ローン，クレジットカード・ローン，自動車ローン，学資ローンをはじめ，キャッシュフローを生み出す知的財産権にまで広がりつつある（日本証券経済研究所［2005］p. 218）．一方，CMBSは，オフィスビル，ホテル，ショッピングセンター，賃貸住宅等の商業用不動産を担保としたローンを証券化したものである．CMBSは1983年にニューヨークのオフィスビルを担保にして初めて発行され，1990年頃の不動産不況時に整理信託公社が不良債権を買い取って証券化したことにより，急速に浸透した（日本証券経済研究所［2005］p. 217）．

図4-4は，1985年と2005年の債券発行残高の内訳を比較したものである．債券発行残高は，1985年の4兆5876億ドルから2005年の24兆5244億ドルへ，4.3倍となった．内訳の特徴は第1に，地方債および財務省証券の比率が大幅に低下したことである．地方債は18.7%から8.7%へ，財務省証券は31.3%から16.4%へそれぞれ低下した．しかしながら，政府機関債のシェアは，6.4%から11.0%へ上昇している．これは前述の証券化スキームで発行されたものである．第2に，マネー・マーケットの比率も18.5%から12.9%へ低下している．最後になったが，証券化商品の残高が急増してい

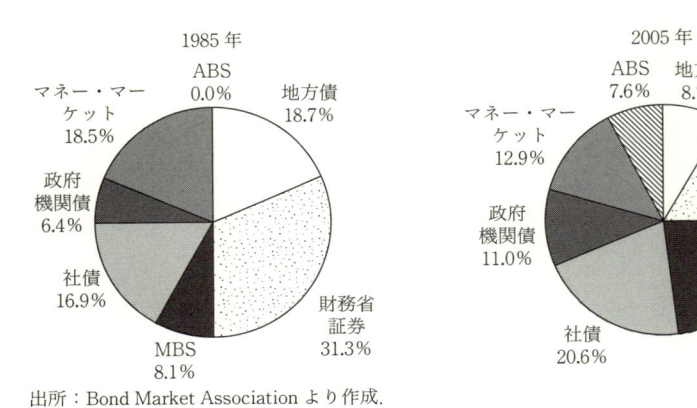

出所：Bond Market Associationより作成．

図4-4　債券発行残高：1985年，2005年

ことが大きな特徴である．85年から05年までに，MBS発行残高は3721億ドルから5兆6115億ドルへと8.2倍となり，シェアも8.1%から22.9%へと上昇した．ABS発行残高は9億ドルから1兆8595億ドルへと爆発的に増加し，ほとんどゼロから8.1%へとシェアを伸ばした．現在，証券化商品の残高は約7兆5000億ドルに上り，債券市場の3割弱を占めているのである．

　この証券化商品の保有者は誰であろうか．証券化商品すべてをカバーするデータはないが，政府機関および政府後援企業が発行した証券（MBSが中心）の保有者は，資金循環表で見出すことができる．それによると2004年末に発行残高は6兆2256億ドルであった．最大の保有者は政府後援企業（1兆1080億ドル，17.8%）であり，商業銀行（1兆964億ドル，17.6%），海外（7616億ドル，12.2%），家計（5396億ドル，8.7%），年金基金（4330億ドル，7.0%），州・地方政府（3681億ドル，5.9%），貯蓄金融機関（2238億ドル，3.6%）と続いている．かつてはローカルな取引であった住宅ローンが全国規模に，さらには海外にまで伸張したことが分かるであろう．また，商業銀行，貯蓄金融機関は，住宅ローン債権を一度バランスシートから外しながら，それを再びMBSという形で保有していることが示されている（FRB, *FFA*）．

　かくして，資産金融の証券化には商業銀行が重要なアクターとして関与している．かつて，商業銀行は金融仲介の総合的な担い手だった．アンバンドリングによって商業銀行は，取引すべてに関与していないという点においては金融仲介能力を低下させたかもしれない．しかし，金融の諸機能の一部であるが重要な部分を依然として担っている．この役割の変化は，伝統的銀行業を衰退させた——少なくとも大銀行の金利収入依存を低下させた——が，商業銀行と金融市場の関係を強化するものである．

おわりに

　本章では，1970年代のインフレをきっかけに大きく変化してきた商業銀行について検討してきた．商業銀行は，伝統的銀行業では衰退しているかもしれないが，収益基盤をシフトさせ，オフバランス取引を通じて金融市場を

拡大させている．結論を端的に言えば，商業銀行は伝統的銀行業による金融仲介の担い手としてよりも，リスク仲介の担い手としての性格を強めているということである．

　伝統的銀行業は，1970年代のインフレによって安定した収益源ではなくなった．預金は投資信託などの他業態に奪われ，大企業は銀行よりも低コストで金融市場から資金調達できたために非仲介化が進んだ．さらには，逆鞘によって資金変換機能が危機にさらされ，商業銀行の経営状態は悪化したのである．こうした状況下で，ニューディール期の規制システムは揺らぎ，自己資本比率規制によって商業銀行は制約を受けるようになった．かくして，オフバランス取引が徐々に拡大していったのである．

　もちろん伝統的銀行業が重要性を失ったわけではなく，コミュニティ・バンク，中堅銀行では依然としてコアの業務であるといえる．だが，大銀行は伝統的銀行業への依存から脱却し，非金利収入比率を高めている．しかも伝統的な非金利収入を拡大させているわけではない．新たな非金利収入は，1つは投資銀行の業務，もう1つは資産金融の証券化にかかわる業務から生み出されているのである．

　資産金融の証券化は，金融仲介機関と金融市場の空隙に存在する．これはまた，金融仲介機関と金融市場は二者択一的なものではなく相補的なものであり，金融仲介機関も市場型金融システムと不即不離であることを意味する．この推進力はアンバンドリングであり，自己資本比率規制を軸にした規制システムへの転換が，大銀行の行動を大きく変えているのである．

　銀行は――決済制度においては特別な存在であるが――預金，貸付という伝統的銀行業では力を弱めている．このことは次の2つの方向でのさらなる研究を必要とするであろう．1つは，「銀行」とは何かという根源的な問題である．商業銀行が他の金融サービス企業に近づいていくのか，それとも，特別な存在でありつづけるのかが問われなくてはならない．もう1つは，政策，規制にかかわる問題である．金融政策の伝達チャネルは銀行にほかならないが，預金が重要性を低下させているので，その実効性を吟味しなくてはならないであろう．また，「銀行」の業務がアンバンドルされているとすれば，規制当局は機能に応じた規制・監督を必要とするはずである．1999年

第4章 市場型金融システムとアメリカ商業銀行の復活

金融近代化法は，FRB を包括的監督機関として，他の規制機関を機能別規制機関として位置づけたが，実情は業態別の規制である．したがって，「銀行」規制の範囲と方法を模索することになるであろう．

歴史的教訓からニューディール規制システムを正当化する論者も少なくない．だが，商業銀行に対する地理的営業規制と業態規制，その他の規制システムは，時代にそぐわなくなっただけではなく，法律成立時においても非効率的であったという（Calomiris [2000]）．制度は純経済学的に生み出されたものではない．多様な利害関係，規制当局の考え，経済状況が密接に絡みあって制度的枠組みが作られているのである．しかし，過去30年は，効率性を第一義的に追求し，規制システムの転換に成功した特殊な時代といえよう．この流れは市場主義というべきもので「ニューエコノミー」で最高潮に達したのである．商業銀行を再び押し上げたのはその波濤にほかならない．

注

1) 1990年代の金融自由化の流れのなかで，驚くような規模の合併が報道された．なかでも1998年のトラベラーズとシティコープの合併によるシティグループ誕生は，業態規制を一気に葬り去り，金融近代化法を成立させる画期的な合併だった．同年には，ネーションズ・バンクとバンク・オブ・アメリカ（新銀行名バンク・オブ・アメリカ），バンクワンとファースト・シカゴNBD（新銀行名バンクワン）が合併し，2000年にはJPモルガンとチェース・マンハッタンが合併した．2000年代に入ってからM&Aの勢いは衰えたが，まだ止まっていない．

　　2004年4月には，当時資産規模第3位だったバンク・オブ・アメリカ（BofA）が同第7位のフリートボストンを吸収合併することを発表し，初の全国規模の銀行を成立させるとともに，預金シェアが上限の10%に迫ったため，BofAのM&Aによる合併は最後となった．同年5月，当時資産規模第2位だったJPモルガン・チェースは，同7位のバンクワンとの合併を発表した．これらとシティグループが資産規模でトップグループを構成し，第2グループを引き離している．

2) 州内支店設置は州当局の管轄であり，州によって単店銀行制度（支店設置禁止），限定支店設置制度，州全域支店制度というように規制は異なっていた．

3) 1960年代後半に強気相場が終了すると，「株式の死」と呼ばれるボックス相場が続いた．そうした中，75年の「メーデー」で委託売買手数料が自由化され，金融自由化の第一歩が刻まれた．

4) CMAの開発・普及のプロセス，その影響力については，Nocera [1994] chapter 8 を参照のこと．

5) 機能的な視点による分析については III を参照のこと．
6) 地理的営業規制の緩和は，1980 年代に州の互恵原則に基づいて進んでいった．これによって特定地域において他州の銀行の相互乗り入れが促進され，商業銀行は地理的多角化によって経営安定化をはかることができた．しかし，重要なことは，その規制緩和がニューヨークの大手行を排除する形で進められたことである．リーグル゠ニール法は例外なく全国の銀行に適用されるものであった．
7) この点については異論が出されるであろう．地域資金還元法 (CRM)，コミュニティ・バンクの存在意義を高く評価する議論を否定する意図はない．
8) ただし，他州への新規支店設置 (de novo branching) は，依然として州の認可が必要であり，互恵原則に基づいている．また，各州は，上記の期日以前に州際支店設置を禁じる法律を通過させることによって，同法から離脱 (opt-out) できた．実際，テキサス州とモンタナ州は離脱した．
9) 貯蓄金融機関には地理的営業規制は適用されなかったから，従来から他州での活動が行われていた．
10) アメリカ人は，金融関連商品を平均で 15 個購入している．クロスセリングに定評のあるウェルズファーゴでは，住宅モーゲージ・ローンはクロスセリング戦略の中核をなしている．モーゲージは顧客情報を詳しく集められるという点で優位性をもつからである．住宅モーゲージ・ローン申請者は，金融上のプロフィールを記入し厳しい審査を受けなくてはならない．審査する側は，申請者のクレジットカードの枚数から，預金の預け先や残高，所得，ホーム・エクイティの額，大学進学年齢の子どもの有無まで，あらゆる情報を集めるのである．こうした申請手続きの中で，顧客のニーズと金融資産を把握できる．既存顧客に追加商品を販売するための追加的コストは，新規顧客に同じ商品を販売する場合のおよそ 10 分の 1 である（大橋 [2005]）．
11) 注 1 を参照のこと．
12) 「銀行衰退論争」のサーヴェイとしては高木 [1995]，Wheelock [1993] がある．ウィーロックは，商業銀行の決済制度における独占的地位，連邦準備の割引窓口を利用できる「特別な」立場を強調する．しかしながら，重要な貸し手としての地位を維持するためには規制システムの大改革――地理的営業規制と業態規制の撤廃――が必須であると主張した．
13) 歴史的高金利による預金流出ならびに長短金利ミスマッチの影響のため第 1 次 S&L 危機が起きた．S&L への適用会計基準 (RAP: Regulatory Accounting Practices) の改訂により，債権売却損の繰延・還付が受けられるようになり，S&L による保有モーゲージの売却が進んだ．
14) もちろん，これらの数値はあらゆる規模，異なる業容の商業銀行を含むので，すべての銀行の経営状態がこのように推移したのではない．資産規模別のデータをみると収益性に多少の格差があるが固定的なものではない．それよりも商業銀行全体にかかわる経済状況が収益性に与える影響のほうが大きいようだ．
15) 大不況下において貸出需要が激減し金利が極端に低下したため，非金利収入比率は上昇した．第 2 次大戦後は継続的な金利上昇によって非金利収入比率が低下

し，1980年代に入るまで非金利収入の重要性は看過されてきた（Kaufman and Mote [1994]）．
16) FDIC, SOB で，2001年以降の非金利収入の詳細な内訳についてのデータを得られる．だが，四半期毎（Quarterly）か，年初から各四半期末（year-to-date）に基準が限られるため，比較のために利用できるのは2004年末までのデータとなるので，趨勢的な変化と短期的な変動を区別することは困難である．
17) アンバンドリングの背景には金融工学の発展がある．金融工学は，スワップ，先物，オプションといったデリバティブ取引，投資運用，ストラクチャード・ファイナンス（証券化）など金融技術革新を理論面で支えた．
18) ニューディール期の1934年住宅法によって，同年には連邦住宅局（FHA: Federal Housing Administration），38年には連邦住宅抵当公庫（FNMA）が設立された．前者は住宅ローンの保険を提供し，後者は住宅ローン債権を買い取り，流通市場を開拓したのである．1968年，FNMA は分割されて政府抵当公庫（GNMA）が設立された．1970年に GNMA は最初の公的 MBS（パススルー証券）を発行し，続いて1970年に設立された連邦住宅貸付公社（FHLMC）は翌年に MBS を発行した．FNMA は81年に MBS を発行したのである．
19) MBS のようなパススルー証券の場合，繰上げ返済による再投資リスクが生じる．そのため，キャッシュフローをニーズに合わせてトランシェに分割したモーゲージ担保債務証書（CMO: Collateralized Mortgage Obligation）が生み出された．これは，ペイスルー商品の典型例である（日本証券経済研究所 [2005] p. 214）．CMO は，1983年 FHLMC が最初に発行した．
20) オリジネーターとサービサーの業務は，金利変動の影響を相殺する役割を果たしている．サービジング・ポートフォリオは，金利リスクにさらされるが，それはデリバティブを用いてヘッジされている．そして，金利が低下したとき，借換えによるオリジネーションの増加がサービサー収入減少を相殺する．逆に金利が上昇したときには，サービサー収入が安定化機能を果たす．

参考文献・資料

Berger, Allen N., Rebecca S. Demsetz and Philip E. Strahan [1999] "The Consolidation of the Financial Services Industry: Causes, Consequences, and the Implications for the Future." *Journal of Banking and Finance.* 23(2-4), pp. 135-94.

Boyd, John H. and Mark Gertler [1994] "Are Banks Dead? Or Are the Reports Greatly Exaggerated?" *Federal Reserve Bank of Minneapolis Quarterly Review.* 18(3), pp. 2-23.

Board of the Governors of the Federal Reserve System (FRB), *Flow of Funds Accounts of the United States* (*FFA*). [http://www.federalreserve.gov/releases/z1/current/default.htm]

Brewer III, Elijah and William E. Jackson III *et al.* [2000] "The Price of Bank Merger in the 1990s," *Federal Reserve Bank of Chicago Economic Perspec-*

tives. 23(1), pp. 2-23.

Calomiris, Charles W. [2000] *U.S. Bank Deregulation in Historical Perspective*, Cambridge : Cambridge University Press.

Calomiris, Charles W. [1998] *Is the Bank Merger Wave of the 1990s Efficient ? : Lessons from Nine Case Studies*, Washington D.C. : AEI Press.

Calomiris, Charles W. and Thanavut Pornrojnangkool [2004] "Monopoly-Creating Bank Consolidation ? The Merger of Fleet and BankBoston," NBER Working Paper, No. W 11351.

Crane, Dwight B. and Zvi Body [1996] "Form Follows Function : The Transformation of Banking," *Harvard Business Review*, March-April, pp. 109-17.

Federal Deposit Insurance Corporation (FDIC), *Historical Statistics on Banking* (*HSB*). [http://www 2.fdic.gov/hsob/index.asp]

Federal Deposit Insurance Corporation (FDIC), *Statistics on Banking* (*SOB*). [http://www 2.fdic.gov/SDI/SOB/]

Federal Deposit Insurance Corporation (FDIC), *Summary of Deposit* (*SOD*). [http://www 2.fdic.gov/sod/index.asp]

Federal Reserve Bank of Chicago [1994] The Declining(?) Role of Banking, Proceedings of the 30 th Conference on Bank Structure and Competition, Held May 1994.

Group of Ten [2001] Report on Consolidation in the Financial Sector. [http://www.imf.org/external/np/Group of Ten/2001/01/Eng/]

Hanc, George [2004] "Summary and Conclusions," The Future of Banking in America, *FDIC Banking Review*, 16(1), pp. 1-28.

Kaufman, George G. and Larry R. Mote [1994] "Is Banking a Declining Industry ? : A Historical Perspective," *Federal Reserve Bank of Chicago Economic Perspectives*, (18)3, pp. 2-21.

Kroszner, Randall S. and Philip E. Strahan [1999] "What Drives Deregulation ? Economics and Politics of the Relaxation of Bank Branching Restrictions," NBER Working Paper, No. 6637.

Levonian, Mark [1995] "Why Banking isn't Declining," *FRBSF Weekly Letter*, Federal Reserve Bank of San Francisco.

Loan Syndications and Trade Association (LSTA). [http://www.lsta.org/]

Merton, Robert. C. and Zvi Body [1995] "A Conceptual Framework for Analyzing the Financial Environment," in D.B. Crane *et al*. eds., *The Global Financial System : A Functional Perspective*, Cambridge : Harvard Business School Press. (野村総合研究所訳『金融の本質―21世紀型金融革命の羅針盤―』野村総合研究所, 2000年, 所収)

Nocera, Joseph [1994] *A Piece of the Action : How the Middle Class Joined the Money Class*, New York : Simon & Schuster. (野村総合研究所訳『アメリカ金融革命の群像』野村総合研究所, 1997年)

Pilloff, Steven J. [2004] "Bank Merger Activity in the United States, 1994-2003," Stuff Studies 176, Washington D.C.: Board of Governors of the Federal Reserve System.

Rhoades, Stephen A. [2000] "Bank Mergers and Banking Structure in the United States, 1980-98," Stuff Studies 174, Washington D.C.: Board of Governors of the Federal Reserve System.

Samolyk, Katherine [2004] "The Evolving Role of Commercial Banks in U.S. Credit Market," The Future of Banking in America, *FDIC Banking Review*, 16(2), pp. 29-65.

Walter, Ingo [2004] *Mergers and Acquisitions in Banking and Finance: What Works, What Fails, and Why*, Oxford and Tokyo: Oxford University Press.

Wheelock, David [1993] "Is the Banking Industry in Decline?: Recent Trends and Future Prospects from a Historical Perspective," *Federal Reserve Bank of St. Louis Review*, 75(5), pp. 3-22.

内田聡 [2000]「銀行・事業会社の分離と結合―アメリカにおける変遷と行方―」,『金融構造研究』第22巻, 40-50ページ.

大橋陽 [2005]「アメリカにおける金融統合の戦略―ウェルズファーゴの事例を中心に―」,『金城学院大学論集』社会科学編, 第1巻第1・2合併号, 39-54ページ.

大橋陽 [2004]「アメリカにおける金融自由化と商業銀行の変貌―地理的営業規制撤廃による銀行再編―」,『金城学院大学論集』社会科学編, 第46号, 31-49ページ.

髙木仁 [1995]「アメリカ銀行業は衰退産業か?」,『成城大学経済研究所年報』第8号, 19-38ページ.

日本証券経済研究所 [2005]『図説アメリカの証券市場2005年版』日本証券経済研究所.

沼田優子 [2002]『米国金融ビジネス』東洋経済新報社.

第 2 部　アメリカン・グローバリズムの最先端

第5章
アメリカの軍事技術開発と対日「依存」

山 崎 文 徳

はじめに

　1980年代のアメリカでは「国際競争力」の低下が大きな問題になり，ヤング・レポートやMITのプロジェクトでは具体的な問題提起がなされた[1]．アメリカと比較されたのは日本の「国際競争力」であった．アメリカが軍事生産に多くの資源を投入してきた一方で，日本は民生分野の生産に多くの資源を投入し，自動車や電機産業の技術水準を高めてきたのである．軍事との関連では，生産力における圧倒的な優位が失われたことにより，アメリカの軍事技術[2]が外国，特に日本の電子部品や生産技術に「依存」しているとして問題になった．

　ところが，ますます多くの日本製品がアメリカの軍事技術に取り入れられているにもかかわらず，90年代以降はアメリカの政府・産業界により「依存」が問題視されることはほとんどなくなった．なぜ「依存」は問題にされなくなったのだろうか．もしアメリカの軍事技術が日本の技術に依存しているのであれば，日本の意思次第ではアメリカの軍事生産に影響を与え，追随的な日米関係を逆転させることも可能であるかのようにも思える．はたして本当に，アメリカの軍事技術は日本の技術に依存していたのであろうか．

　本章では，アメリカ政府が「依存」問題をどのような問題としてとらえ，どのような対応を日本政府に求めたのかを明らかにする．本書全体との関係では，グローバリゼーション下でアメリカの軍事開発・生産体制がいかに再構築されたのかを，日本との関係に限定して明らかにする．

第5章 アメリカの軍事技術開発と対日「依存」

I. 技術の対日「依存」問題

「依存」問題は，1980年にアメリカ下院の軍事産業基盤委員会（Defense Industrial Base Panel）が作成した報告書の中で最初に問題にされた．軍事産業基盤委員会は，「二流の産業基盤で一流の軍事国としての地位を維持しようと考えるのは矛盾である」という考えにもとづき，軍事産業基盤（Defense Industrial Base）の衰退に警告を発した．例えば，報告書作成時でA-10やF-15，F-16といった軍用機や駆逐艦の生産量を50%増大することは可能であったが，F-16の生産レート（production rate）を3カ月または6カ月で倍増することは不可能であった．研究開発担当国防次官のウイリアム・ペリー（William J. Perry）は，後者の能力を緊急大量生産能力（surge capability）と定義した．軍事産業基盤の問題は，生産性の伸び率低下と設備の老朽化，重要資材・熟練労働者の不足，リード・タイムの増大，政府の契約手続きや規則，書類作成等により生じたとされ，特にサブ・コントラクターのレベルで状況は深刻であった．軍事産業基盤において，2万5千から3万のプライム・コントラクターが十分もしくは過剰な生産能力を有したが，5万以上に及ぶサブ・コントラクターのレベルでは非常に深刻な能力不足が存在した．また，1967年に約6千社あった航空宇宙関連企業数は，1980年の段階で約3,500社にまで減少し，軍事産業基盤の縮小が問題視された．ジャック・ガンスラー（Jacques S. Gansler）によれば，軍事調達額が減少する中で，プライム・コントラクターが多くの事業を内部でおこなうことにより，下層のサブ・コントラクターは倒産するか，民生市場や外国市場を対象とする企業として生き残りを図った．その結果，重要な部品のサプライヤー数が減少した[3]．

アメリカ国内の軍事産業基盤が縮小する一方で，工作機械や工業用ねじ，半導体デバイスなどで日本を含む海外への依存度が高まった．また，「アメリカ製の半導体デバイスの組立作業の大部分が，マレーシア，シンガポール，台湾，フィリピン，韓国，香港でおこなわれ，全組立作業の約90%が海外でおこなわれて」おり，海外に立地する米国企業からの製品調達も増した[4]．

1980年代後半には，特に電子部品を日本などの海外から調達していることが問題にされた．1985年の全米科学アカデミー報告書では空対空ミサイル AIM-7 スパローの誘導・制御部品における海外製品使用状況を紹介しており，集積回路のセラミック・パッケージやトランジスター，ウエハーなどに日本製部品が使用されていた[5]．同様の報告は国防分析局（Institute for Defense Analyses: IDA）が1990年に出した報告書にもみられる．空対空ミサイル AMRAAM（advanced medium range air-to-air missile）の誘導・制御部品には，集積回路の部品や材料のほか，精密工作機械のような生産技術についても日本製のものが使用されていた[6]．

　アメリカの電子工業会（American Electronic Association: AEA）が1990年におこなった調査によれば，アメリカの軍事用に使用される電子部品で，日本製としてリストアップされた20品目のうち，7品目は日本が唯一の供給源であった（表5-1）．湾岸戦争で注目された「ある種の精密誘導爆弾の部品のうち，最大8割は東芝，三菱電機など日本の200社の製品が使われて」おり，「防空ミサイル・パトリオットや電波妨害装置では2割の半導体が日本製」だという[7]．

　アメリカ商務省が1992年に1万4千社の4次サブ・コントラクターを対象におこなった調査によれば，「兵器部品の約20％が海外製である．そしていくらかは米国企業の海外工場で生産される」[8]．個々の兵器に関していえば，トマホーク巡航ミサイル，パトリオットミサイル，スパロー，HARMミサイル，マーク48魚雷など，「計64の兵器や装備に使われているセラミ

表5-1　日本が唯一の供給源となっている部品

	品　　　目	製造企業
1	セラミック・パッケージ	京セラ株式会社(世界的に独占)
2	16 KCMOS RAM	株式会社日立製作所
3	マイクロウェーブ出力ガリウム砒素化合物 FET	日本電気株式会社, 富士通株式会社
4	微少信号マイクロウェーブ・バイポーラ・トランジスタ	日本電気株式会社
5	低雑音ガリウム砒素化合物 FET	日本電気株式会社
6	マイクロウェーブ・シリコン・ダイオード	日本電気株式会社
7	シリコン・バイポーラ IC 増幅器	日本電気株式会社

出所：「米ハイテク兵器　日本製部品が不可欠」『毎日新聞』1991年1月28日付.

第 5 章　アメリカの軍事技術開発と対日「依存」　　　　179

ック容器すべてが日本製で，過半数が電子機器メーカー・京セラ製」であり，HARM ミサイルには，セラミック容器のほか，「特殊ネジ，紫外線レンズなど 74 点の日本製部品を使っている」．また，マーベリックミサイルの「シーカメラ」は日本製である[9]．

　1991 年の湾岸戦争では，アメリカ政府が日本政府に部品供給を要請する事態となった．「この 43 日間の戦闘の間に，米政府はハイテク兵器の重要部品調達のため，およそ 30 回も日本などに協力を要請しなければならなかった．たとえば多国籍軍用の指揮・管制用コンピューターの特製バッテリーが不足したとき，日本政府やフランス政府に助けを求めたり，また米軍偵察機が撮影した映像を分析するビデオ端末の重要部品の在庫が米企業にはなくなって，駐米日本大使館に駆け込んだりした．米商務省のクロスキ次官によれば，この戦争中に調達が必要になった部品は，日本の半導体，ビデオ端末，コンピューター関連部品，フランスの計測装置の電子部品，英国の通信機器，航空機用電子機器などだった」[10]．

　以上より，サブ・コントラクターが扱う汎用品において，日本などの海外企業からの調達が増大しているために，軍事技術の構成品の対日依存度が高まっている状況が技術の対日「依存」として問題とされたのであった．したがって，何らかの事態によって日本からの調達が滞り，アメリカの軍事技術が少なくとも短期的に維持できなくなることや，緊急の増産ができないことが懸念されたのであった．

　しかし，技術の対日「依存」は，アメリカの軍事技術の優劣が，日本の技術に依存していることを意味するわけではない．日本製部品を調達して兵器生産をおこなっているのはアメリカだけではないにもかかわらず，軍事技術においてアメリカに対抗できる国は存在しない．したがって，アメリカの軍事技術の優位性は日本製部品ではなく，アメリカ国内のアメリカ企業の技術水準に依存していると考えられる．兵器の基幹部品やシステムの開発・生産は基本的にアメリカ国内のアメリカ企業によっておこなわれ，他方で，3 次・4 次以下のサブ・コントラクターが扱うような汎用性の高い部品は市場メカニズムを通じて海外企業からも調達されている．日本製品は，品質だけでなく価格や納期などをも含めた市場競争を通じてシェアを拡大させたので

あり,必ずしも技術的に代替不可能というものでもない.

技術の対日「依存」問題とは,企業の多国籍化もしくは生産のグローバリゼーションが進んだことにより,アメリカ政府が軍事産業基盤を再編成する過程で表面化した問題であった.「依存」が問題にされていた1980年当時から,部品調達の際に深刻な問題が発生していたわけではなく,日本の技術への「依存」は問題ではなかった.「依存」問題をめぐる論争と対策は,アメリカの軍事産業基盤が再構築される過程の一部分だったのであり,アメリカが日本の技術をいかに利用するのかという試みなのであった.

II. 日本の技術の対米供与

技術の対日「依存」問題に対するアメリカ政府の対応は2つあった.1つめは,外国の技術を奪い取るというものであった.

「依存」問題を背景として,アメリカ政府は従来までの一方的な軍事関連の技術供与を,双方向的におこなうよう日本政府に要求してきた.1981年6月の大村・ワインバーガー日米国防首脳会談でアメリカ側は通信,電子機器などを中心に軍事関連技術の対米供与を求めた.ワインバーガーは「日本には技術の先端をいっているものが相当あるので,日米安保条約の目的(相互協力)を達成するうえで非常に有益なものであれば,技術供与を前向きに考えるのが望ましい」と述べた[11].

アメリカ政府のたび重なる要求により,1983年1月14日に日本政府は対米武器技術供与を閣議決定し,11月8日には日米両政府が書簡を交換する形で「対米武器技術供与に関する交換公文」を締結した[12].それまで日本政府は,アメリカを含む海外への武器輸出を実質的に禁止してきたが,「武器輸出とは次元の異なる」日米安全保障条約の第3条で定められた相互援助を実施すべく,「アメリカ合衆国に対して武器技術を供与する途を開く」ことが認められたのであった[13].

交換公文では第1に,対米供与される「武器技術」に武器専用の生産技術や設計図だけでなく,「武器」の試作品が含まれた.交換公文の日本側書簡「1(2)」および「附属書(1)」によれば,「武器技術」とは「『武器』の設計,

製造又は使用に専ら係る技術」であり,「武器技術の供与を実効あらしめるため必要な物品であって……『武器』に該当するものを含む」[14]。ここでいう「『武器』に該当するもの」は試作品を指している[15]。

　第2に,電子部品や汎用品などの対米供与も問題がないことが確認された。アメリカに対して「武器技術」だけでなく「技術」一般の供与の促進が合意されたのであり,対米武器技術供与は対米技術供与として機能することになった。この後,アメリカは対日技術調査団を派遣した。例えば,カリー調査団(1983年10月29日～11月6日)やマッカラム調査団(1984年7月と1985年4月)の訪日目的は日本の汎用ハイテク製品や光電子工学,ミリ波・マイクロ波の調査にあった[16]。一連の調査によって,直接的に技術供与を受けられなくても,自らの技術開発の助けになったことが考えられる。アメリカは,日本の技術を監視し,必要であれば対米供与させる枠組みを得たのである。

　第3に,武器技術供与を伴うような日米間の「武器技術」の共同研究開発が可能となった。しかし,試作品を除く「武器」の対米供与は禁止されていたため,共同生産された「武器」が輸出されることは認められなかった。つまり,共同生産された「武器」が自衛隊に使用されることは認められたが,アメリカのミサイル防衛用に生産された「武器」を輸出するには,さらなる武器輸出3原則の緩和が必要なのであった。

　第4に,対米供与された生産技術やそれによって製造された兵器が,アメリカの軍事援助や輸出により「第三国移転」されることが,武器輸出3原則との関係で問題となった。外務省は「第三国移転では供与国の同意が必要」とした日米相互防衛援助協定(1954年5月1日)の1条4項により阻止できるとの見解を示したが,アメリカが同意を求めたときに日本政府が拒否できるかが問題であった。1992年8月には,アメリカは第三国移転の「事前の同意」という条件の削除を日本政府に要求するのであった。

　第5に,供与はアメリカの平和時に限るという日本政府の当初の見解は,アメリカ政府の拒否により,紛争時であっても技術供与できることになった。

　第6に,対米供与された生産技術で製造された「武器」が使用される地域的な制限がないことが確認された。

対米武器技術供与は，FSX（Fighter Support, X, 次期支援戦闘機，現在のF-2）開発で本格的に進められた．まず，主翼の一体成形技術が対米技術供与された．これによって，競合メーカーよりも複合材の生産技術で遅れをとるジェネラル・ダイナミクス（後にロッキード・マーチンが部門買収）の競争力が高められることとなった．次に，レーダー技術が対米供与された．米国防省は1992年8月に，三菱電機から技術データや技術に付随する試作品として，レーダーのモジュール5個を購入した[17]．三菱製のモジュールは，コストと大きさでウエスチングハウス製よりも劣っていたが，競合品を取り寄せて性能を評価し，自らの技術開発の参考にするという点で意味があったと考えられる．「依存」問題は主に下層のサブ・コントラクターのレベルでの問題であったが，技術供与を受けたのはプライム・コントラクターのレベルなのであった．

アメリカ政府は外国技術の収奪によって「依存」問題を解決しようと考えていたというよりは，「依存」問題を口実としてアメリカ企業の技術競争力を直接・間接に強化し，アメリカの軍事技術開発を補完しようとしたのである．ここでは，技術を保有する企業の意志が最優先されるのではなく，軍事を名目とした国家の介入によって，いわば強制的に技術供与，技術移転が進められたという意味で収奪と表現している[18]．

III. 日本の技術の安定的調達

1. 海外からの軍事調達の条件

「依存」問題のもう1つのより現実的な対応は，アメリカの軍事産業基盤を海外に積極的に「依存」させ，「依存」状態を安定的に継続させるというものであった．この過程は同時に，日本の製造業を軍事産業基盤の下層に組み込む過程でもあった．

兵器の調達コストの高騰と80年代後半からの軍事費削減は調達コストの削減を必要とした．加えて，製造業の国際分業と企業内国際分業の進展をふまえれば，アメリカ政府にとってすべての部品を国産化して「依存」状態を

表 5-2　外国企業から軍事調達するリスク

		所　　　　有	
		米　　国	外　　国
製造・研究開発施設の立地	米国	1. 軍事安全保障を促進	2. 危機においては米国の優先に従う．受容可能
	外国	3. 特殊な技術と国家に依存するリスクがある	4. 軍事安全保障の観点から最も受容できない

出所：OTA [1989], p. 181.

なくすという選択肢は存在せず，海外の良質で安価な汎用品を安定的に調達し続けることが唯一の選択肢であった．したがって，アメリカ政府にとっての課題は，部品調達を海外に「依存」させないことではなく，部品調達を継続し安定させることであった．

そのため，アメリカが軍事用に調達する部品の調達先には，国内だけでなく海外も含まれることとなるが，その際には調達先が安全保障上，適切か否かという判断がなされている．

技術評価局（Office of Technology Assessment：OTA）の1989年の報告書では，「依存」問題への対処策が提案されている．報告書では米国企業と外国企業を区別するために，企業の所有と製造工場の立地によりケース 1 から 4 までのモデルを想定した（表5-2）．このうち，安全保障の観点からは，ケース 1（米国所有・米国立地）から 4（外国所有・外国立地）の順番で受容できない．ケース 2（外国所有・米国立地）は，企業と従業員の大部分がアメリカの法律に従い，アメリカの国家安全保障上の要求を優先させることができるため，ケース 3（米国所有・外国立地）よりも受容可能となる．そのため，ケース 3 の企業に対しては，助成，税制上の優遇措置，低金利ローンの保証，政府との研究開発契約などにより，米国内に設備を設置するよう促すことがアメリカの政策となる．

ケース 4 と取引しなければならない場合は，技術的要因と地理的・政治的要因によって受容可能か否かが判断される．地理的・政治的には，「同盟国，供給の持続，近接」は受容可能であり，「敵対，供給の妨害，遠方」は受容しにくい．技術的には，「戦略的，代替がない，拡散的な技術」は受容不可

```
                    地 理 的・政 治 的 要 因
                      ⎡・同盟国   ⎤
                      ⎢・供給の持続⎥
                      ⎣・近接    ⎦
                         ↑
                        (+)
技            おそらく    受容可能
術            受容可能
的  ⎡・戦略的  ⎤ (−)           (+) ⎡・戦略的でない  ⎤
要  ⎢・代替がない⎥ ←――――――――――→   ⎢・代替の存在   ⎥
因  ⎣・拡散的な技術⎦            ⎣・軍事限定的な技術⎦
              おそらく    おそらく受容可能
              受容不可能
                        (−)
                         ↓
                      ⎡・敵対国  ⎤
                      ⎢・供給の妨害⎥
                      ⎣・遠方   ⎦
```

出所: OTA [1989], p.182.

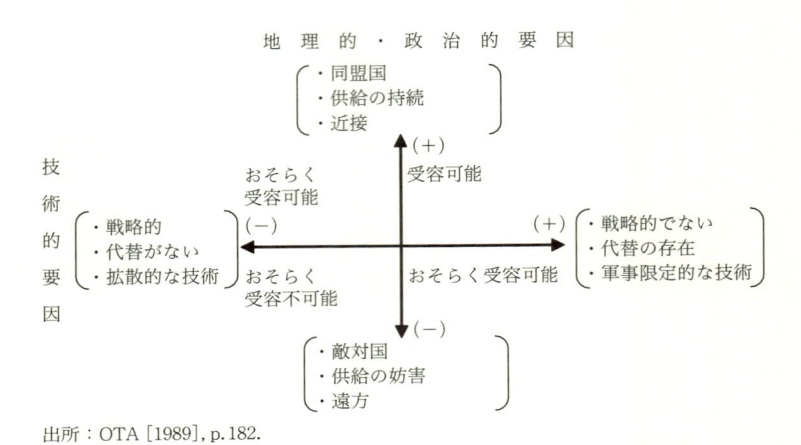

図 5-1 外国に立地する外国企業から軍事調達するリスク

能であり,「戦略的でない,代替の存在,軍事限定的な技術」は受容可能である (図 5-1)[19].

この分類にもとづけば,海外の日本企業からの調達は表 5-2 のケース 4 に相当し,調達先として適切でない.またケース 4 の中でも,政治的には同盟国であるが地理的に近接しておらず,技術的には重要な汎用品が多い.したがって,一般的に考えれば,海外に立地する日本企業からの調達はアメリカにとって最善の策ではなく,ケース 2,つまり米国内への移転を求めることとなり,実際に工場を米国内に移転した日本企業の例もある.しかし,日米は政治的に特殊な 2 国間関係を有しており,この関係が変わらない限り,2 国間の距離や技術の重要度にかかわらず「受容可能」な国になる.政治的に特殊な日米関係によりアメリカは問題なく海外の日本企業から部品を調達できるのであり,仮に日米安保条約維持の立場であっても日本企業は現地化する必要はないのである.

アメリカが海外の日本企業から部品調達する上での障害となりうる日本の武器輸出 3 原則は,政治的に特殊な日米関係のもとで形骸化されることとなった.

2. 日本の対米武器輸出の論理

　表5-3には，武器輸出の疑いがあるとして，これまでに日本のマスコミや国会で取り上げられたものを列挙している．ここからわかる特徴の第1は，アメリカ以外の国，特に共産圏などアメリカが敵対的とみなす国の場合，武器輸出は基本的に禁じられており，特に80年代の後半からその傾向が露骨になってきたことである．

　戦後，日本は1953年から武器輸出を開始したが，当初から武器輸出には通商産業大臣の承認を必要とし，武器に該当する貨物の仕向地が共産圏，国連決議による武器禁輸対象国，紛争当事国である場合は輸出不許可とされていた．しかし，ベトナム戦争の激化を背景に武器輸出をめぐる国会論議が本格化し，1967年4月26日に佐藤首相は上記の3原則対象地域への武器輸出を禁ずるという考えを国会答弁で表明した．いわゆる「武器輸出3原則」の表明であるが，この考え方は相手国によって武器輸出の可否を判断するというものであった．ところが，1976年2月27日の三木内閣における「政府統一方針」は，3原則対象地域以外への武器輸出も慎むとされたのであり，これによってあらゆる国に対する武器輸出が実質的に禁じられた．1981年1月に大阪の商社堀田ハガネによる韓国への砲身半製品輸出事件が明るみになると，「武器輸出問題に関する決議」が衆参両議院で決議され，日本の武器禁輸政策はさらに強化された．

　しかし，あらゆる地域に対する武器輸出が禁じられていく一方で，アメリカに対してのみ武器輸出3原則の運用は緩和された．転機となったのが汎用品問題についての日本政府の判断であった．1981年1月29日の国会で汎用品問題が取り上げられた際の政府の答弁は，「武器輸出規制は客観的判断によることが合理的であり，汎用品については，輸出段階では当該貨物が輸出後，仕向地で何に用いられるかを客観的に判断することは極めて困難であり，輸出規制の公正さ及び実効性の観点からこれを規制対象とすることは適当でない」[20]というものであった．つまり，武器であるかどうかは輸出段階で判断され，その段階で「汎用品」と判断されたものは規制対象外となるのであ

表 5-3　武器輸出 3 原則を

	問題となった年月	輸出先	武器輸出として疑われた内容
対米輸出	1982 年 1 月	電話会社	日本電気の光通信設備が米基地間の軍事連絡用に使用されていることが国会で発覚.
	1982 年 2 月	在日米軍	在日米軍が日本で調達した物資を自由に本国に持ち出せるとして国会で追求
	1982 年 7 月	米国防省	東京電気化学工業(TDK)がステルス爆撃機用塗料のサンプル供与(決定)
	1982 年 12 月	米空軍	菊水電子工業が電子計測器オシロスコープを 8,000 台受注.
	1983 年 5 月	米国	三菱プレシジョンがジャイロスコープの大量引き合いを受けた(それまでは製品の大半を防衛庁に納入していた)
	1985 年 3 月	ジェネラル・ダイナミクス	京セラの米国子会社が巡航ミサイルに使用する特殊セラミック・パッケージを納入している疑いが国会で発覚
	1993 年 3 月	ボーイング	空中警戒管制機(AWACS)の機体となる B 767 型機の胴体部分を日本のメーカーが生産, 輸出
	1998 年 4 月	米軍	日米物品役務相互提供協定(ACSA)改定に伴い, 周辺事態(日本周辺有事)の際に自衛隊と米軍の武器の相互提供がおこなわれる.
	2003 年 6 月	ボーイング	三菱重工業, 川崎重工業など 5 社が B 767 を改造した米軍向け空中給油機で大型受注
アメリカ以外の地域への輸出	1981 年	韓国	堀田ハガネが輸出した特殊鋼の半製品が砲身に使われていた事実が判明
	1986 年 4 月	フィリピン	在日米軍からフィリピンに引き渡された軍用艦艇 14 隻に対する修理が, 政府も協力する形で 1978 年及び 79 年に国内で行われたことが発覚
	1986 年 12 月	イラン	トヨタ自動車と伊藤忠商事がジープ型車両約 1 万台を輸出(決定)
	1987 年	ソ連	東芝機械が同時九軸プロペラ加工機 4 台を輸出.
	1988 年	ソ連	ダイキン工業が高濃度ハロン液を輸出.
	1988 年 9 月	リビア	化学兵器製造工場に日本製鋼所の機材・技術が使用されているとして米議会で問題にされる
	1989 年	旧東ドイツ	プロメトロンテクニクスが原子炉素材のハフニウムを輸出.
	1991 年 7 月	イラン空軍	日本航空電子がミサイル部品を密輸入したうえ修理してイランに再輸出していた(1988 年 5 月～1989 年 4 月)ことが発覚
	1993 年 6 月	BAe（英）	川崎重工業がミサイル工場に KPS(カワサキ・プロダクション・システム)を技術供与
	2000 年 1 月	イラン電子工業	サンビームが通産大臣の許可なしに対戦車ロケット砲部品を輸出(1995 年 4 月, 12 月)したとして摘発
その他	1997 年 12 月	地雷埋設地域	地雷の除去装置などの輸出
	2000 年 4 月	中国	旧日本軍が終戦時に中国に遺棄した化学兵器を処理するために必要な防護服や防護マスク, 防弾輸送用容器などの機材
	2001 年 10 月	自衛隊派遣先	テロ対策特別措置法案にもとづいて海外派遣される自衛官が携行する武器
	2003 年 6 月	自衛隊派遣先	イラク復興支援法案にもとづき自衛官が海外派遣される際に持つ武器

出所：『日本経済新聞』,『日経産業新聞』,『朝日新聞』より作成.

第5章　アメリカの軍事技術開発と対日「依存」　　　　187

中心とする輸出規制の運用

政府見解 (○は3原則の対象外，×は3原則・ココム等の違反とされたもの)	
米国の一般通信用規格に適合した汎用品であるため武器に該当しない．直接，戦闘用に供するものは武器に転用されるものと規定するのが適当	○
在日米軍については規制(武器輸出3原則)の対象外だが，地位協定の性格上，乱用，悪用されることはないと思う(外務省)	
汎用性が高く武器にはあたらない(通産省)	
広い意味の軍需とはいえ，直接，兵器に該当しない(通産，防衛両省庁)	○
仮に武器専用部品を製造していれば大蔵省とも相談して親会社(京セラ)にやめるよう指導する(通産相答弁)．海外に子会社や関連会社を持つ国内企業でつくる「日本在外企業協会」に対し，武器輸出3原則を在外会社にも周知徹底させる通達を産業政策局長名で出した	×
いわゆる汎用品の輸出であり，武器輸出3原則等に照らしても問題はない(政府統一見解)	○
武器輸出3原則の適用から除外(官房長官談話)	
基本的には民間機の改良と同じで，武器輸出3原則で禁じられている武器輸出には相当しない(航空機武器宇宙産業課)	○
通産相が報告書を求めた．武器に使われる認識がなかったとして不起訴に．	×
修理を限定し，実質的には3原則には触れていない	○
汎用品であり武器輸出3原則に触れない(通産省)	○
ココム違反として摘発．東芝は共産圏向け輸出を1年間禁止される(通産省)	×
ココム違反として摘発．	×
武器輸出3原則には違反しない(通産省)	○
ココム違反として摘発．	×
外為法違反で摘発	×
武器・武器技術の輸出には「当たらない」(通産省航空機武器課)	○
外為法違反(無許可輸出)で摘発	×
対人地雷全面禁止条約の署名に伴い，武器輸出3原則の対象外とすることを決定(官房長官談話)	○
武器輸出3原則の対象外とする(官房長官談話)	○
武器輸出3原則の対象外にする(官房長官談話)	○
武器輸出3原則の適用除外とする(官房長官談話)	○

った.実際に,1982年1月に日本電気の光通信設備がアメリカの基地間の軍事連絡用に使用されていることが国会で発覚しても,汎用品であり武器輸出3原則には抵触しないとされたのである.1983年の「対米武器技術供与に関する交換公文」には,「武器技術以外の防衛分野における技術の日本国からアメリカ合衆国に対する供与が,従来から,また,現在においても,原則として制限を課されていないことを確認し,……防衛分野における技術のアメリカ合衆国に対する供与を歓迎します.そのような供与は促進されることとなりましょう」[21]とある.「武器技術以外の防衛分野における技術」とは電子部品などの汎用品を指しているのであり,汎用品の対米供与が問題なくおこなわれることが文書でも確認されたのである.

こうして,アメリカにとって技術の対日「依存」は,制度的に問題でなくなった.つまり,下層のサブ・コントラクターにおける日本からの部品調達は,「汎用品」である限り武器輸出3原則に抵触しないことが確認されたのである.輸出時点で武器以外への利用が可能である限り「汎用品」として輸出が認められるという方針の下,AWACS (Airborne Warning and Control System, 空中警戒管制機) の機体であろうが,空中給油機であろうが3原則の対象外とされたのであり,アメリカが必要とする日本の技術はほとんどすべてが調達可能となったのである.

さらに,この対応はアメリカと一部の同盟国に限定され,共産圏やアメリカが敵対的とみなす国には「汎用品」の輸出すらおこなえない事態が生まれた.軍事用にも使用が可能である同時九軸プロペラ加工機をソ連に対して輸出したため,東芝機械は1987年にココム (COCOM: Coordinating Committee for Export Control to Communist Area, 対共産圏輸出統制委員会) 規制違反で摘発されたが,同じものがアメリカ向けの輸出であれば「汎用品」として輸出可能であったことは間違いない.ソ連崩壊後の1994年にココムは解散したが,1996年7月にワッセナー協定 (Wassenaar Arrangement) が発効しており,アメリカが敵対する国家への輸出は依然として厳しい.武器輸出3原則とココム規制などを併用することにより,アメリカ向けの輸出であれば「汎用品」の範囲は拡大解釈され,それ以外の国,特にアメリカが敵対的とみなす国への輸出は軍事利用の可能性のみで「汎用品」の輸出は禁止され

ている.

　したがって，武器輸出3原則のもとで，武器と武器の専用部品を除き，アメリカに対してのみあらゆるものの輸出が認められているのである．技術の対日「依存」は何ら問題がない状態が制度化され，アメリカは日本から安定的に技術を調達できるようになったのである．

IV. 日本の国家財政と生産力の軍事動員

1. スターウォーズからミサイル防衛へ

　1990年代に入るとアメリカ政府によって対日「依存」は問題視されなくなったが，アメリカのミサイル防衛開発に日本の資源を動員する動きが進んだ．

　SDI（Strategic Defense Initiative，戦略防衛構想）は，1983年3月23日のレーガン大統領のテレビ演説に端を発する．SDIはソ連の核攻撃からアメリカを守るため4段階の迎撃体制を想定した．第1段階は敵国のミサイルが大気圏外に出るまでの「ブースト（推進）」段階（3分），第2段階はミサイルがブーストを切り離した後（8分），第3段階はミサイルが多数の核弾頭を切り離してから大気圏に再突入するまで（18分），第4段階は核弾頭が目標に落下するまで（2分）という構想であった[22]．アメリカの呼びかけにこたえて，日本政府は1987年2月26日にSDI協定を締結したが，集団的自衛権など憲法上の問題を懸念して政府の研究機関は参加せず，民間企業の研究参加を認めるにとどまった．国防総省SDI局による西太平洋ミサイル防衛研究（West Pacific Missile Defense Architecture Study：WESTPAC）には三菱重工業などが参加し，1989年から1993年までにアメリカ政府によって約850万ドルが費やされた[23]．しかし，ベルリンの壁崩壊（1989年11月）や米ソ首脳のマルタ会談（1989年12月）で冷戦終結が宣言されるなど，冷戦体制が終結を迎えたことにより，SDIの必要性がアメリカ国内で疑問視されるようになった．

　1991年1月にブッシュ（父）大統領はSDIの重点を変更し，「限定的攻

撃に対するグローバル防衛」(Global Protection Against Limited Strikes：GPALS) を発表した．1992 年度アメリカ国防報告では，GPALS の目的を偶発的，限定的な弾道ミサイル攻撃からアメリカ及び同盟国を守ることとしている[24]．GPALS は，①大気圏内でのパトリオットを強化した迎撃ミサイル，②宇宙空間での小型迎撃衛星による迎撃を柱とするものであった．そして，湾岸戦争では米陸軍のパトリオット・ミサイルがイラクのスカッド・ミサイルに対して使用されたのであった．しかし，パトリオットの命中率が低かったとの議会証言が明らかになるにつれ，GPALS の予算も削減された．

クリントン政権では，アメリカ本土のミサイル防衛網を早期に展開する必要が薄れたとの認識により，アメリカの前方展開軍と同盟国を戦域弾道ミサイルや大量破壊兵器から守るための TMD (Theater Missile Defense，戦域ミサイル防衛) に重点がおかれることとなった[25]．SDI 局から名称を変更した弾道ミサイル防衛局 (Ballistic Missile Defense Organization：BMDO) は，①限定地域紛争などに対応できる高度な迎撃ミサイルシステム (TMD)，② ICBM (Intercontinental Ballistic Missile，大陸間弾道ミサイル) を想定した大型迎撃ミサイル基地，③宇宙配備のセンサーなど関連技術，の順番で開発・配備を目指すとした．1993 年 5 月に北朝鮮のノドン 1 号の試射が成功したことなどにより，同年 12 月に日本は TMD に関する作業グループを設立し，1995 年度から 1998 年度までに約 5 億 6000 万円をかけてミサイル防衛に関する日米技術協力の可能性を検討する研究をおこなった[26]．憲法との兼ね合いや中国の反発などにより，アメリカとの共同技術研究に消極的であった日本政府であるが，1998 年 8 月の北朝鮮のテポドン 1 号試射を背景に 1999 年から日米共同技術研究を始めた．

ところが，1999 年 10 月の NMD (National Missile Defense system，国家ミサイル防衛) 迎撃実験成功後，2000 年 1 月 18 日と 7 月 7 日の NMD の迎撃実験失敗，および中口首脳会談での NMD 計画に断固反対との共同声明発表 (7 月 18 日) により，7 月 26 日にコーエン国防長官は NMD 配備判断を次期政権に先送りするという大統領の見通しに言及した．

2001 年に発足したブッシュ (子) 政権では，NMD と TMD を区別しないミサイル防衛 (Missile Defense：MD) が強引に進められた．2001 年 9 月

第5章 アメリカの軍事技術開発と対日「依存」

11日の米同時多発テロの衝撃により他国が反対姿勢をとりにくくなる中，アメリカは同年12月にはロシアに対しABM（Anti-Ballistic Missile, 対弾道ミサイル）条約の脱退を一方的に通告し，2002年6月に条約は失効した[27]．クリントン政権では，ABM条約の解釈をめぐり，①秒速5km以上のミサイルを撃ち落とすのは戦略迎撃，②秒速3km以下のものは戦域迎撃とし，TMDの中核として開発する戦域高高度迎撃ミサイル（Theater High Altitude Area Defense: THAAD）は戦域迎撃ミサイルとしてABM条約の規制外とすることを米ロ間で合意した．しかし，ブッシュのミサイル防衛は，①陸上配備兵器による低空での迎撃，②海上のイージス艦などに搭載したミサイルによる迎撃，③THAADなど陸上配備兵器による高空での迎撃，④人工衛星や航空機に搭載したレーザー兵器による大気圏外での迎撃など，SDI以降の構想を組みあわせたものであり，クリントン政権におけるABM条約の米ロ合意を完全に反故にするものであった[28]．

2. ミサイル防衛における対米武器輸出の実現

日米の共同研究は，イージス艦に搭載する海上配備型上層システム（Navy Theater Wide Defense: NTWD）のミサイルの，①赤外線で標的を識別，追尾する赤外線シーカ，②赤外線シーカを空力による加熱から保護するノーズコーン，③敵のミサイルを直撃するキネティック弾頭，④3段式ミサイルの2段目であるロケットモーターについておこなわれてきた．

ミサイル防衛の整備・維持には，8000億円から1兆円規模の費用を日本政府が負担する必要があるともいわれるが[29]，日本政府は2003年12月にミサイル防衛システム導入を決定した．2004年9月には，ミサイル防衛を担うイージス艦のイージス・システムを日米共同で技術研究する方針を防衛庁が決定した．企業のレベルでは，1998年9月にロッキード・マーチンと三菱電機が軍用エレクトロニクス分野で包括提携を結んでいた．

ミサイル防衛では，海上で打ちもらしたミサイルは地対空ミサイルのパトリオット3（Patoriot Advanced Capability 3, PAC 3）で迎撃されるため，日本政府はPAC 3の配備計画も進めている．日本政府は，2006年度末から

PAC 3 を国内配備する方針だが，2007 年度までは防衛庁がアメリカ政府と結ぶ有償軍事援助（Foreign Mititary Sales, FMS）契約にもとづきロッキード・マーチン製の装備を購入・配備することを決めている．そして，2008 年度からは三菱重工業によってライセンス生産された PAC 3 を配備する予定である．

　日米安保共同宣言（1996 年 4 月 17 日）とそれに続く「新ガイドライン」(1997 年 9 月 23 日)，「周辺事態法」の成立（1999 年 5 月），そして「テロ特措法」（2001 年 10 月）と「イラク特措法」（2003 年 7 月）の成立といった日米の政治的・軍事的な同盟関係の強化を背景に，経済的なレベルでも日米の軍事技術開発の一体化が進んでいるのである．

　経済的なレベルでの日米の軍事技術開発の一体化は，FSX 開発からミサイル防衛の段階になって格段に進もうとしている．両者は日米共同開発という点では同じである．しかし，FSX 開発が日本の兵器開発へのアメリカの参加であったのに対し，ミサイル防衛はアメリカの兵器開発への日本の参加である．日本の生産力をアメリカが軍事目的で取り入れるという点では両者は共通性をもつが，それが直接，アメリカの軍事開発に取り込まれるという点で，ミサイル防衛は日米の軍事技術開発の一体化を新たな段階に進める．

　また，SDI とミサイル防衛は基本的に同じ構想にもとづいているが，その開発・生産体制という点では違いがみられる．そもそも開発段階に移行しなかった SDI であるが，そこでは，アメリカによる日本の技術水準の調査だけでなく，日本側からも調査団がアメリカに送られ，どのように計画に加わるかについて日米双方の政府・企業が非常に積極的であり，参加企業も多かった．そして，西太平洋ミサイル防衛研究の資金がアメリカ政府から出されたように，SDI では日本を含む同盟国の技術をアメリカが利用し，奪い取ることに重点がおかれていた．つまり，SDI の場合は技術動員的な性格が強かったといえる．しかし，ミサイル防衛においては，多額の開発費負担を背景に日本などの外国政府に開発資金の分担を迫り，アメリカの軍事産業の下請として動員しようとする姿勢が窺える．また，日本をアメリカの同盟国として組み込むという政治的な意味も大きい．

　しかし，ミサイル防衛に日本が参加するにはいくつかの問題を抱えている．

第5章　アメリカの軍事技術開発と対日「依存」

第1に，米国向けに発射されたミサイルを日本が撃ち落とすことになれば，集団的自衛権が問題となる．第2に，宇宙の軍事利用を禁じた1969年5月9日の国会決議に違反する可能性がある．第3に，中国や北朝鮮など近隣諸国との政治関係の悪化が懸念される．第4に，膨大な資金負担が日本国民の肩にのしかかる．第5に，ミサイル防衛が生産段階に入れば武器輸出3原則への抵触が問題となる．以下では，日米の軍事技術開発が一体化する上での当面の障害である武器輸出3原則を緩和する動きについて述べる．

　2004年7月20日，日本経団連は武器輸出3原則の緩和を求める提言をおこなった[30]．これに連動するかのように，同年4月27日に小泉純一郎首相の私的諮問機関「安全保障と防衛力に関する懇談会」（荒木浩東京電力顧問が座長，以下では「防衛懇」と呼ぶ）の第1回目が開かれた．10月4日に提出された「防衛懇」報告書は武器輸出3原則について，「70年代半ばよりとられてきた武器禁輸については，再検討されねばならない」としている．その理由として，「国際共同開発，分担生産が国際的に主流になりつつある」ことに加えて，「現在の弾道ミサイル防衛に関する日米共同技術研究が共同開発・生産に進む場合には，武器輸出3原則等を見直す必要が生じる．これらの事情を考慮すれば，少なくとも同盟国たる米国との間で，武器禁輸を緩和するべきである」ことをあげている[31]．自民党と連立与党を組む公明党も，10月5日に「21世紀の防衛のあり方検討委員会」で，「米国と共同研究を進めているミサイル防衛関連に限定して，武器輸出3原則の例外を認める見解をまとめた」[32]．

　武器輸出3原則は「武器」及び「『武器』製造関連設備」の輸出を実質的に禁止しているが，1983年の「対米技術供与に関する交換公文」は，「『武器』製造関連設備」と試作品としての「武器」の供与をアメリカに対してのみ認めるものであった．この段階では「武器」あるいはその専用部品の輸出は認められていなかったが，ミサイル防衛が生産段階に入り，日本企業が専用部品をアメリカに供給しなければならない事態を見越して，「少なくとも」アメリカに対する「武器」輸出を認めようというのが，「防衛懇」報告書であった．「防衛懇」報告書を受けて，2004年12月10日に「弾道ミサイル防衛システムに関する案件については，日米安全保障体制の効果的な運用に寄

与し，我が国の安全保障に資するとの観点から，共同で開発・生産を行うこととなった場合には，厳格な管理を行う前提で武器輸出 3 原則等によらないこととします」という内閣官房長官の談話が発表された．

2007 年 1 月 24 日には久間章生防衛大臣が，「武器輸出 3 原則について，欧米との共同研究・開発に関する武器輸出は同原則の例外とすべき」とし，2004 年 12 月の官房長官談話における例外措置の拡大を求めた．その背後には，アメリカ以外への武器輸出や共同の軍事技術開発への参加を望む日本の産業界から要求があるが，「少なくとも」アメリカに対する「武器」輸出への道筋がつけられたのであった．

おわりに

本章の課題は，アメリカ政府が「依存」問題をどのような問題としてとらえ，その過程でどのような対応を日本政府に求めたかを明らかにすることであった．

技術の対日「依存」問題とは，3 次，4 次以下のサブ・コントラクターのレベルで日本製部品が多く使用され，湾岸戦争などの戦争時や緊急増産時に日本の政府と企業の協力を得られなければ，アメリカの軍事行動に支障をきたすという問題であった．

これに対してアメリカ政府は 3 種類の対応をとった．第 1 に，日本の技術を「武器技術」としてアメリカが奪い取るものである（第 1 の形態）．これは FSX 開発においておこなわれたが，SDI が構想段階で中止となったこともあり，その後は主要な形態とはならなかった．ただし，1983 年に作られた対米技術供与の枠組みは，その後の日米共同の軍事技術開発の前提となっている．第 2 に，貿易を通じて日本の技術をアメリカが軍事用に取得するものである（第 2 の形態）．「汎用品」であれば軍事利用されても武器輸出 3 原則の対象にならないという判断が，実質的にアメリカに対してのみ認められたことにより，安定的な取得が可能となったのである．この方法は現在でも主要な形態となっている．第 3 に，日米共同開発・共同生産を通じて，日本の国家財政と生産力をアメリカの軍事生産に動員するものであり，これから

第5章　アメリカの軍事技術開発と対日「依存」　　　　　　　　　　195

本格化することが懸念される（第3の形態）．SDIに日本企業が参加した時からこのような警告はなされていたが，ミサイル防衛システム導入を日本政府が決定し，武器輸出3原則のさらなる緩和の筋道が立てられたことにより本格化しようとしている．

　これら3つの対応は，部品や生産技術といった日本の生産力がアメリカの軍事技術開発に取り入れられているという点で共通しており，その意味でアメリカが軍事目的で日本の生産力を利用する3つの形態といえる．第1の形態が「依存」問題を口実とした日本の技術の収奪であったのに対し，「依存」状態を安定的に継続する第2の形態により「依存」が問題でないことが明確となった．さらに第3の形態により，プライム・コントラクターのレベルでも問題なく「依存」ができることとなる．

　1980年代以降，日本をはじめとする資本主義国における産業の技術水準がアメリカと肩を並べるまでに高くなる一方で，アメリカ製造業の多国籍化はますます進んだ．それによって，アメリカは軍事技術開発及び軍事生産を国内の産業基盤で完結させることが難しくなり，国内の軍事産業基盤を再構築するとともに，その一環として日本をはじめとする海外の生産力を自らの一部として組み込み，一体化してきたのであった．したがって，アメリカ政府は，「依存」を解決するためにすべての部品の国産化を進めたのではなく，「依存」を問題なくおこなえる状態を制度化したのであり，一体化の過程が「依存」問題に対するアメリカの対応だったのである．

　アメリカが日本政府に求めた点を武器輸出3原則の緩和という観点から整理すれば，あらゆる国に対して「武器」輸出を禁じるという原則は，第1の形態によってアメリカに対してのみ「武器技術」と「武器」の試作品の技術供与が緩和され，第2の形態によってアメリカに対してのみ「武器」の専用品以外の軍用の「汎用品」輸出が認められることで形骸化され，第3の形態によって当面はアメリカに対してのみ「武器」輸出が緩和されようとしている．

　こうして，アメリカは政治的・軍事的なレベルにとどまらずに，生産力のレベルでも日本を自国の軍事生産に組み込み，軍事技術開発の補完的・従属的な一体化を進めてきた．

こういった状況を踏まえてわれわれが考えなければならないことは，第1に，アメリカの軍事技術の開発・生産に日本が本格的に加わりつつあることの意味である．自衛隊をアメリカの戦争に戦闘参加させることを意図する憲法9条の「改正」が具体的な政治日程にのぼる一方で，武器輸出3原則の緩和とミサイル防衛への参加は経済的側面での一体化をますます推し進めるといえる．侵略戦争をおこなう国の軍事開発・生産に協力するのか，拒否するのかを慎重に判断しなければならない．

　第2に，後者をとる場合，武器輸出3原則が形骸化される状況に対し，三木内閣で示されたようにあらゆる国に対して武器輸出を禁じる方法を模索する必要がある．その際に，輸出先での用途がわからないから「汎用品」の輸出は規制対象外とする，という政府の見解についての見直しが必要となる．まず，AWACSや空中給油機の機体のように誰の目にも武器であることが明らかな場合はそもそも論外であるが，当該製品が輸出の段階で「武器」か「汎用品」か判断できないという問題と，輸出された「汎用品」が軍用に使用されているとわかったためにその輸出を禁止するというのは別の話である．よほど特殊化したものでない限り，技術という物自体からその用途を特定することは困難であり，輸出の段階で「汎用品」か「武器」であるかを判断するのは非常に困難である．多くの技術は汎用品，汎用技術であり，ある目的で体系化され使用されることで初めてその機能を発揮する．したがって，ある技術が軍事技術の構成要素であるか否かは，基本的には最終用途によって判断されうる．そのため，輸出先での軍事利用を防ぐとともに，軍用に使用されるとわかった段階で輸出を禁じるのが，武器輸出3原則の本来の考え方にもとづいた判断となる．

注
1) The Report of the President's Commission [1985]．Dertouzos et al. [1989]．
2) 本章では軍事技術を軍事目的の手段の体系，つまり兵器体系という意味でとらえる．加藤 [1989] 35ページ．
3) Gansler [1980] pp. 5-6．
4) 軍事産業基盤委員会の報告書からの引用は次の通り．Defense Industrial Base Panel [1980] pp. 5-6, 12, 16（邦訳187号，33ページおよび188号，29-31, 37-8

第5章 アメリカの軍事技術開発と対日「依存」

ページ).
5) The Committee on Electronic Components [1985] p. 59.
6) Heginbotham et al. [1990] p. 23.
7) 「米ハイテク兵器 日本製部品が不可欠」『毎日新聞』1991年1月28日付.「米ハイテク兵器の『対日依存度』で論争」『日本経済新聞』1991年2月20日付.
8) Magnusson [1991] p. 21.
9) 「輸出大国『知らぬ』まま兵器に」「米軍兵器に日本製部品」『朝日新聞』1998年8月25日付.
10) 藤島 [1992] 187ページ.
11) 「米軍向け通信・電子技術 政府，供与に前向き」『朝日新聞』1981年7月3日付.
12) 正式名称は,「日本国とアメリカ合衆国との間の相互防衛援助協定に基づくアメリカ合衆国に対する武器技術の供与に関する交換公文」.
13) 日米安全保障条約の第3条には,「締約国は，個別的に及び相互に協力して，継続的かつ効果的な自助および相互援助により，武力攻撃に抵抗するそれぞれの能力を，憲法上の規定に従うことを条件として，維持し発展させる」とある.
14) 藤島 [1992] 39-41, 247-51ページ. 三木首相の「政府統一方針」では輸出貿易管理令別表第1の第109などが「武器製造関連設備」をされている. 交換公文でいう「武器技術」と「武器製造関連設備」は同じものと考えられる. また武器は,「輸出貿易管理例別表第1の第197の項から第205の項までに掲げる物品のうち軍隊が使用するものであって，直接戦闘の用に供されるもの」と定義されている.
15) 「政府，対米技術供与で見解」『日本経済新聞』1983年1月14日付.
16) カリー報告は Report of Defense Science Board [1984], マッカラム報告は，木原正雄 [1994] 357ページを参照. それぞれの名称には，調査団の団長の名前をとっている.
17) United States General Accounting Office [1995] p. 44.
18) 山崎 [2006].
19) Office of Technology Assessment [1989] pp. 178-82.
20) 櫻川 [1995] 91ページ.
21) 藤島 [1992] 247ページ.
22) 「SDI, 虚像と実像（上）可能性と限界」『日本経済新聞』1985年3月27日付.
23) 神保 [2002] 43ページ.
24) ディック・チェイニー [1991] 60ページ.
25) 国防総省 [1994] 64ページ.
26) 「BMD配備なら1兆円, 防衛庁試算, 開発費は千数百億円」『日本経済新聞』1998年8月17日付.
27) ABM条約は, 米ソが1972年5月に署名したもので（1972年10月発効），首都防衛とICBM基地防衛の2カ所に限ってABMシステム配備を認めるもの（1974年7月署名のABM条約議定書によりいずれか1カ所に限定された）.

28) 「ミサイル防衛構想, 米の独走, 揺れる国際社会」『日本経済新聞』2001年6月13日付.「ABM条約, 米ロ, 改定で近く合意,『戦域ミサイル防衛』認める」『日本経済新聞』1995年3月16日付.
29) 「波及効果大きい防衛技術, 西岡・経団連防衛生産委員長に聞く」『日経産業新聞』2004年5月26日付.
30) 日本経済団体連合会 [2004].
31) 安全保障と防衛力に関する懇談会 [2004] 21ページ. 防衛懇の報告書を受けて日本政府は, 日本の安全保障政策の指針となる「防衛計画の大綱」(防衛大綱) を年内に新たに策定し, それに沿って年内に中期防衛力整備計画を決めるよう計画した.
32) 「武器輸出3原則 公明, 例外認める」『朝日新聞』2004年10月5日付.

参考文献

Defense Industrial Base Panel of the Committee on Armed Services, House of Representatives [1980] *The Ailing Defense Industrial Base : Unready for Crisis*, Washington, D.C. : U.S. Government Printing Office.(邦訳は『防衛生産委員会特報』187号, 1980年5月20日, 27-41ページおよび188号, 1981年7月31日, 26-51ページに掲載)

Dertouzos, Michael L., et al. [1989] *Made in America : Regaining the Productive Edge,* Cambridge, Mass. : MIT Press.(依田直也訳『Made in America, アメリカ再生のための米日欧産業比較』草思社, 1990年)

Heginbotham, E.H., et al. [1990] *Dependence of U.S. Defense Systems on Foreign Technologies*, Institute for Defense Analyses (IDA Paper P-2326).

Gansler, Jacques S. [1980] *The Defense Industry*, Mass. : MIT Press.

Magnusson, P. [1991] "American Smart Bombs, Foreign Brains," *Business Week*, Feb. 25.

Office of Technology Assessment [1989] *Holding the Edge : Maintaining the Defense Industrial Base*, Washington, D.C. : U.S.G.P.O.

Report of Defense Science Board Task Force on Industry-to-Industry International Armaments Cooperation [1984], *Phase 2-Japan.* (邦訳は『世界週報』1984年9月25日号, 48-56ページおよび10月2日号, 50-9ページに掲載)

The Committee on Electronic Components, Board on Army Science and Technology [1985] *Foreign Production of Electronic Components and Army Systems Vulnerabilities*, Washington, D.C. : National Academy Press.

The Report of the President's Commission on Industrial Competitiveness [1985] *Global Competition : The New Reality*, U.S. Government Printing Office, Volume I.(工業技術院技術調査課訳「世界一の座譲り渡すな」『エコノミスト』1985年6月3日号, 119-47ページ)

United States General Accounting Office [1995] *U.S.-Japan Cooperative Development Progress on the FS-X Program Enhances Japanese Aerospace Capabil-*

第 5 章 アメリカの軍事技術開発と対日「依存」

ities, GAO/NSAID-95-145.

アメリカ合衆国国防総省国防科学委員会 [1984a]「日米武器技術協力報告書：日本の汎用技術に強い関心示す（上）」,『世界週報』65(39), 1984 年 9 月 25 日号, 48-56 ページ.

アメリカ合衆国国防総省国防科学委員会 [1984b]「日米武器技術協力報告書：日本の汎用技術に強い関心示す（下）」,『世界週報』65(40), 1984 年 10 月 2 日号, 50-9 ページ.

安全保障と防衛力に関する懇談会編 [2004]「『安全保障と防衛力に関する懇談会』報告書―未来への安全保障・防衛力ビジョン―」安全保障と防衛力に関する懇談会.

加藤邦興 [1989]「軍事技術論の課題と方法」,『経営研究（大阪市立大学）』40 巻 4 号（通号 224）, 11 月, 27-41 ページ.

木原正雄 [1994]『日本の軍事産業』新日本出版社.

国防総省 [1994]「米国の 1994 年国防報告③」,『世界週報』75(12), 3 月 29 日, 64-71 ページ.

櫻川明巧 [1995]「日本の武器禁輸政策―武器輸出 3 原則の国会論議をめぐって―」,『国際政治』第 108 号, 84-100 ページ.

神保謙 [2002]「弾道ミサイル防衛（BMD）と日米同盟―日米共同研究の政策過程と同盟の『戦略調整』―」,『国際安全保障（国際安全保障学会）』29 巻 4 号, 3 月, 40-58 ページ.

ディック・チェイニー [1991]「1992 年度アメリカ国防報告 (3)」,『世界政治―論評と資料』7 月下旬.

日本経済団体連合会 [2004]「今後の防衛力整備のあり方について―防衛生産・技術基盤の強化に向けて―」http://www.keidanren.or.jp/japanese/policy/2004/063.html（2004 年 10 月 5 日）

藤島宇内 [1992]『軍事化する日米技術協力：日米ハイテク摩擦と協力』未来社.

山崎文徳 [2006]「対日『依存』問題と米国の技術収奪」,『経営研究（大阪市立大学）』57 巻 3 号（通号 299）, 11 月, 99-120 ページ.

第6章
オフショアリングの進展と雇用問題

田 村 太 一

はじめに

　現代の資本主義諸国はいわゆるサービス経済化の進展を経験し，アメリカはその最たる国である．サービス経済化現象は，国内経済にとどまらず，貿易・投資を通じてグローバルに展開している[1]．現在のサービス貿易やサービス多国籍企業の大規模な展開はその証左にほかならない．このサービス貿易やサービス多国籍企業の行動を反映するのが世界経済の国際分業関係であって，これが明らかにされない限り今日のグローバリゼーションの全貌を描き出すことはできないだろう．現に国際分業関係が多国籍企業を主体に構成されており，またわけてもアメリカ多国籍企業の発展によって国際分業関係の再編成が顕著な進展を見せていることを鑑みれば，なおさらである．

　本章では，現在のアメリカ企業の国際分業の一部を構成しているオフショアリング（offshoring of services）を考察する．オフショアリングとは一般にサービス業務・間接業務の在外調達を称している．国際分業の歴史のなかで，多国籍企業による財の在外生産，在外調達はすでに1960年代から盛んに行われているが，サービス業務・間接業務の在外生産，在外調達はきわめて新しい現象である．新しいのは現象のみにとどまらず，それに対して与えられた"オフショアリング"という名称自体が新しい造語なのである．

　このオフショアリング現象をグローバリゼーションの潮流のひとつと見るならば，多国籍企業のグローバルな活動と労働力の再編成の実態分析が重要である．なぜならば，直接投資と貿易を通じてグローバリゼーションを牽引

第6章　オフショアリングの進展と雇用問題　　　　201

している経済主体こそ多国籍企業だからである．本章でオフショアリングを多国籍企業が主導する国際分業体制とそれに伴う労働力の再編成という視角から分析するのはこのためにほかならない．ただし，オフショアリングを貿易と投資における製造業からサービス業への産業のグローバルな発展という文脈のなかでとらえるならば，それは不十分である．なぜならば，産業区分を基礎とした分析はある程度の有効性を持つとはいえ，それだけではこの現象を十分にとらえることは出来ないからである．現在の企業活動は研究・開発，原材料・中間財の調達，生産，販売，金融といった一連の流れがグローバルな規模で細分化され，それが連動化・統合されて成り立っている．つまり，オフショアリングとはそれら活動の一部が在外調達の形態をとっていることなのである．この事実をふまえたうえで，本章ではオフショアリングの実態に接近するために，「パタン認識」[2]の手法を採っている．

　ところで，このオフショアリングの分析は外向きのグローバリゼーションのみを課題としているのではない．『2001年大統領経済諮問委員会報告』が指摘しているとおり，「ニューエコノミー」といわれた20世紀末景気は情報・通信技術の発展とグローバリゼーションが大きく関わっている．その点でオフショアリングは1990年代後半から拡大した現象であることから，1990年代のアメリカ経済にオフショアリングが拡大する萌芽を探索するという方法も挙げられよう．しかしオフショアリングの分析は，1990年代アメリカの経済諸条件の結果としてそれをとらえるのみならず，市場原理主義を貫徹させて進行するアメリカン・グローバリゼーションの構造の一環としてもとらえなければならない．そのためにもこの分析を通して，グローバルに展開する多国籍企業の行動実態という作用の側面とともに国内経済への影響という反作用の側面を抽出する作業が必要である．本章で取り上げる雇用問題はこの反作用の側面の一端であり，この点でオフショアリングの拡大は「産業空洞化」に次ぐ新たな問題を提起している．

　以上のような視点から，本章では，①オフショアリングとは何か，②それはなぜ，どのように進展しているのか，③オフショアリングはアメリカ国内の雇用にどのような影響をもたらしているのか，という問題を分析する．それとともに，「ニューエコノミー」と呼ばれたアメリカ国内経済の現象にと

どまらないアメリカン・グローバリゼーションの一側面をとらえることにしたい.

I. オフショアリングとは何か

1. オフショアリングの定義

　昨今，新聞やビジネス誌をにぎわせているオフショアリングとは一体何を指すのだろうか．そこでまず，オフショアリングとは何かということを確認しておく必要がある．オフショアリングの定義は一様ではないが，GAO（米国会計検査院）によると，オフショアリングとは従来国内企業が社内で行っていたか，国内の他企業から購入していたサービス業務を在外調達に転換することを指す[3]．この定義を理解するにあたって，簡単な図を用いて考えよう．図6-1はサービス業務が行われる場所とその業務の担い手をマトリクスで表した概念図である．要するに，サービス業務が国内で行われるのか外国かという「場所」とその業務が企業内で行われるのかそれとも第三者企業かという「担い手」によって，オフショアリングを分類している．上記の定義に当てはめれば，この図中のアミの部分②と④がオフショアリングに該当する．この②と④の2つに共通していることは，サービス業務が提供される場所が外国だということである．アウトソーシングとは企業内の分業に代えて市場を通して企業間の分業に転換することにほかならないが，オフショアリングには国内のアウトソーシングは含まれず，外国へのアウトソーシン

	国　内	外　国
企業内	①国内企業内生産 例：アメリカ企業が国内でサービスを生産する	②企業内在外調達 例：アメリカ企業が在外子会社から購入したサービスを中間投入として使用する
外注	③国内のアウトソーシング 例：アメリカ企業が国内の第三者企業からサービスを購入する	④オフショア・アウトソーシング 例：アメリカ企業が外国の第三者企業からサービスを購入し，中間投入として使用する

出所：GAO [2004a] p.58より作成．

図6-1　オフショアリングの定義

グだけが含まれる．

　詳細に見ていくと，オフショアリングには外国に子会社を設けてサービス業務を集約し移管するパタン（図6-1の①→②）と第三者企業に委託するパタン（同①→④）に大別される．前者はキャプティブ・オフショアリング（captive offshoring）の形態であり，新規投資とともに合併・買収（M&A）投資が含まれる．後者はオフショア・アウトソーシング（offshore outsourcing）と呼ばれ，この場合はさらに現地の地場企業に委託するケースと現地進出の多国籍企業に委託するケースに区分できる．

　①→②，①→④と大別されるパタンを細分すれば，サービス業務の委託先企業，すなわちアウトソーシングを受託している企業がその業務を国内から外国に移転する場合がある．①→③・③→④のパタンである．この場合はサービス業務の担い手は同じであるが，その提供場所が国内から外国に移転するため，オフショアリングとなる．これとは別に，アメリカ企業が外国にサービスセンターを設置してそこから調達していたサービス業務を第三者企業にアウトソーシングする場合がある．①→②・②→④に転換するパタンである．この場合，外国からサービス業務を調達するためオフショアリングには変わりはないが，その業務の担い手が異なっているのが特徴である．これは多国籍企業固有にみられるパタンである．また同じ企業であっても，業務によって子会社に移管する場合と第三者企業に委託する場合の両方を行っているケースもある．

　このように，オフショアリングにはいくつかのパタンを見出すことができるが，基本的にはサービス業務を外国から調達するということである．そのため，アメリカ企業が在外子会社に移管し調達する場合だけではなく，第三者企業に委託し調達する場合も含まれる．したがって，オフショアリングの分析はサービス業務を外国に移管・委託する企業の分析だけではなく，その業務を受託する企業の分析も必要である．

2. オフショアリングの業種構成

　次にオフショアリングの業務内容をみていこう．オフショアリングの業務

表 6-1 オフショアリングの業務構成

	業 務 の 内 容
後方支援事務業務	データ入力（データ変換），取引処理，書類管理など
顧客対応業務	コールセンター，オンライン顧客サービス，テレマーケティングなど
企業共通事務業務	財務，会計，調達，IT関連業務（IT補助，メンテナンス，ITネットワーク設置，アプリケーション・ソフトウェア開発）など
調査・分析業務	調査サービス，顧客分析，資産構成分析，クレーム処理，リスクマネジメントなど
研究・開発業務	技術開発，新製品の設計，テストなど

出所：McKinsey Global Institute [2003] p. 6 に加筆して作成．

にはどのようなものがあるのだろうか．表6-1はオフショアリングの業務構成の種類を示している．オフショアリングの業務内容は大きく分けて，①後方支援事務業務，②顧客対応業務，③企業共通事務業務（財務・会計，IT関連業務など），④調査・分析業務，⑤研究・開発業務に分類することができる．

当初，オフショアリングされる業務は国内で行われてきた労働集約的なデータ入力業務やコールセンター業務であった．情報・通信技術の発達とともにビジネス・サービス業も急速に拡大し，本社業務の一部である経理・会計業務や情報技術（IT）関連業務が在外調達されるようになった．特に，1990年代後半以降ビジネス・プロセス・アウトソーシング（Business Process Outsourcing：BPO）と呼ばれるビジネス・サービス業が拡大しそれが外国にまで広がっている．その理由は，職場にコンピュータが導入されネットワーク化されるにあたっての，当該業務に関連するITの運用や管理そのものは企業にとってコア・ビジネスではない場合が多いからである．そのため，IT環境の整備や運用管理をそれぞれの業務とワンセットにして，第三者企業への委託が拡大している．そして最近では，本社組織の意思決定に関連した調査・分析業務や研究・開発，テストのような高度な専門知識や専門技術が必要となる業務にまで展開している．

オフショアリングはサービス業務・間接業務の在外調達であるが，それはサービス産業だけに限るものではない．企業組織を職種の集合体とみれば，

いまや製造業企業においてもおよそ半分が非製造職で構成されている[4]. そして企業はさまざまなサービスを中間投入として購入するようになっている[5]. 要するにサービス経済化の進展である[6]. このためオフショアリングの展開は, インテル, テキサス・インスツルメンツなどの半導体メーカーやマイクロソフト, オラクルなどソフトウェア開発企業, IBM, ヒューレット・パッカード (HP), EDS などの IT 企業, デルタ・エアラインなどの航空会社, アメリカン・エキスプレスなどのクレジットカード会社, シティグループ, J.P. モルガンチェースといった金融機関など, 多様な業種に及んでいる[7].

オフショアリングは民間企業だけではなく政府部門にも該当する[8]. 連邦政府および州政府はさまざまな財・サービスを民間企業から購入する. その政府購入に含まれるサービスが在外調達されるケースがある. 例えば, 州政府がフードスタンプの配布に関する電話対応業務を外国の企業に委託する場合やソフトウェア開発を国内の企業と契約しているときに, この企業がその業務を外国の子会社に移管する場合がオフショアリングに当たる. オフショアリング全般をとらえるためには, 民間企業とともに政府部門のサービスの在外調達もみる必要がある.

では, オフショアリング先にはどのような国があるのだろうか. 主なオフショアリング先としては, インドや中国, マレーシア, シンガポール, フィリピン, そしてチェコやポーランド, ハンガリーなどの旧東欧諸国が挙げられる[9]. アメリカ企業はこのような国にオフショアリング拠点を構えたり, 現地企業や現地進出の多国籍企業にサービス業務を委託したりしている. また, ニアショアリング (Near-shoring) とも呼ばれるように, アメリカから近いカナダやメキシコ, コスタリカがオフショアリング先として選択されている.

最後に, オフショアリングの拡大についてサービス貿易統計を使って確認しておこう. サービスの国際取引, すなわちサービス貿易はサービス対価の受取り (輸出) と支払い (輸入) として国際収支表に計上されている. したがって, サービス業務の在外調達であるオフショアリングはサービス輸入の一部として捕捉することができる. オフショアリングに関連するビジネス・

専門・技術サービス (Business, Professional and Technical Services: BPT Service) の輸入をみると，1997年の208億ドルから2005年には477億ドルと倍増している[10]．このうちおよそ7割は多国籍企業の企業内貿易 (intra-firm international trade) とみなされているが，独立企業間貿易 (arm's length international trade) も増えてきている．コンピュータ・情報サービスは企業内貿易（同期間で8.1倍），独立企業間貿易（3.2倍）とも激増しているが，会計・会計監査，経理サービス（3.4倍），トレーニング・サービス（3.5倍）では，独立企業間貿易の伸びが顕著である．

国際収支表のサービス貿易統計を使うことでオフショアリングの拡大傾向はうかがえるが，ここで注意しなければならないのは，このサービス輸入はアメリカの居住者が外国の居住者からそれらサービスを購入したことを示してはいるが，そのデータ自体は以前にアメリカ国内から購入していたサービスを外国からの調達に転換したかどうかは示していないということである．また他国のサービス貿易のデータは未整備であり，各国比較ができる国は限られている[11]．オフショアリングをとらえるデータとしてこのような限界がある以上，これを包括的に分析するには個別具体的な事実でもって現状を把握する作業が必要である．

このように，オフショアリングにはさまざまな業務が含まれており，サービス業だけではなく製造業，航空会社，金融業など多様な業種に及ぶ企業が，インド，中国，フィリピンなどからサービス業務・間接業務を在外調達している．サービス業務の在外調達といっても財の取引とは違い，サービスの取引は統計で正確に捕捉することは非常に困難である．したがって，体系だててオフショアリングの実態へ接近するためには，日々みずからの具体的な行動において新しい現象を創造している個別企業の具体的な事実の分析が重要である．

II. オフショアリングの進展

本節では，オフショアリング拡大の基本的な要因を技術要因とプッシュ・プル要因とに簡単にまとめたうえで，オフショアリングの2つの形態である

企業内在外調達とオフショア・アウトソーシングの実態を明らかにする．その際，ケーススタディとしてオフショアリングの一部である研究・開発とBPOに限定して論じていく．

1. 貿易可能化革命のインパクト

オフショアリングの拡大は，情報・通信技術の発展とグローバリゼーションに大きな関わりを持っている．なぜならば，前述したオフショアリング対象のサービスは貿易できないもの（non-tradable）であったからである．サービスは財と異なって在庫をつくったうえで国際的に取引することが出来なかったため，しばしば生産者と消費者の近接性を必要とした．情報に関連する間接業務・サービス業務の国際取引を技術的に可能としたのが，20世紀末景気を担った情報化投資の拡大とともに急速に発達していった情報・通信技術であった．「ムーアの法則」[12]に象徴されるように，情報・通信技術の進歩は情報処理能力を大幅に拡大させ，それらの価格は大きく下落したため，企業内にITの利用が普及していった[13]．パーソナル・コンピュータ（PC）の発達は企業のなかで各個人に情報関連の労働を増加させるとともに，それぞれの労働が単純化・細分化され，会計処理，給与管理，生産計画，設計などの分業が進み，ネットワークを通じてそれを結合させ管理できるようになった．1980年代半ばから進んでいた組織変化と情報・通信技術の発展が融合し，労働を変えていったのである．こうして1990年代後半には，情報化投資の効果として徐々に生産性の上昇が顕在化していった[14]．

情報・通信技術のなかでも特にデータ処理技術，データ記憶技術，データ転送技術の発展が重要であった．大容量の情報を処理し電子化して記憶することができ，その情報は「在庫」として送受信可能となったのである．インターネットの発達は電子商取引（E-Commerce）といった取引のあり方を大きく変えていった[15]．急激な通信速度の高速化と急速な通信コストの低下と相まって，情報に関連したサービス業務は国境を越えて取引可能となった．「貿易可能化革命（Tradability Revolution）」[16]といわれる事態である．こうして，ソフトウェア・プログラムやデータベース，テレフォンコールのよう

な情報に関連するサービス業務は電子化されて,光ファイバーなど大容量情報通信網を通じて国際的に取引可能となったのである.

2. オフショアリングの拡大要因

　情報・通信技術の発展という技術的要因を基礎として,オフショアリングの拡大要因はアメリカ企業のオフショアリング先の国へのプッシュ要因とオフショアリング先の国におけるアメリカ企業のプル要因に大別できる.すなわち,貿易可能化革命のインパクトは大きいが,実際にオフショアリングが起こるのはこのプッシュ要因とプル要因が結びついたときなのである.以下,オフショアリングの拡大要因をプッシュ要因とプル要因に分けてみていこう.

　まず,アメリカ企業のオフショアリング先へのプッシュ要因である.プッシュ要因としてアメリカ企業がオフショアリングを行う主たる動機は,コスト削減戦略である.競争の激化により,さらなるコスト削減の圧力からアメリカ企業は給与水準の低い国にサービス業務を移転するようになった.UNCTAD［2004］が公表している企業へのアンケート調査結果においても,この要因がオフショアリングへのインセンティブの上位を占めている[17].事実,オフショアリング先の給与水準はアメリカのそれと比べて大きな格差がある.例えば,2003年時点で金融アナリストや半導体設計士ではアメリカの給与水準の1/7,エンジニアでは1/9,アーキテクトでは1/12,会計士では1/16とかなりの低水準である[18].また,アメリカ多国籍企業が各国で分散しているサービス業務を数カ所に集約しそこから調達することによって,「規模の経済性」を発揮することが出来る.これはアメリカ企業のオフショアリング先の市場戦略とも大きく関わっており,プッシュ要因となる.

　次に,オフショアリング先の国におけるアメリカ企業のプル要因は,オフショアリング先の豊富な高学歴の労働力,時差という現地の立地条件,政府の優遇政策などである.現在拡大しているオフショアリングの職種をみると,データ処理やコールセンターだけではなく,設計,研究・開発など専門技術が必要な職種にまで広がっている.これが可能となるためには,オフショアリング先の現地でそれらの職種に対応でき,英語などコミュニケーション能

力のある人材が調達できなければならない．その点，オフショアリングが拡大しているインドや中国，フィリピンでは大学卒業者数は多く，企業は高学歴で優秀な労働者を確保することが出来る．これにはグローバルな労働力移動として「頭脳循環（brain circulation）」[19]と呼ばれる現象も関係しており，プル要因のひとつとして機能している．またプル要因には時差という立地条件が含まれ，「24時間体制」が可能となる上記のような国が選ばれる．

このほかにプル要因には，現地での新産業振興や雇用の確保という戦略からオフショアリング誘致を目的とした現地政府の投資優遇政策がある．マレーシア，フィリピンでの政府機関へのインタビューによれば，インフラ整備や税制優遇措置，人材育成政策などによって外国からの投資を誘致している[20]．

このように，一般的にはアメリカ企業のコスト削減，市場戦略行動というプッシュ要因とオフショアリング先の豊富な労働力や時差という立地条件，政府の誘致政策というプル要因がうまく合致することによって，オフショアリングが展開されている．このオフショアリングの展開を具体的にみていくために，ケーススタディを通してその特徴を確認しよう．

3. オフショアリングの2つの形態

では，どのようにオフショアリングが進展しているのか．これを考えていくためには，オフショアリングを企業内在外調達とオフショア・アウトソーシングに分けて分析する必要がある．なぜならば，サービス業務の在外調達として企業内在外調達とオフショア・アウトソーシングは同じオフショアリングとして一括りに考えられているが，その性質はまったく異なっているからである．そこでそれぞれのオフショアリングの特徴を明らかにするためにも，企業内在外調達としての研究・開発とオフショア・アウトソーシングとしてのBPOをケーススタディとして取り上げる．

(1) 企業内在外調達

まず企業内在外調達，すなわちサービス業務を在外子会社から調達する場

合を考えよう．この形態は多国籍企業本社のグローバルな研究・開発，調達，生産，販売といった経営戦略と大きく関わっており，また市場戦略とも関わっている．これまで原材料の在外調達，中間財の在外調達・在外生産，現地販売は行われてきているが，現在では研究・開発においても外国で行われるようになった．研究・開発は従来アメリカ国内で行われることが多かったが[21]，現在では先進国だけではなくインドや中国のような開発途上国内でも行われている．

例えば，半導体メーカー，インテルの研究・開発の事例をみてみよう．表6-2によると，インテルはさまざまな国に工場やオフィス，研究所を設け，グローバルな事業展開を行っている．組立・テスト，製造部門はマレーシア，フィリピン，中国，コスタリカなどに立地しており，従業員数が際立って多い．これはそれらの国の労働コストが相対的に低いからである．アメリカ商務省統計によれば，アメリカのコンピュータ・電子機器製造多国籍企業の多数株所有子会社の1人当たり報酬（2003年）は，マレーシアで10.6千ドル，フィリピン5.7千ドル，中国7.1千ドルであって，この相対的に低い報酬がそれらの国の大きな強みとなっている[22]．

他方，研究・開発業務に目を転じれば，アメリカ国内ではオレゴン州，アリゾナ州，コロラド州，カリフォルニア州フォルサム・サンタクララなどで行っている．外国では日本，イスラエル，マレーシア，フィリピン，イギリスなどで研究・開発が行われており，近年では北京に中国研究センター（1998年），バンガロールにインド開発センター（1999年），ロシアにソフトウェア開発センター（2000年）が設けられている．設計，研究・開発など重要な部門においては在外子会社を通じて行われることが多く，オラクルやマイクロソフト，テキサス・インスツルメンツ，モトローラ，ジェネラル・エレクトリック（GE）などのアメリカ多国籍企業もインドや中国に子会社の形態で研究・開発センターを設置している[23]．

この背景には，競争の激化に起因した膨大な研究・開発費用の高まり，技術サイクルの短期化という技術集約型産業の特徴がある．新技術と新製品の開発を敏速に行うために，世界規模で最も効率よく行える国や地域が選ばれる．なぜ企業内で行われるのかというと，それは当該部門が企業の利潤獲得

第6章　オフショアリングの進展と雇用問題　　211

にとって非常に重要だからである．特に研究・開発は企業独自の技術と直結し，したがって技術独占による利潤獲得と直結する．企業内国際分業の場合，多国籍企業本社は技術や労働力など生産諸力を不均等発展の世界経済のなかで国際的に組み合わせコントロール（結合・配分・整合）する[24]．そのためには，本社組織が情報処理や意思決定を支配する必要があり，これを可能とするためには市場は排除されなければならない．生産諸力のコントロールは，国際的に展開されることによって当然一定の分断を生じざるをえないが，それを結びつけているのが技術体系をつなぐ情報・通信技術である．この支配を通じた技術独占とそれを基盤とした市場独占こそが企業内国際分業の特質である[25]．オフショアリングのひとつの側面である企業内在外調達とはこの一形態にほかならない．こうして，多国籍企業本社による意思決定の支配や特許技術の温存，組織内での調整と再編成といった要因により，研究・開発のような業務は子会社を通して行われている．

(2)　オフショア・アウトソーシング

次にオフショア・アウトソーシングをみよう．この形態はサービス業務を外国の第三者企業にアウトソーシングする場合である．このオフショア・アウトソーシングの事例をプロクター・アンド・ギャンブル（Procter & Gamble：P&G）でみていこう．

P&Gは世界規模で事業展開をしている家庭用製品最大手の多国籍企業である．もともとP&Gは1999年に80カ国にまたがる全世界の従業員に対してサービスを提供する「Global Business Services Unit」を自社内に設置し，そのサービスセンターをコスタリカ：サンホセ，フィリピン：マニラ，イギリス：ニューキャッスルの3拠点に集中させ，そこからサービス業務・間接業務を調達していた[26]．すなわち，担当地域を数カ所に分割したうえで分散しているサービス業務を集中させて設備などを節約して，「規模の経済性」の利益を得ようとしたのである．さらに自社のコア・コンピタンスに資源を集中してコストを削減するため，2001年以降の模索の結果，サービスセンターに集中させていた一部の業務を第三者企業に委託している．これらの業務を請け負っているのが，企業向けのBPOに力を入れているIBMやHP,

表 6-2 インテルのグ

立 地	活 動	従業員数(人)
アイルランド	F, OS, SD, SM	3,710
イギリス	R, SM	950
ベルギー	OS, SM	90
オランダ	L	150
デンマーク	A, C, SD, SM	110
フランス	C, OS, SM	110
ドイツ		
ブラウンシュバイグ	C	90
ミュンヘン	SD, SM	220
ポーランド	OS, SM	220
ロシア		
モスクワ	R, SD, SM	330
ニジニノブゴロド	R, SD	300
ノボシビルスク	SD	190
サロブ	SD	100
サンクトペテルブルグ	SD	60
イスラエル		
ハイファ	C, OS, R, SD	1,700
イエルサレム	F	740
ラキッシュ	F	2,000
ペタチクバ	C	500
インド	OS, R, SD, SM	2,440
マレーシア		
クリム	A, L, SM, SY	2,500
ペナン	A, L, R	6,200
フィリピン	A, C, L, R, SM	5,090
中 国		
北 京	R, SD, SM	400
成 都	A	130
香 港	OS, SM	210
上 海	A, C, SD, SM	3,600
深 圳	SM	200

A：組立・テスト，C：通信，F：製造，L：ロジスティックス（物流管理），
—ケティング，SY：システム製造
注：2004 年時点，50 人以上の事業所のみ．
出所：Intel [2004] p. 7 より作成．

第6章 オフショアリングの進展と雇用問題

ローバルな事業展開

立 地	活 動	従業員数(人)
台 湾	OS, SM	350
シンガポール	OS, SM	240
韓 国	OS, SM	120
日 本		
東 京	SD, SM	300
つくば	R, SM	160
ブラジル	OS, SM	110
コスタリカ	A	2,090
メキシコ	C, OS, SM	150
アメリカ合衆国		
アリゾナ	A, F, OS, R, SM	8,990
カリフォルニア		
フォルサム	C, OS, R, SD, SM	6,000
フリモント	C, R	350
アーバイン	C, R	80
サンディエゴ	C, R, SM	440
サンタクララ	C, F, OS, R, SM	6,080
コロラド	F, R	960
イリノイ	R, SD	50
マサチューセッツ	C, F, R, SD	2,080
ニューハンプシャー	SD	70
ニュージャージー	C	640
ニューメキシコ	F, OS, R	5,120
ニューヨーク	C	70
ノースカロライナ	C, R	50
オレゴン	C, F, L, OS, R, SD, SM	15,300
サウスカロライナ	C, R	160
テキサス	C, R	540
ユ タ	OS	260
ヴァージニア	OS	60
ワシントン	OS, R, SO	1,140

OS：その他サポート，R：研究・開発，SD：ソフトウェア設計，SM：販売・マ

EDS などの IT 企業である[27]。

　2006 年現在 P&G は，IT サポート業務は HP に，給与計算や付加給付管理などを取り扱うヒューマン・リソース業務は IBM にそれぞれ委託をしている．P&G は 2003 年 4 月に HP と IT サポート業務のアウトソーシング契約を 10 年約 30 億ドルで結び，約 2,000 人の従業員が HP の管轄に移っている．他方 IBM の場合は，2003 年 9 月に 10 年約 4 億ドルの契約が締結され，約 800 人の従業員が IBM の管轄に移っている．

　このアウトソーシング契約の仕組みは，その特定業務と配置されている従業員をセットにして受託した企業の管轄に移して，そこから委託元の企業にサービスを提供するというものである．移転された従業員は従来通り電話や PC などの情報通信機器を使いながら，委託元企業の従業員に対して個別にサービスを行う．移転された従業員からみた場合，業務内容は基本的に同じであるため業務の継続は維持されることになるが，より効率的な作業が行われるように配置転換と人員削減が行われる．HP の P&G 向け IT サポート業務の場合，実際にオフショアリングの現地で働いているのは HP で雇用されている社員ではなく，人材派遣会社から派遣されている派遣社員が担っている[28]．これは労働の柔軟性を活用する手段である．こうして BPO 受託企業は顧客企業のリエンジニアリングを促進している．

　では，オフショア・アウトソーシングの特徴とは何なのだろうか．オフショア・アウトソーシングをみる場合には，企業間提携を考えなければならない．それは在外調達される業務はいままでの水準の維持が最低でも必至であるため，それが可能となる企業と契約が結ばれるからである．ソフトウェアのコーディングや開発などの場合は，インドなど現地企業に業務委託がされることが多い[29]．しかし，BPO のようなオフショア・アウトソーシングの場合には，受託企業において一定水準の資金や技術の集中・集積が必要である．そのため，アメリカ企業は外国とはいえ現地の地場企業と提携することは少なく，現地進出の多国籍企業と提携していることが多い[30]．BPO のオフショア・アウトソーシングの内実は，現地進出の多国籍企業による資金，技術，経営ノウハウと現地の相対的に低賃金な労働者の活用という組み合わせである．

このような企業間提携による業務委託は，受託企業にとって受注生産という点に特徴がある．したがって，この限りにおいては過剰生産にはなりえない[31]．受託企業はこの受注生産という特殊性を活かすために，委託元の企業と契約を維持し続ける必要がある．そのため，委託元企業の顧客満足度を高める努力が受託企業側で起こってくる．実際，オフショアリングの受託企業内には教育・訓練制度や顧客満足度の測定といった評価基準の仕組みがつくられている[32]．すなわち，サービスセンターを設置して得られていた「規模の経済性」の維持と教育・訓練制度を用いた労働の柔軟性の発揮である．こうして受注生産という特殊性のなかで，受託企業は相対的に低賃金な労働を活用しながら，委託元企業との業務の連動化を達成しているのがオフショア・アウトソーシングの実態である．

以上，多国籍企業主導による国際分業関係の再編成という視点からオフショアリングを検討した．一方で企業内分業，他方で市場取引という一見相反する現象がオフショアリングとして一括されているが，その内実は異なっていることが明らかになった．敢えて共通性を見出そうとすれば，それはアメリカ企業による外国の低賃金労働の活用である．つまり，サービス業務を在外調達する企業だけではなく，それを受託する企業も相対的に低賃金の労働力を利用し労働コストを節約することがグローバルに進行している．

III. 国内の雇用問題

1. オフショアリング論争と雇用への影響

前節までにみたアメリカ企業によるオフショアリングの拡大は，国内の雇用問題を引き起こしている．それは，外国に移転した雇用は以前アメリカの労働者によって担われていたと推測されているからである．かつては多国籍企業の在外生産，在外調達によるブルーカラー労働者の「職の輸出」問題であったのが，今日ではサービス業務の在外調達としてホワイトカラー労働者や専門・技術者までもがその対象となっている．この雇用問題は，特に

2002年以降の「雇用なき回復（Jobless Recovery）」の局面で大きく取り上げられるようになった．それは，景気が上向いてきても雇用が増大しないのはオフショアリングが原因のひとつだと考えられたのである．つまり，オフショアリングは国内の雇用喪失の一因として問題視されている．

実際アメリカの雇用統計をみれば，全体の雇用の4割はサービス業（狭義）が担っており，新規雇用のほとんどがサービス生産部門で起こっている[33]．また現代の企業は経営の大規模化や複雑化に起因して中間管理層やオフィス労働者が多数を占め，職種区分でみれば非製造職は産業平均で7割にも上る．このような事実から，雇用の大部分を担っているホワイトカラーの職が外国に移転される不安が生じるのである．しかしオフショアリングの拡大には，アメリカ労働者の職が奪われることなく外国で事業展開を拡大する場合も考えられ，統計としてもオフショアリングに起因する失業者数を正確に捕捉することは困難な状態である．

にもかかわらず，オフショアリングに関連した雇用問題は新聞やビジネス誌などマスメディアを通じて拡大し，「オフショアリング論争」に発展した．2002年11月のフォレスター・リサーチ（Forrester Research）による「330万人のサービス雇用が海外へ流出する」[34]という衝撃的な予測結果を皮切りに，オフショアリングに関連した雇用流出予測が次々と出されていった．2004年には大統領選挙の主要論点として大々的に取り上げられ政治問題となった．このオフショアリング論争の賛成派は，当該企業や業界団体（U.S. Chamber of CommerceやInformation Technology Association of Americaなど），政府関係者では経済学者でブッシュ政権のマンキュー元CEA（大統領経済諮問委員会）委員長やスノー元財務長官などであった．大方の共通意見は，オフショアリングは企業にとってコスト削減となり，長期的にはアメリカの生産性と競争力に対して利益となるというものである[35]．オフショアリングはサービス貿易の新しい形態にほかならず，保護主義によるオフショアリング規制は自由貿易を阻害し経済成長を削ぐ恐れがあると非難した．

これに対してオフショアリング反対派は，労働組合や一部の研究者などであった[36]．アメリカ労働総同盟・産業別組合会議（AFL-CIO）など労働組合は，オフショアリングの拡大は国内の雇用喪失によってホワイトカラー職の

「空洞化」を引き起こすと主張する．そのうえ外国の低賃金労働を活用して企業が得た利益が国内の労働者や失業者に還元されることはない，また州や連邦政府のオフショアリングは国民の税金が外国人給与になることを意味するということから反対している[37]．

このように，さまざまな経済主体の立場からみれば利害も変わってくるのであり，オフショアリングに起因する失業者の実数値も正確に得られない以上，オフショアリングの評価自体は難しい問題である．確かに賛成派の主張するように，労働コストの節約という点からいえば利益は増えるであろうし，またすべてのサービス職がオフショアリングのリスクにさらされているのではないことも事実である[38]．しかし現在では，情報関連の多くのサービス業務は貿易可能化革命によって，いわばバーチャルな労働市場がつくられ，アメリカ国内のホワイトカラー労働者には賃金の下方圧力がかかっている．生産性の向上で生み出された利益が社会でどのように分配されるのか，特に雇用を通じた分配の問題はアメリカ国内のホワイトカラー労働者にとって焦眉の重要課題である．また仮に短期的な問題であったとしても，失業や雇用の不安定化という事態は社会的な問題となる．要するに，企業の利益と国民経済の利益が相反することになる．アメリカの企業が会社単位で競争するのはかまわないが，結果として生じた失業や他のマクロ経済的作用は経済全体にとって好ましいものではない．この「合成の誤謬」問題を解決しようと，雇用をめぐって政府の政策が執られている．

2. 雇用をめぐる政府の政策

上記のようなオフショアリングの拡大に対する国内の反応を受けて，連邦政府や州政府の業務ではオフショアリングを規制する動きがみられた[39]．2004年上院が可決した包括的歳出法案のなかに連邦政府の調達に関してオフショアリングを制限する項目が含まれた．またオフショアリングを行っている企業と政府機関との契約を制限する法案が可決された．インディアナ州，ミシガン州，ノースカロライナ州，サウスカロライナ州，ニュージャージー州などでは，州政府の業務のオフショアリングを禁止する規制が施行されて

いる.

これに対して，民間企業へのオフショアリング規制はなされていない．なぜならば，民間企業のオフショアリングへの規制は保護貿易とみなされ，在外生産，在外調達，外国市場販売を進めているアメリカ多国籍企業と貿易・投資の自由化を推し進めているアメリカの通商政策にとって，矛盾する結果となるからである．そこで貿易・投資の自由化を進めるうえでの対応策として取り上げられているのが，オフショアリングにともなった失業者の再雇用支援や産業構造調整と労働力政策としての教育・訓練の拡充である．

アメリカには貿易自由化で影響を受けた労働者に対するセーフティ・ネットとして貿易調整支援策（Trade Adjustment Assistance : TAA）がある．TAA は 1962 年通商拡大法に盛り込まれて発足した制度であり，貿易自由化によって経済的損失を被った労働者を救済する措置である[40]．現在，TAA は 2002 年貿易調整支援改革法（Trade Adjustment Assistance Reform Act of 2002）により，プログラムの資格基準と給付額が拡充されている[41]．しかし，現行の TAA は製造業労働者に限られているため，オフショアリングにともなう失業者には給付資格が得られない．またアメリカの場合，再就職できたとしても大幅な賃金ダウンを余儀なくされる場合が多い．そのため，通商法を改正しオフショアリングによって影響を受けたサービス業の労働者にも適用することや貿易自由化にともなう 50 歳以上の有資格失業者に試験的に導入されている「賃金保険（Wage Insurance）」を拡充させるという法案が提出されている．また，企業に対する減税措置により国内投資・雇用拡大を促す雇用創出法（American Jobs Creation Act of 2004）が施行されている．こうして国内では，貿易自由化と保護主義圧力のトレードオフ関係が調整されているのである．

しかしこれだけにとどまらず，国内の労働力政策にも変化が見られる．すでに 1980 年代からの政府の労働市場政策は，社会福祉政策と連動するかたちで教育・訓練といった就労重視の政策に転換している[42]．「福祉から就労へ（welfare to work）」，「就労優先（work first）」といわれるのはこの証左にほかならない．つまり，失業問題は給付ではなく教育・訓練で対応するという，いわばミクロレベルのサプライサイド政策に転換しているのである．

第6章 オフショアリングの進展と雇用問題　　　　219

　いずれにしても，ブルーカラー労働者に続いてアメリカ国内のホワイトカラー労働者に対しても雇用喪失や賃金低下圧力，雇用不安の増大が生じていること自体，明らかに新たな現象である[43]．情報・通信技術の発達と多国籍企業の行動によって，アメリカ国内の労働市場がグローバルな労働市場との競争にさらされているのであり，その結果「労働市場のグローバル化」という事態が生じている．しかし，上でみた一連の対応策のように市場原理主義をよりいっそう浸透させる政策だけでは，到底「労働市場のグローバル化」に対応できるものではなく，ましてや雇用不安や賃金低下圧力，分配問題を解決することはできない．オフショアリングという新しい現象の真価は，こうした問題を含めて問われるべきであり，したがってアメリカン・グローバリズムもその真価を問われている．

おわりに

　本章では，国際分業関係の新たな展開のひとつとして，オフショアリングの進展とその影響を検討した．以下，分析によって明らかにされた点を示すことにしたい．
　オフショアリングとは，サービス業務・間接業務の在外調達であって，現在では主として多国籍企業のグローバルな展開の下に大規模に拡大している．オフショアリングの展開においても，アメリカ多国籍企業を中心とする国際分業関係が編成されており，それにともなって労働力の再編成が起こっている．この展開はアメリカ多国籍企業の在外調達というだけではなく，直接投資による現地市場展開をも見据えており，サービス分野の貿易・投資の自由化を推進するアメリカ多国籍企業の行動とそれに対応した政策はその反映にほかならない．
　このオフショアリングを通じた多国籍企業の展開は，反作用として国内経済にも影響を与えている．本章で取り扱った雇用問題はその顕著な反映の一端である．アメリカ国内の労働市場はグローバルな労働市場の競争にさらされるようになり，その結果，国内の雇用喪失や失業，賃金低下，雇用不安といった事態が生じている．雇用問題は分配問題と直接的に関わっているため，

アメリカのホワイトカラー労働者にとって焦眉の課題となっている．こうした問題への対応策として再雇用支援，労働力政策などサプライサイド側への政策がとられている．しかし，上述したように市場原理主義を浸透させる一連の政策だけでは，賃金低下圧力や雇用不安，分配問題に対応できるものではない．本章の分析で明らかになったように，オフショアリングは主としてアメリカ企業行動の結果であり，むしろ構造的な問題として対処すべきである．こうした実体をもつアメリカン・グローバリズムの行方がいま問われている．

注
1) 板木［2006］；田村［2006］を参照．
2) パタン認識とは，「個物のパタンを言いあてること，個体の性質を記述する"データ"をいろいろの類型に入れ込むこと」を指している．渡辺［1978］13ページ；宮崎［1982］9-12ページ．
3) GAO［2004a］pp. 2, 55-8.
4) 2004年産業・職業雇用マトリクス統計によると，50人以上の事業所調査で製造業全体の直接生産業務に従事している者の割合は52%である．もちろん個別にみていけば，アパレル産業では67%，自動車産業は65%，化学産業は38%，コンピュータ・周辺機器製造業は31%とその割合はさまざまである．U.S. Department of Labor, Bureau of Labor Statistics, Employment Projections, 2004-14 National Industry-Occupation Employment Matrix. (http://bls.gov/emp/empiols.htm)
5) Yuskavage, Strassner, and Medeiros［2006］を参照．
6) ここでいうサービス経済化は，(1) 産業部門でサービス産業が拡大する広義のサービス経済化と，(2) 財生産部門（主に製造業）内部においても直接生産関連職種以外の間接部門職種が増大する狭義のサービス経済化の2種類を指している．これらの関係については，財団法人国際金融情報センター［2006］65ページ，を参照．
7) Engardio, Bernstein, and Kripalani［2003］pp. 36-44；Schwartz and Harrington［2003］pp. 38-44；Engardio, Einhorn, Kripalani, Reinhardt, Nussbaum, and Burrows［2005］pp. 50-7；"A World of Work: A Survey of Outsourcing," *The Economist*, 13 November, 2004, pp. 3-16..
8) 政府部門にみられるオフショアリングについては，GAO［2006］を参照．
9) A.T. Kearney, Inc.［2004］p. 2. 途上国の経済成長の点から言えば，「工業化」にかわる経済発展として注目されよう．
10) Koncz, Mann, and Nephew［2006］pp. 43, 66.

第6章　オフショアリングの進展と雇用問題

11) 例えば，アメリカのインドからの BPT サービス輸入額とインドのアメリカへの BPT サービス輸出額には大きな差が見られる．それはサービス貿易の定義とその捕捉範囲がそれぞれ違うのが原因である．アメリカはサービス貿易統計に関して IMF マニュアル（IMF [1993]; United Nations, European Commission, Organization for Economic Co-operation Development, United Nations Conference on Trade and Development, World Trade Organization [2002]）に準拠しているが，インドではそうではなく，①アメリカにおける臨時労働者の稼得収入を含めている，②パッケージ・ソフトウェアやハードウェア財に体化されているソフトウェアを含めている，③米系在インド子会社のアメリカ以外への売上をアメリカのサービス貿易に含めている，などの理由でインドの対アメリカサービス輸出額は過大評価となっている．GAO [2005a] p. 3.
12) インテルのゴードン・ムーア会長の「トランジスタの集積度は約18カ月で倍増する」という半導体技術の進歩に関する予測に由来する．
13) U.S. President, Council of Economic Advisers [2001] pp. 95-102.
14) 内閣府政策統括官室（経済財政分析担当）[2004] 14-6 ページ．
15) U.S. Department of Commerce, Economics and Statistics Administration [1998] pp. 67-8.
16) UNCTAD [2004] pp. 148-9.
17) UNCTAD [2004] pp. 164-7.
18) Engardio, Bernstein and Kripalani [2003] pp. 38-43.
19) それは短期の H-1B ビザ（専門職ビザ）などを利用してアメリカのシリコンバレーにある IT 企業で技術者として働いた後に，インドに帰国して起業した企業から調達する場合が典型である．これについては以下を参照．Saxenian [2002] pp. 2-3.
20) 2005年9月12-13日，2006年3月27-28日の JETRO Manila およびフィリピン通産省投資委員会（Department of Trade and Industry Philippines, Board of Investments: BOI）でのインタビューによる．マレーシアおよびフィリピンにおけるオフショアリングの現状と政府の誘致政策については，井出 [2006]；中本・田村 [2006] を参照．
21) Doremus, Keller, Pauly, and Reich [1998] p. 114.
22) 日本61.7千ドル，ドイツ54.9千ドル，フランス53.1千ドル，UK 51千ドルと比べれば，その差は明白である．U.S. Department of Commerce [2006] pp. 87, 89 より算出．
23) UNCTAD [2005] p. 141.
24) 多国籍企業の企業内国際分業を理論的に労働体系の視点から取り扱った先駆的研究として，板木 [1989] がある．
25) 多国籍企業研究の第一人者 S. ハイマーのいう「優位性」の内実はこのことにほかならない．ハイマー [1979] 35-8ページ．
26) "Offshore Services Grow in Lean Times," *The New York Times*, 3 January, 2004, p. 1. なお，2006年現在では，サンホセ，マニラ，ダブリンの3拠点である．

27) IBM のビジネス・サービス業の展開については，田村［2005］を参照．
28) HP マニラの P&G 向け IT サポート業務は，日本を含むアジア全域とオセアニア地域をカバーしているが，P&G 担当社員は全員（2005 年 9 月 14 日時点で 56 人：うち日本の P&G 担当は 12 人）が人材派遣会社マンパワーからの派遣社員であり，契約も 1 年更新という．これは現地において離職率が高いための措置である．ちなみに HP マニラの P&G 担当オフィスで 2 度インタビューを行ったが，半年で日本デスク以外の派遣社員のほとんどが一新されていた（2005 年 9 月 14 日，2006 年 3 月 29 日の HP マニラオフィスでのインタビューによる）．
29) シティグループやメリルリンチ，GE キャピタルなどアメリカ金融関連会社の多くは，インド現地企業であるタタ・コンサルタンシー・サービシーズ（Tata Consultancy Services）などにソフトウェア開発を委託している．なぜ現地企業へのオフショア・アウトソーシングが可能となったかについては，別で分析する必要がある．インドへのソフトウェア開発のオフショアリングについては，小島［2004］；Dossani［2006］を参照．
30) マレーシアとフィリピンでのインタビューにおいて，ほとんどの技術，経営ノウハウなどは現地進出のアメリカ企業が担っているということである．また，フィリピンにはコールセンター企業が多数進出しているが，そのほとんどがアメリカ多国籍企業である（2005 年 9 月 12-13 日，2006 年 3 月 27-28 日の JETRO Manila および BOI でのインタビューと配布資料による）．
31) ただし，受注生産で過剰にならないのは商品資本であり，受託側の生産資本は過剰となりうる．
32) P&G と HP の場合，契約の継続を得るために，HP の IT サポート業務では英語，日本語といった言語や IT 分野のスキルアップの教育・訓練制度がつくられ，また P&G 独自の評価基準に沿って顧客満足度（1〜5 で評価され，5 が最高）を測定し，コスタリカのサンホセで一括集計してアメリカの本社に送られる仕組みがつくられている（HP マニラでのインタビューによる）．
33) 1987 年標準産業分類による 2002 年の数値より算出．サービス生産部門とは，運輸・公益事業，卸・小売業，金融・保険・不動産，サービス業（狭義）で構成される．U.S. Department of Labor, Bureau of Labor Statistics［2003］.
34) Forrester Research［2002］.
35) Mann［2003］；Risen［2004］pp. 10-2；Swann［2004］p. 8；Drezner［2004］.
36) Mandel, and Madigan［2003］pp. 28-30；WashTech［2004］.
37) オフショアリングをめぐるさまざまな見解については，以下を参照．Helsenrath［2004］pp. A1, A7；GAO［2005b］.
38) 例えば，ソフトウェア職では明確な職種階層構造があり，ソフトウェア開発においてプログラム全体を設計するアーキテクト職ではオフショアリングのリスクはないと言われている．Baker, Kripalani, Hof, and Kerstetter［2004］pp. 46-7.
39) 日本政策投資銀行［2005］17 ページ．
40) 詳しくは，中本［1999］第 3 章を参照．
41) GAO［2004b］.

42) 1990年代の労働力政策については，Krueger and Rouse [2002] を参照．
43) 世論調査によれば，大半のアメリカ人が貿易（オフショアリングを含む）に対して何らかの規制が必要であると答えている．Berger [2005] 邦訳，1ページ．

参考文献

A.T. Kearney, Inc. [2004] *Making Offshore Decision : A.T. Kearney's 2004 Offshore Location Attractiveness Index*, Chicago : A.T. Kearney.

Baker, Stephen, Manjeet Kripalani, Robert D. Hof, and Jim Kerstetter [2004] "Software," *Business Week*, 1 March.

Berger, Suzanne [2005] *How We Compete : What Companies around the World are doing to make it in Today's Global Economy*, New York : Currency. (楡井浩一訳『MITチームの調査研究によるグローバル企業の成功戦略』楡井浩一訳，草思社，2006年)

Doremus, Paul N., William W. Keller, Louis W. Pauly, and Simon Reich [1998] *The Myth of the Global Corporation*, New Jersey : Princeton University Press.

Dossani, Rafiq [2006] "Globalization and the Offshoring of Services : The Case of India," in *Brookings Trade Forum 2005 : Offshoring White-Collar Work*, eds. by Susan M. Collins and Lael Brainard, Washington, D.C. : Brookings Institute Press.

Drezner, Daniel W. [2004] "The Outsourcing Bogeyman," *Foreign Affairs*, May/June.

Engardio, Pete, Aaron Bernstein, and Manjeet Kripalani [2003] "Is Your Job Next ?" *Business Week*, 3 February.

Engardio, Pete, Bruce Einhorn, Manjeet Kripalani, Andy Reinhardt, Bruce Nussbaum, and Peter Burrows [2005] "Outsourcing Innovation," *Business Week*, 21 March.

Forrester Research [2002] "3.3 Million U.S. Services Jobs to Go Offshore," 11 November.

Helsenrath, Jon E. [2004] "Behind Outsourcing Debate : Surprisingly Few Hard Numbers," *Wall Street Journal*, 12 April.

Intel Co. [2004] *Intel 2004 Global Citizenship Report*.

International Monetary Fund (IMF) [1993] *Balance of Payments Manual, 5th edition*, Washington, D.C. : International Monetary Fund.

Koncz, Jennifer, Mishael Mann, and Erin Nephew [2006] "U.S. International Services : Cross-Border Trade in 2005 and Sales Through Affiliates in 2004," *Survey of Current Business*, Vol. 86, No. 10, October.

Krueger, Alan B., and Cecilia E. Rouse [2002] "Putting Student and Workers First ? Education and Labor Policy in the 1990," in *American Economic Policy in the 1990s*, eds. by Jeffery Frankel and Peter Orszag, Cambridge, Massachusetts : MIT Press.

Mandel, Michael J., and Kathleen Madigan [2003] "Outsourcing Jobs: Is It Bad ?" *Business Week*, 25 August.

Mann, Catherine L. [2003] "Globalization of IT Services and White Collar Jobs: The Next Wave of Productivity Growth," *International Economics Policy Briefs*, 03-11, Institute of International Economics.

McKinsey Global Institute [2003] "Offshoring : Is It a Win-Win Game ?" August.

Risen, Clay [2004] "Missed Target," *The New Republic*, 2 February.

Saxenian, AnnaLee [2002] *Local and Global Networks of Immigrant Professionals in Silicon Valley*, San Francisco : Public Policy Institute of California.

Schwartz, Nelson D., and Ann Harrington [2003] "Down and Out in White-Collar America," *Fortune*, 23 June.

Swann, Christopher [2004] "More Offshore Jobs Mean Higher US Employment, say Economists Political Debate," *Financial Times*, 2 April.

United Nations Conference on Trade and Development (UNCTAD) [2004] *World Investment Report 2004 : The Shift Towards Services*, New York and Geneva : United Nations.

United Nations Conference on Trade and Development (UNCTAD) [2005] *World Investment Report 2005 : Transnational Corporations and the Internationalization of R&D*, New York and Geneva : United Nations.

United Nations, European Commission, Organization for Economic Co-operation Development, United Nations Conference on Trade and Development, World Trade Organization [2002] *Manual on Statistics of International Trade in Services*, New York : United Nations Publications.

U.S. Department of Labor, Bureau of Labor Statistics [2003] *Employment and Earnings*, Washington, D.C. : Bureau of Labor Statistics.

U.S. Department of Commerce [2006] *U.S. Direct Investment Abroad : Operations of U.S. Parent Companies and Their Foreign Affiliates, Preliminary 2003 Estimates*, Washington, D.C. : U.S.G.P.O.

U.S. Department of Commerce, Economics and Statistics Administration [1998] *The Emerging Digital Economy*, Washington, D.C. : U.S.G.P.O.

U.S. Government Accountability Office (GAO) [2004a] *International Trade : Current Government Data Provide Limited Insight into Offshoring of Services*, GAO-04-932, Washington, D.C. : U.S. GAO, September.

U.S. Government Accountability Office (GAO) [2004b] *Trade Adjustment Assistance : Reforms Have Accelerated Training Enrollment, but Implementation Challenges Remain*, GAO-04-1012, Washington, D.C. : U.S. GAO, September.

U.S. Government Accountability Office (GAO) [2005a] *International Trade : U.S. and India Data on Offshoring Show Significant Differences*, GAO-06-116, Washington, D.C. : U.S. GAO, October.

U.S. Government Accountability Office (GAO) [2005b] *Offshoring of Service : An Overview of the Issues*, GAO-06-05, Washington, D.C. : U.S. GAO, November.

U.S. Government Accountability Office (GAO) [2006] *Offshoring in Six Human Services Programs : Offshoring Occurs in Most States, Primarily in Customer Services and Software Development*, GAO-06-342, Washington, D.C. : U.S. GAO, March.

U.S. President, Council of Economic Advisers [2001] *Economic Report of the President transmitted to the Congress together with the Annual Report of the Council of Economic Advisers*, Washington, D.C. : U.S.G.P.O.

WashTech [2004] "Your Tax Dollars At Work...Offshore : How Foreign Outsourcing Firms Are Capturing State Government Contracts," July.

Yuskavage, Robert E., Erich H. Strassner, and Gabriel W. Medeiros [2006] "Outsourcing and Imported Services in BEA's Industry Accounts," BEA Papers.

板木雅彦 [1989]「企業内国際分業の労働体系」, 吉信粛編『現代世界経済論の課題と日本』同文舘.

板木雅彦 [2006]「世界経済のサービス化とグローバル化」, 関下稔・板木雅彦・中川涼司編『サービス多国籍企業とアジア経済』ナカニシヤ出版.

井出文紀 [2006]「サービスのオフショアリングとアジア」, 関下稔・板木雅彦・中川涼司編『サービス多国籍企業とアジア経済』ナカニシヤ出版.

小島眞 [2004]『インドのソフトウェア産業:高収益復活をもたらす戦略的ITパートナー』東洋経済新報社.

財団法人 国際金融情報センター [2006]『米国経常収支と米国産業の構造変化の関係に関する調査』.

スティーブン・ハイマー [1979]『多国籍企業論』(宮崎義一編訳), 岩波書店.

田村太一 [2005]「アメリカ製造業の変貌とリエンジニアリング」,『季刊経済研究』(大阪市立大学) 第28巻第1号.

田村太一 [2006]「サービス経済化と雇用問題」, 関下稔・板木雅彦・中川涼司編『サービス多国籍企業とアジア経済』ナカニシヤ出版.

内閣府政策統括官室(経済財政分析担当) [2004]『世界経済の潮流2004春』国立印刷局.

中本悟 [1999]『現代アメリカの通商政策:戦後における通商法の変遷と多国籍企業』有斐閣.

中本悟・田村太一 [2006]「フィリピンにおけるオフショアリングの発展—現地調査から—」,『季刊経済研究』(大阪市立大学) 第29巻第1号.

日本政策投資銀行 [2005]『米国企業のオフショアリングの進展とその影響』.

宮崎義一 [1982]『現代資本主義と多国籍企業』岩波書店.

渡辺慧 [1978]『認識とパタン』岩波新書.

第7章
アメリカのサービス貿易と多国籍企業

久　永　　　忠

はじめに

　1995年，GATT（General Agreement on Tariffs and Trade：関税と貿易に関する一般協定）の発展的解消とともに，多角的貿易体制の維持・強化を目的とする国際機関であるWTO（World Trade Organization：世界貿易機関）が設立された．WTOは，GATTが対象としていた財貿易に関するルールに加えて，サービス貿易および知的財産権の貿易上の側面に関するルールなど新たな分野も対象としている．これらの新しい分野が通商政策の舞台に登場したことにより，世界の貿易体制は新たな局面を迎えた．

　WTOの根幹になっている協定，すなわち，1994年のGATT[1]，GATS（General Agreement on Trade in Services：サービス貿易に関する一般協定），TRIPS協定（Agreement on Trade-Related Aspects of Intellectual Property Rights：知的財産権の貿易関連側面に関する協定）の3協定のうち，GATS，TRIPS協定はGATTウルグアイ・ラウンド（1986-94年，以下GATT/UR）の成果である．これらの協定の成立にあたって，GATT/URでのサービス貿易自由化交渉において，アメリカ政府は積極的な役割を果たしている．その背景には，アメリカの財貿易収支の赤字とは対照的に，サービス貿易収支が徐々に黒字を拡大しつつあったことを指摘できるだろう．そして，現在に至っては，年間700億ドル以上のサービス貿易収支黒字を計上する世界最大のサービス貿易大国となっている．

　本章では，アメリカのサービス貿易を概観し，輸出入および収支の推移か

第7章 アメリカのサービス貿易と多国籍企業　　　227

らその特徴を析出することによって，アメリカのサービス貿易の拡大を主導しているのは「新しいサービス貿易」であることを明らかにする．そして，IT（Information Technology：情報技術）革命がこの「新しいサービス貿易」の台頭にどのような影響を与えたかを検討している（第Ⅰ節）．この「新しいサービス貿易」においては，企業内取引が多くを占める「特許・技術使用料」取引と企業間取引が多くを占める「その他民間サービス」取引がある．近年，注目されているオフショアリング（Offshoring：サービス業務の外国企業からの調達）の拡大について，アメリカ IT 企業のオフショアリングを「その他民間サービス」取引の一例として分析する（第Ⅱ節）．そして，拡大するサービス貿易と政策について，GATT/WTO でのアメリカの取り組みを概観する（第Ⅲ節）．最後に，アメリカのサービス貿易，多国籍企業，グローバリゼーションの相互関連について論じる．

I. アメリカのサービス貿易

1. サービス貿易の推移

アメリカの貿易収支は，1971 年以来，一貫して赤字基調である．その赤字額は年々増加してきており，2002 年には 4180 億 3800 万ドルの貿易収支赤字となっている[2]．この貿易収支を財貿易収支とサービス貿易収支にわけてみると，財貿易収支は 4828 億 7200 万ドルの赤字，サービス貿易収支は 721 億 3600 万ドルの黒字であり[3]，アメリカの貿易収支赤字は財貿易収支の赤字によるものだということがわかる．

アメリカの財貿易収支が戦後初めて赤字になったのは，貿易収支が赤字化した年と同じく 1971 年であり，その赤字額は 22 億 8000 万ドルであった．1973 年と 1975 年に一時的な黒字化が見られるものの，財貿易収支赤字は 1980 年には 255 億ドル，1990 年には 1110 億 3400 万ドル，2000 年には 4524 億 2300 万ドルとなっており，年を追うごとに収支赤字を拡大させてきている[4]．

財貿易収支の赤字とは対照的に，サービス貿易収支は 1973 年に 2 億 4800

万ドルの収支黒字を計上して以来,一貫して黒字である.サービス貿易収支の一時的な黒字化は 1973 年以前にもあったが,現在に至るサービス貿易収支の黒字はここに端緒を求めることができる.また,この年を境として財貿易の赤字化とサービス貿易の黒字化という収支の転化が起こっている.サービス貿易収支黒字の拡大が顕在化したのは 1980 年代に入ってからである. 1980 年に 79 億 1500 万ドルだったサービス貿易収支黒字は,1990 年には 377 億 7100 万ドル,2000 年には 733 億 2100 万ドルと収支黒字を拡大させてきている[5].特に 1980-90 年の収支黒字の年平均増加率は 15.6% であり,この時期の黒字拡大がいかに大きいものであったかがわかる.

　サービス貿易を国際比較してみると,アメリカのサービス貿易収支黒字は群を抜いて大きい.OECD (Organization for Economic Co-operation and Development:経済協力開発機構)加盟国の 2001 年のサービス貿易収支黒字 5 カ国を比較すると,第 1 位はアメリカの 659 億 4000 万ドル,第 2 位はスペインの 242 億 5800 万ドル,第 3 位はフランスの 179 億 1000 万ドル,第 4 位はイギリスの 162 億 9000 万ドル,第 5 位はスイスの 124 億 5700 万ドルとなっている[6].第 2 位のスペイン以下の国が軒並み 200 億ドル前後の収支黒字であるのに対して,アメリカは 600 億ドル以上の収支黒字を抱えている.また,これらの 5 カ国のサービス貿易収支は黒字であるが,フランスとスイスを除いて財貿易収支が赤字である.一方で,サービス貿易収支赤字 5 カ国のドイツ,日本,アイルランド,カナダ,メキシコを見てみると,メキシコを除いて財貿易収支は軒並み黒字である[7].

　このようにアメリカのサービス貿易は,1 国で見た場合には財貿易収支赤字とサービス貿易収支黒字という貿易収支の対照的な関係を確認でき,国際比較から見た場合には世界最大のサービス貿易収支黒字を抱えるサービス貿易大国であるということがわかる.これらの事実は,いくつかの点においてアメリカのサービス貿易を分析することに十分な意義をもたらしている.第 1 は,財貿易とサービス貿易の収支関係は比較優位の検討につながる点である.つまり,財あるいはサービスの貿易で収支赤字を抱えている国が,その他方で赤字を埋め合わせる可能性である.第 2 は,各国のサービス貿易発展が今後発展していくことを念頭におけば,この分野で先導するアメリカを研

第7章　アメリカのサービス貿易と多国籍企業　　　　229

究することが今後の各国の分析に役立つという点である．

　前述のようにサービス貿易にはGATSという包括的な取り決めが存在する．GATSによるサービス貿易の定義は以下の通りである．「(a)いずれかの加盟国の領域から他の加盟国の領域へのサービスの提供，(b)いずれかの加盟国の領域内におけるサービスの提供であって他の加盟国のサービス消費者に対して行われるもの，(c)いずれかの加盟国のサービス提供者によるサービスの提供であって他の加盟国の領域内の業務上の拠点を通じて行われるもの，(d)いずれかの加盟国のサービス提供者によるサービスの提供であって他の加盟国の領域内の加盟国の自然人の存在を通じて行われるもの」という4つのサービス供給形態を示し[8]，これらに該当する国際的なサービスの取引をサービス貿易として定義している[9]．つまり，上記4形態のいずれかの形で提供される国際的なサービスの取引をサービス貿易と呼んでいるのである．そして，WTO事務局はGATSの条文にもとづいて，対象となるサービス分野を，「実務」，「通信」，「建設・エンジニアリング」，「流通」，「教育」，「環境」，「金融」，「健康・社会事業」，「観光」，「娯楽」，「運送」，「その他」の12部門に分類している[10]．

　本章で取り上げているアメリカのサービス貿易に関して，米国商務省の民間サービス貿易統計は，WTO事務局分類とは別に独自の分類に基づいて民間サービス貿易を整理している．同統計の分類は「旅行」，「旅客運賃」，「その他運輸」，「特許・技術使用料」，「その他民間サービス」の5項目となっている[11]．まず，「旅行」は，旅行者による財やサービスの消費に関する項目である．外国人旅行者によるアメリカでの消費は，アメリカの受取であり，アメリカ人旅行者による外国での消費は，アメリカの支払である．次に，「旅客運賃」は，旅行者が運輸会社（航空会社や海運会社など）に支払う運賃を集計したものである．外国人旅行者によるアメリカの運輸会社への運賃支払は，アメリカの受取となり，アメリカ人旅行者による外国の運輸会社への支払は，アメリカの支払となる．次に，「その他運輸」は，貨物輸送に際して支払われる運賃を集計したものである．アメリカの運輸会社に支払われる貨物運賃はアメリカの受取にあたり，外国の運輸会社に支払われる貨物運賃はアメリカの支払になる．次に，「特許・技術使用料」は，特許技術など

の工業所有権,著作権やフランチャイズ権など無形財産の取引やそれらの使用料の受け渡しに関する項目である.最後に,「その他民間サービス」は,上記以外の民間サービス貿易であり,独立企業間(非関連企業間)貿易の細目は「教育」,「金融サービス」,「保険」,「通信」,「業務・専門・技術(BPT: Business, Professional, and Technical)サービス」,「その他非関連企業サービス」の6項目に分類されている.

　アメリカの民間サービス輸出は,2003年に2940億800万ドルという過去最高の輸出額を記録した[12].その内訳を見てみると,「旅行」が645億900万ドル(21.9%)[13],「旅客運賃」が156億9300万ドル(5.3%),「その他運輸」が318億3300万ドル(10.8%),「特許・技術使用料」が482億2700万ドル(16.4%),「その他民間サービス」が1338億1800万ドル(45.5%)となっている(図7-1a).

　ここで特徴的なのは「その他民間サービス」輸出が民間サービス輸出の過半に迫ろうとしていることである.「その他民間サービス」は1990年代に輸出シェアを大きく拡大した項目である.1990年の数値では「その他民間サービス」は民間サービス輸出の29.3%[14]にすぎなかったが,この10年余り

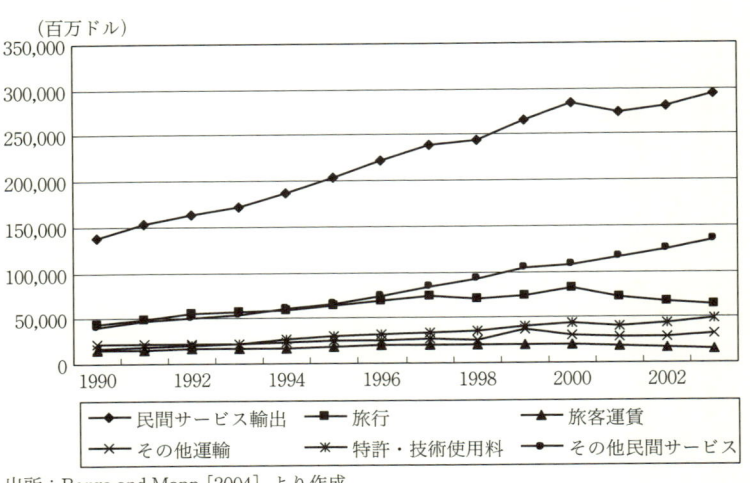

出所:Borga and Mann [2004] より作成.

図7-1a　アメリカの民間サービス輸出

の間に「旅行」,「旅客運賃」,「その他運輸」の輸出シェアが低下している一方で,「その他民間サービス」の輸出シェアは16.7ポイント上昇し47.0％を占めるに至っており, 1990年代に台頭してきた分野であることがわかる.

「その他民間サービス」の特徴として,独立企業間(非関連企業間)取引が過半を占めていることを指摘することができる. 2003年の輸出額において,独立企業間取引が63.8％であるのに対して,企業内(関連企業間)取引は36.2％である. 統計をさかのぼってみても,「その他民間サービス」輸出に占める独立企業間取引の割合は, 1995年には68.5％, 1990年には66.2％, 1986年には70.1％となっているように,独立企業間取引は一貫して「その他民間サービス」輸出の過半を占めており,独立企業間取引が優位の輸出構造であると言える.

「その他民間サービス」と同様に1990年代を通じて輸出シェアが拡大してきた項目として「特許・技術使用料」を挙げることができる.「その他民間サービス」ほど急速ではないが,「特許・技術使用料」の輸出シェアを2003年と1990年で比較すると, 4.3ポイント上昇していることがわかる. この項目の特徴は,企業内(関連企業間)取引が大部分を占めている点である. 2003年の輸出額の74.5％が企業内(関連企業間)取引であり,残りの25.5％が独立企業間(非関連企業間)取引である. この特徴は「その他民間サービス」において,独立企業間取引が優位であったことと比べると対照的である. この点から「特許・技術使用料」の国際取引は企業内取引が優位の輸出構造であり,この分野の取引を主導しているのは多国籍企業であると言える. この点について, 中本［1999］の指摘するように現代の「貿易は多国籍企業および対外直接投資との相互関連をますます強めている」[15)]ということが,「特許・技術使用料」取引においても妥当していると言えるだろう.

これらの「その他民間サービス」および「特許・技術使用料」は, 1990年代を通じて台頭してきたサービス貿易分野であるが, その一方で「旅行」,「旅客運賃」,「その他運輸」は輸出シェアを相対的に低下させてきた. これらの3項目について輸出シェアを1990年と2003年の2時点で比較すると,「旅行」は31.3％から21.9％へ9.4ポイント低下,「旅客運賃」は11.2％から5.3％へ5.9ポイント低下,「その他運輸」は16.1％から11.0％へ5.1ポ

イント低下している．この間の輸出額の年平均増加率を見てみると，「旅行」は 3.9%，「旅客運賃」は 0.2%，「その他運輸」は 3.4% となっており，「特許・技術使用料」の 14.6%，「その他民間サービス」の 17.9% と比較すると低水準の増加であることがわかる．さらに，1990 年から 2003 年までの民間サービス輸出に対する各項目の寄与率を見てみると，「旅行」は 13.7%，「旅客運賃」は 0.3%，「その他運輸」は 6.2%，「特許・技術使用料」は 20.1%，「その他民間サービス」は 59.7% となっている．これらの数値から，近年のアメリカの民間サービス輸出拡大を牽引しているのは「特許・技術使用料」および「その他民間サービス」といった比較的新しい分野であることがわかる．

　2003 年の民間サービス輸入額は 2282 億 1600 万ドルであり，輸出と同じく過去最高額である．内訳は，「旅行」が 566 億 1300 万ドル（24.8%）[16]，「旅客運賃」が 209 億 5700 万ドル（9.2%），「その他運輸」が 447 億 6800 万ドル（19.6%），「特許・技術使用料」が 200 億 4900 万ドル（8.8%），「その他民間サービス」が 858 億 2900 万ドル（37.6%）となっている（図 7-1b）．

　輸入においても「その他民間サービス」は急速な拡大を示している．1990

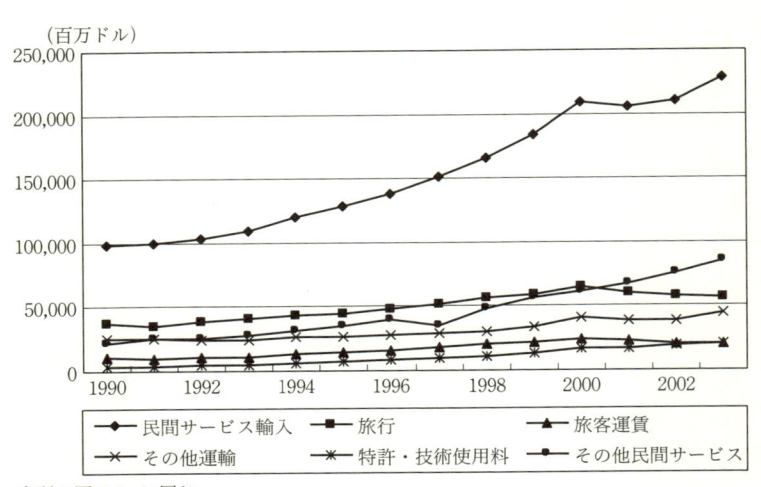

出所：図 7-1a に同じ．

図 7-1b　アメリカの民間サービス輸入

年の輸入シェアと比べると,「その他民間サービス」と「特許・技術使用料」は,それぞれ15.0ポイント,5.6ポイント上昇している.一方,「旅行」,「旅客運賃」,「その他運輸」は,それぞれ13.2ポイント,1.5ポイント,5.8ポイント低下している.このように輸入においても,「その他民間サービス」や「特許・技術使用料」のような比較的新しい分野が台頭してきている.

輸出と同じく輸入においても,「その他民間サービス」取引は独立企業間(非関連企業間)取引が優位で,「特許・技術使用料」取引は企業内(関連企業間)取引が優位である.まず,「その他民間サービス」輸入から見ていくと,2003年の輸入における独立企業間(非関連企業間)取引の割合は58.6%である.輸出と比べて若干割合が低下するものの,独立企業間(非関連企業間)取引が優位であることに変わりはない.しかし,1980年代後半から1990年代初頭にかけては,独立企業間(非関連企業間)取引が6,7割弱あったことを考えると,近年において企業内(非関連企業間)取引が台頭してきていることになる.

次に,「特許・技術使用料」輸入は,2003年において81.8%が企業内(非関連企業間)取引となっている.輸入面における企業内(非関連企業間)取引は,1986年が65.4%,1990年が70.4%,1995年が76.0%となっており,輸出面では減少傾向にあったが,輸入面では増加傾向にある.

財貿易との関連という視点から見て興味深いのは「その他運輸」取引である.「その他運輸」は1990年代には一貫して収支赤字であり,2000年には114億6100万ドルという過去最高の収支赤字となっている.その輸入相手国は,台湾,韓国,中国といった東アジアの国・地域が上位に位置しており,これらの国・地域は財貿易の輸入相手国の上位にも軒を連ねている.財貿易を前提とした国際貿易理論では一般的に輸送費を無視する傾向にあるが,アメリカのように財の輸入額が多い国においては,統計が示すように輸送費の支払もまた多額になるので,サービス貿易の視点から財貿易と輸送費の関係を検討する必要がある.アメリカの民間サービス貿易において,「その他民間サービス」および「特許・技術使用料」は,民間サービス貿易収支黒字の拡大を主導している.そして,これらは,旅行や運輸などの伝統的なサービス貿易と比べると,比較的最近になって発展してきた新しい分野である.

次に,「その他民間サービス」と「特許・技術使用料」のサービス貿易における位置づけを考慮して,近年,アメリカのサービス貿易が拡大してきている要因を検討する.

2. 新しいサービス貿易の台頭

1990年代のアメリカの民間サービス貿易を概観すると,その拡大を主導しているのは「その他民間サービス」取引と「特許・技術使用料」取引であることが明らかである.これらの取引に含まれる金融サービス,通信サービス,情報処理関連サービス,あるいは,特許使用料・フランチャイズ料などの取引は,通商交渉の議題として「新しい」分野であると言えよう.これらの取引に関しては,GATT/UR以降,WTOでも継続して貿易自由化交渉が行われている.また,情報処理関連サービスは,1990年代のIT革命と相まって拡大の一途を辿っている「新しい」産業分野である.これらの意味において,現代のアメリカの民間サービス貿易を主導しているのは「新しいサービス貿易」であると言える.

「新しいサービス貿易」が民間サービス貿易における比重を高めている一方で,比重を相対的に低下させているのが「伝統的サービス貿易」である.ここで「伝統的サービス貿易」とは,財貿易の発展とともに存在している貿易サービスや旅行などを意味しており,具体的には「旅行」,「旅客運賃」,「その他運輸」を指している.特に,「その他運輸」に関しては,財貿易とは切り離すことのできないサービスであって,財貿易と関連のある「伝統的サービス貿易」の典型例である.

「新しいサービス貿易」と「伝統的サービス貿易」という視点から統計を見直してみると,アメリカの民間サービス貿易は,輸出入ともに「新しいサービス貿易」の取引額が増加してきていることがわかる(図7-2).特に,輸出における「新しいサービス貿易」の台頭が著しい.1980年代後半における「新しいサービス貿易」の民間サービス輸出に占める割合は軒並み40%台と比較的低い割合であり,1990年には41.5%まで低下している.しかし,「新しいサービス貿易」は,翌年から上昇に転じており,1995年には

第7章 アメリカのサービス貿易と多国籍企業　　235

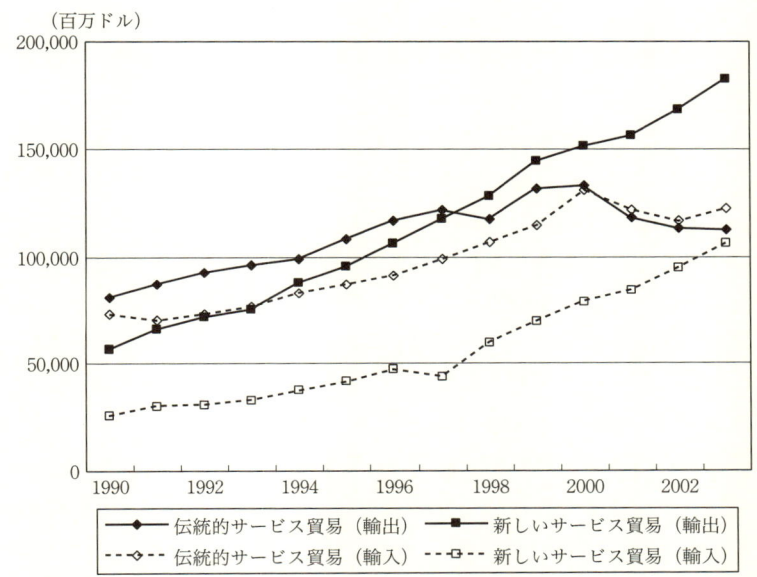

出所：1992年以降は Borga and Mann [2004], 1991年以前は Borga and Mann [2003] から作成.

図7-2　新しいサービス貿易と伝統的サービス貿易

46.8%, 1998年には52.1%と民間サービス輸出の過半を超えている．最新の統計では，2003年に「新しいサービス貿易」が輸出の61.9%を占めるに至っている．1990年から2000年にかけての「新しいサービス貿易」の民間サービス輸出に対する寄与率は64.3%であり，その内訳は，「その他民間サービス」が46.2%,「特許・技術使用料」が17.1%である．このように民間サービス輸出の増加分の過半を「新しいサービス貿易」の増加が担っていることから，1990年代における民間サービス輸出の拡大を牽引していたのは「新しいサービス貿易」であると判断できる．

　輸入においては「新しいサービス貿易」が「伝統的サービス貿易」を凌駕するということは起こっていない．しかし,「新しいサービス貿易」の割合は徐々に高まってきており，1990年から2000年にかけて「新しいサービス貿易」が輸入に占める割合は25.8%から37.5%へと10ポイント強上昇して

おり，2003年には輸入の46.4%を占めるに至っている．1990年から2000年にかけての民間サービス輸入に対する寄与率は，「新しいサービス貿易」が47.8%であるのに対して「伝統的サービス貿易」が52.2%なので，輸出と同じように「新しいサービス貿易」が牽引しているとは言い難い．しかしながら，同期間における輸入額の年平均増加率を比較してみると，「新しいサービス貿易」が24.4%，「伝統的サービス貿易」が5.2%となっており，これは「新しいサービス貿易」が急速に台頭してきていることを示している．

　以上，輸出入の分析から明らかなように，アメリカの民間サービス貿易の拡大は総じて「新しいサービス貿易」によるところが大きい．しかしながら，アメリカの民間サービス貿易における「新しいサービス貿易」の台頭と「伝統的サービス貿易」の相対的な割合の低下は，決して「新しいサービス貿易」が「伝統的サービス貿易」に代替しているということを意味するものではない．むしろ「伝統的サービス貿易」と「新しいサービス貿易」は補完関係にある．また，「伝統的サービス貿易」は財の移動と関わりを持っているため，財貿易とも補完関係にあるといえる．

　「新しいサービス貿易」として分類している「その他民間サービス」取引の中には，通信サービス，金融サービス，および情報処理関連サービスが含まれているが，これらのサービスを提供する産業は「ITサービス産業」，「IT多使用サービス産業」と呼ばれている[17]．これらの分野におけるITの労働生産性への寄与は大きく[18]，ITと重要な関わりをもつサービス分野であると言える．また，国際的な情報通信網の発達および通信の高速化・低価格化を受けて，インターネットや付加価値通信網（VAN）[19]を介した国際取引が活発化している．インターネット上のWebページで提供される航空券の予約・販売サービス（B2C）[20]や調達情報開示による国際競争入札システム（B2B）[21]は格好の例だろう．これらの「新しいサービス貿易」は，先進国を中心に「IT革命」が謳われ始めた1990年代に急速な発展を遂げている．

　国際貿易の歴史を紐解けば，貿易構造に何らかの変化がある時には技術的な変化をともなっている．主なものを挙げれば，19世紀末に開発された冷凍船によって保存状態の良さを要求される農水産物などの貿易が拡大した．20世紀においては，航空機の発達によって半導体など小型で付加価値の高

い製品の貿易が拡大した．そして，20世紀末のIT革命はサービスの貿易可能性を向上させた．このように1990年代におけるサービス貿易拡大の背景にはITの貢献がある．近年，顕著な拡大を示しているオフショアリングはIT関連企業を中心に広がっており，これらのオフショアリングを俯瞰することで，国際的なサービスはITを媒体として取引されていることがわかる[22]．

II. 多国籍企業とサービス貿易の発展

1. サービス貿易の2類型

アメリカの国際貿易に占める多国籍企業関連貿易は増加してきている．2002年の多国籍企業関連取引は輸出額の63％，輸入額の37％を占めており，企業内取引は輸出額の22％，輸入額の16％を占めている[23]．多国籍企業関連貿易が拡大してきている理由について，中本［1999］は企業内貿易が拡大してきていることを指摘している[24]．多国籍企業関連貿易が拡大してきていることは，財貿易だけに限られたものではなく，サービス貿易においても同様のことが言えるのである．ここで取り上げる「特許・技術使用料」と「その他民間サービス」という「新しいサービス貿易」の2002年の取引額は，輸出で1667億3600万ドル，輸入で886億9400万ドルである．このうち，企業内取引の割合は，輸出の45.4％，輸入の53.6％を占めている[25]．これらの数字から「新しいサービス貿易」においては財貿易以上に企業内取引の割合が大きいことがわかる．

第I節で指摘したように，アメリカの民間サービス貿易において，「特許・技術使用料」取引は企業内貿易が支配的な取引分野であり，対照的に「その他民間サービス」取引は独立企業間取引が過半を占めている．多国籍企業の企業内貿易の多寡に基づいてサービス貿易を類型化してみると，企業内取引（Intra-firm Transaction）優位のサービス貿易分野と独立企業間取引（Arm's Length Transaction）優位のサービス貿易分野という類型化が可能である．

	取引原理	
	管理	市場
取引の場　内部	①	②
取引の場　外部	③	④

出所：中西訓嗣・広瀬憲三・井川一宏編［2003］154ページ，表7.3を参考にして作成．

図7-3 取引の「場」と「原理」

これらの取引の概要を摑むために取引の「場」と「原理」という視点からサービス貿易を考察する．前述のように，サービスの国際取引は企業内取引と独立企業間取引に分けて考えることができる．企業内取引は，多国籍企業の内部市場を通じてサービスが取引される．この内部市場では多国籍企業の組織的な管理・監視の下で取引が行われる．独立企業間取引は国際市場での競争に基づいて取引が行われる．

これらの取引を「場」と「原理」という視点に基づいて整理してみると，図7-3のようになる．まず，「取引の場」は「内部」と「外部」に分けることができる．多国籍企業の親子間取引ならびに関連子会社間取引は「内部」での取引に該当し，多国籍企業と非関連企業との取引は独立企業間取引なので「外部」取引に該当する．

次に，「取引原理」は市場での取引条件の設定方法を表している．ここでは，取引条件が市場機構に委ねられ，競争的に決定される場合を「市場原理」と呼んでいる．一方，「管理原理」とは，企業内において取引価格などの取引条件を組織的管理の下で監視・統制して取引できるという意味である．これらの「取引の場」と「取引原理」を組み合わせることで，4通りの取引形態を考えることができる．下記の①〜④はそれぞれ図中の番号に対応しており，それぞれの「取引主体」を考えると，①と②は多国籍企業となり，③と④は多国籍企業を含めて独立企業となる．

サービス貿易で重要となるのが①と④である．アメリカの民間サービス貿易統計で「特許・技術使用料」取引の総額の7割弱は多国籍企業の企業内貿易であり，この取引は①に該当する．また，④は独立企業間取引であり，同統計によると「その他民間サービス」の独立企業間取引は総額の7割弱にの

ぼる．多国籍企業の「特許・技術使用料」は，取引の場は内部市場，取引原理は管理原理にもとづいている．この形態の取引は，従来の多国籍企業研究が対象としてきた財の企業内貿易を念頭に置いて考えると理解しやすい．

②は企業内取引に市場原理を採り入れたものである．国際的に統一規格が確立されている部品などについては，関連子会社と非関連企業とを競争させる形で取引条件を決定する方が価格，品質ともに向上する可能性を持っている．例えば，系列子会社が親会社との取引において，その他の系列子会社や非関連企業と価格競争をおこなって納入するというシステムなどである．サービス分野においては，人材派遣を受ける場合に関連会社の人材派遣サービスを受けるか，非関連会社の人材派遣サービスを受けるかという選択が考えられる．

近年，増加傾向にある企業間の国際提携は③の形態に該当するだろう．国際的な業務提携に基づいて，OEM（Original Equipment Manufacturing：相手先商標製品製造）による生産費用の削減や，販売拠点の共有化を図ることで営業経費節減あるいは営業地域の拡大などが可能となり，その結果，業務提携の便益は相互に帰すことになる．1990年代から企業の技術提携が多くなってきており，新製品あるいは新技術の開発のために結ばれる技術協定は数多く結ばれている．それらの協定に基づくプロジェクトで開発された技術や製品の特許は，プロジェクト参加企業間では無償で取引され，プロジェクトに参加していない企業とは有償で取引される．

「その他民間サービス」の大部分は図中④に当てはまる．外部取引・市場原理という一般的な取引形態である．近年，拡大を続けているコンサルタント業務や法務サービス，会計サービス，情報処理関連サービスなどの専門業務サービスは，高度な専門知識を要するサービスである反面，労働集約的なサービスでもある．これらのサービスが国内より外国で安価に供給されるならば，企業は費用節減のために外国からこれらのサービスを受けようとするだろう．よって，これらのサービスはオフショアリング[26]の対象となりやすいと言える．アメリカ国内では，国内雇用の問題に関連してオフショアリングの拡大を危惧するようになってきている．

2. 多国籍企業の知的財産権取引

　知的財産権取引の問題は，現在の国際経済における重要な課題の1つであろう．WTO や WIPO (World Intellectual Property Organization：世界知的財産機関) などの国際機関で議題となっているのは，世界統一基準の知的財産保護制度の確立である．未だに保護制度が整っていない開発途上国に進出する先進国の多国籍企業は，その競争力の源泉たる技術情報の流出を防ぐために保護制度の設立を欲している．企業の技術情報は特許権使用許諾や技術指導という名目で外部に提供されるが，その際には使用者に対して相応の対価を求めることになる．その対価が国境を越えて授受される時，サービス貿易の「特許・技術使用料」に計上される．前述のようにアメリカの「特許・技術使用料」取引の大部分は多国籍企業の企業内取引であり，取引額は年々増加してきている．多国籍企業による独立企業間取引も含めると，「特許・技術使用料」取引全体に占める多国籍企業関連取引の割合はさらに大きくなる．この事実は，国際的な知的財産権取引の主体として多国籍企業が重要な役割を果たしていることを示している．

　アメリカ多国籍企業による特許・技術使用料の企業内取引について，1994年と1989年の2時点をとって比較してみる．まず，1994年の統計[27]では，アメリカ親会社の在外子会社 (MOFA：Majority-Owned Foreign Affiliates)[28]からの受取額は167億4400万ドルであり，MOFA への支払は3億6800万ドルである (表7-1)．同年の特許・技術使用料のアメリカ全体での受取額は267億1200万ドル，支払額は58億5200万ドルなので，米国系多国籍企業の企業内取引は受取額の62.7％，支払額の6.3％を占めていることになる．さらに在外子会社の在米非関連企業への支払額21億3800万ドルと在外子会社の在米非関連企業からの受取額3億8700万ドルを加えると，アメリカ多国籍企業関連取引の特許・技術使用料取引全体に占める割合は，受取で70.7％，支払で12.9％に達する．

　次に，1989年の統計[29]では，在米親会社の MOFA からの受取は98億3900万ドル，MOFA への支払は5400万ドルとなっているので，1989年か

第7章　アメリカのサービス貿易と多国籍企業

表 7-1　多国籍企業の特許・技術使用料取引

		米国合計	米国多国籍企業在外子会社			外資系多国籍企業在米子会社		
			合計	親会社	非関連企業	合計	親会社	非関連企業
		(1)	(2)	(3)	(4)	(5)=(1)−(2)	(6)	(7)=(5)−(6)
1994年	輸出(受取)	26,712	18,882	16,744	2,138	7,830	1,025	6,805
	輸入(支払)	5,852	755	368	387	5,097	3,513	1,584
1989年	輸出(受取)	13,818	10,499	9,839	660	3,319	349	2,970
	輸入(支払)	2,528	151	54	97	2,377	1,632	745

注：(2)〜(3)は在外子会社から親会社，非関連企業向けの支払と受取．
出所：(2)〜(4)の数値は U.S.D.O.C. *Direct Investment Abroad*, 1989, 1994. から抽出，(1)，(6)の数値は SCB ［2003］から抽出した．

ら1994年の5年間で在米親会社の受取額は1.7倍に，支払額は6.8倍に増加している．年平均増加率を見ると，それぞれ10.6%，38.4%である．また，1989年の特許・技術使用料取引全体に占めるアメリカ多国籍企業の取引の割合は，受取額の71.2%，支払額の2.1%である．1989年から1995年にかけて，アメリカ親会社の受取額全体に占める在外子会社からの受取額の割合は低下しているが，逆にアメリカ親会社の支払額全体に占める在外子会社への支払額の割合は増加している．この変化は在外子会社以外の企業への特許・ライセンス供与が増加していることと，在米親会社が在外子会社の所有している特許・ライセンスの供与を受けていることを示唆するものである．

さらに，特許・技術使用料取引を国別に見ていくと，1994年に特許・技術使用料の企業内貿易で在米親会社の受取額が最も多い国は，日本で22億4200万ドル（13.4%）[30]，次いでドイツ20億1900万ドル（12.1%），イギリス18億7300万ドル（11.2%），フランス14億2800万ドル（8.5%）と続いている．一方，在米親会社の支払額の多い国は，イギリス5600万ドル（15.2%），ドイツ4300万ドル（11.7%），フランス2600万ドル（7.1%），日本2500万ドル（6.8%），カナダ2300万ドル（6.3%）となっている．このように受取額，支払額ともに取引額の多い在外子会社は先進国に所在しているということがわかる．また，アメリカ多国籍企業の特許・技術使用料取引額の過半（受取56.9%・支払51.9%）は主要先進国[31]との取引である．

ここまで述べてきたことからも判るように，多国籍企業の特許・技術使用

料取引の特徴として，在外子会社から本国親会社への一方的な支払関係が存在する．アメリカ多国籍企業の特許・技術使用料取引の総計を見ると，支払額の約25倍にもなる莫大な受取超過（受取額188億8200万ドル・支払額7億5500万ドル）を抱えている．このような支払関係は，アメリカ多国籍企業に限られたものではなく，外資系多国籍企業においても観察することができる．在外子会社からアメリカ親会社への特許・技術使用料の支払がアメリカの輸出に計上されるように，外資系多国籍企業の場合，在米子会社から外国親会社への支払はアメリカの輸入に計上される．1994年の企業内輸入額は39億3300万ドルであり，このうち89.3%にあたる35億1300万ドルが外資系多国籍企業の在米子会社の輸入，すなわち，本国親会社への支払である．同年の輸出額が10億2500万ドルなので，在米子会社は受取額の3倍超を本国親会社に支払っていることになる．したがって，特許・技術使用料取引に体現されている親会社から子会社への技術情報の一方的な流れは，多国籍企業全般に対して妥当すると言えるだろう．

アメリカ多国籍企業および外資系多国籍企業に共通する技術情報の一方的な流れは，内部化理論[32]の一般的な妥当性を示唆している．内部化理論にしたがえば，多国籍企業の持つ技術情報は親会社で集中的に管理されているため，技術情報は企業特殊優位性の源泉として在外子会社に向けて脈々と注がれ続けるのである．一方で，近年においては在外子会社から本国親会社への技術情報の流れが生じるようになってきている．特に，在先進国の子会社に対する親会社の特許等使用料支払額が増加していることを統計から確認することができる．これは，在外子会社の保有する技術情報への対価の支払に他ならず，在外子会社における研究開発の活発化，あるいはすでに技術情報を保有している企業の買収に伴う支払増加と考えることができる．

3. アメリカ企業のオフショアリングとサービス貿易

独立企業間で行われるサービスの国際取引はますます増加している．前述のように，アメリカの民間サービス貿易統計の「その他民間サービス」取引は，多国籍企業による企業内貿易よりも独立企業間貿易の取引額の方が多い．

2003年の取引額を比較してみると，輸出では総額1338億1800万ドルのうち63.8%の853億6800万ドルが独立企業間取引であり，輸入では総額858億2900万ドルのうち58.6%の503億3200万ドルが独立企業間取引である[33]．2003年の各項目の構成比を見てみると，輸出では「教育」が15.7%，「金融サービス」が20.7%，「保険」が5.7%，「通信」が6.4%，「BPTサービス」が34.1%，「その他非関連企業サービス」が17.5%となっており，輸入では「教育」が5.4%，「金融サービス」が8.4%，「保険」が53.1%，「通信」が9.5%，「BPTサービス」が21.8%，「その他非関連企業サービス」が1.9%となっている（図7-4）．これらの項目の中で取引額の割合が最も大きいのは「BPTサービス」であり，収支を見ると288億6300万ドルの黒字である．この収支黒字は「その他民間サービス」収支黒字の41.7%余りを占めている．

「その他民間サービス」の最大取引項目である「BPTサービス」は，「会計・監査・経理サービス」，「広告宣伝」，「コンピュータ・情報処理サービス」，「建設技師・建築・鉱業サービス」，「データベース・その他情報サービス」，「生産技術」，「施設設置・維持・補修」，「法務サービス」，「経営・コンサルティング・広報サービス」，「オペレーショナル・リース」，「研究・開発・検査サービス」，「トレーニング・サービス」などから構成されている．これらの中に含まれている会計サービスあるいは情報処理関連サービスなどは，これまで国内企業への業務委託が一般的であったが，1990年代に飛躍的な発展を遂げたITによって，企業はそれまで国内企業に委託していた業務を外国企業への委託に変更したり，新規に外国企業と業務委託契約を結んだりすることが容易になった分野である．BPTサービスの取引額は1980年代末から1990年代初頭にかけて急速な伸びを示している．BPTサービス輸出は1989年の輸出額が68億2300万ドルで「その他民間サービス」輸出に占める割合が18.6%であったが，1991年にかけて急速に拡大し，輸出額が120億4500万ドルで「その他民間サービス」輸出に占める割合が25.2%となっている．それ以降，毎年「その他民間サービス」輸出シェアの25%前後を占め続けている．一方，輸入額は輸出額より圧倒的に少ないものの1990年から急速な拡大が始まっており，1990年の輸入額は30億1500万ド

244

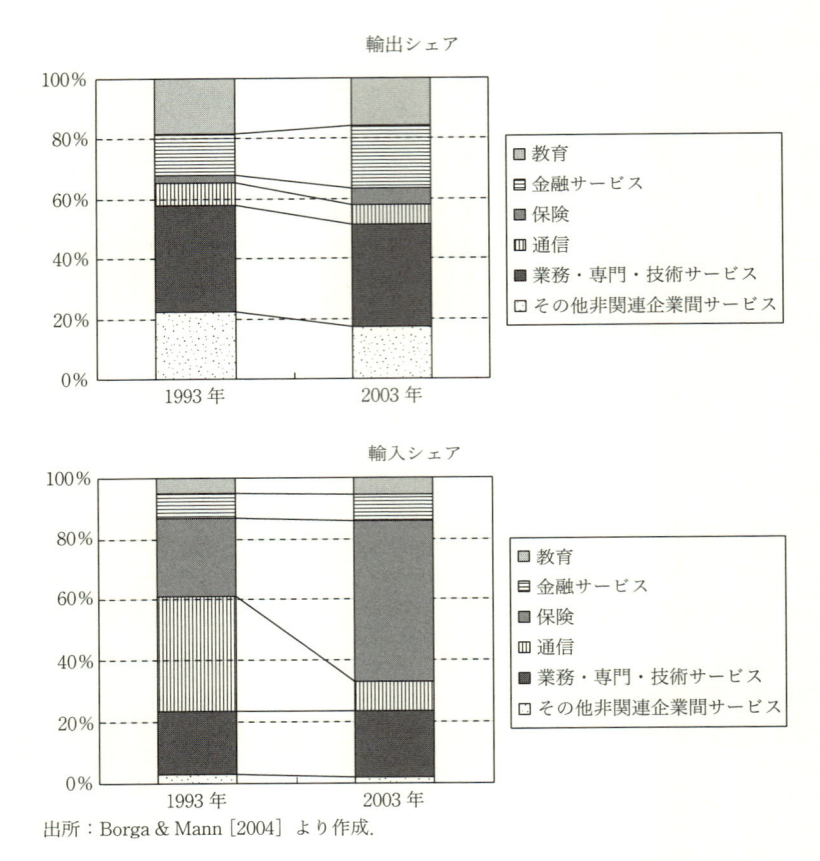

輸出シェア

[グラフ: 1993年と2003年の輸出シェア。凡例 — 教育、金融サービス、保険、通信、業務・専門・技術サービス、その他非関連企業間サービス]

輸入シェア

[グラフ: 1993年と2003年の輸入シェア。凡例 — 教育、金融サービス、保険、通信、業務・専門・技術サービス、その他非関連企業間サービス]

出所：Borga & Mann [2004] より作成．

図 7-4　その他民間サービス（非関連企業間）の推移

ル，「その他民間サービス」輸入に占める割合は 9.4% であった．それが 1990 年代を通して一貫して拡大を続け，2000 年には輸入額が 89 億 7300 万ドル，「その他民間サービス」輸入に占める割合が 14.5% にのぼっている．

さらに注目すべきは，独立企業間取引が大勢を占める「その他民間サービス」取引にあって，「BPT サービス」は輸出入ともに企業内取引が過半を占めている点である．2003 年の数値を見てみると，「BPT サービス」輸出額 697 億 600 万ドルのうち 58.3% の 406 億 2200 万ドル，同輸入額 408 億 4300 万ドルのうち 73.2% の 298 億 8300 万ドルが企業内取引である．また「金融

第7章 アメリカのサービス貿易と多国籍企業　　　　245

サービス」は輸入において企業内取引が過半を占める項目であることを指摘しておく．このような数値が表れてくる背景には，オフショアリングの拡大が関係しているものと考えられる[34]．オフショアリングの拡大は主にIT関連企業を中心に広がっており，1990年代後半からITの発展を背景にアメリカのみならず世界的にも広がりを見せている．

　このような国際経済環境を背景として，UNCTAD (United Nations Conference on Trade and Development：国連貿易開発会議) は2004年版 *World Investment Report*（『国連世界投資報告書』）でサービス産業における対外直接投資および貿易の増加について特集しており，その中でもオフショアリングはサービス産業の直接投資および貿易に関連する事例として取り扱われている．また，米国商務省の *Survey of Current Business* によると，オフショアリングは，「アメリカから外国へのサービス生産の再配置」と定義されている[35]．アメリカから外国へ（あるいは外国からアメリカへ）の国境を越えたサービスのソーシング，すなわち国内企業がサービス業務を在外調達することである．オフショアリングには2つの形態が存在する．1つはアメリカと外国の企業同士がサービス取引を行う独立企業間でのオフショアリングであり，もう1つは多国籍企業の米国親会社が在外子会社にサービス生産を移転する多国籍企業内でのオフショアリング（Intra-firm Offshoring あるいは Captive Offshoring）である[36]．どちらにも共通しているのは賃金コストが比較的低い開発途上国へのオフショアリングということである．

　例えば，IT関連企業のオフショアリングは，ビジネス・プロセス・アウトソーシング（BPO: Business Process Outsourcing）とソフトウェア・サービスの2つに大別される[37]．前者のBPOは，業務の一部を外国企業あるいは在外子会社に委託することである．この形態のオフショアリングは1980年代からコールセンターを英語圏の開発途上国に移転することに端を発しており，近年ではコールセンターに加え，人事・会計・購買などのバックオフィス部門，さらには研究開発部門もオフショアリングの対象となっている．この形態のオフショアリングは，IT関連のみならず多国籍企業一般に広く見られる．

　後者のソフトウェア・サービスは，企画・設計・開発まで終えたソフトウ

ェアのプログラミング作業,あるいは,パッケージ・ソフトウェアの顧客企業の要望に応じたカスタマイズ（個別最適化）[38]作業を外国企業に委託することである．これらの作業は顧客企業に応じて個別の対応を求められる作業であるので，作業内容は一定水準以上の技術を求められると同時に労働集約的になる．ソフトウェア・サービスはソフトウェアの制作という生産過程を部分的に外部へ業務委託しているので，前者を間接部門の業務委託と言うならば，この形態は直接部門の業務委託と言えるだろう．

　アメリカのIT関連企業によるオフショアリングの委託先企業は，主としてインドや中国といった開発途上国所在の企業である．特に，最近はインドのITサービス企業の成長に注目が集まっており，インド屈指のIT集積地であるバンガロールにはインド地場の大手IT企業や，アメリカをはじめとする先進国のIT多国籍企業の在外子会社などが軒を連ねている．アメリカ企業によるオフショアリングの鉾先が開発途上国に向かっているのは，オフショアリングの対象となる業務が労働集約的であることに起因する．特に，コールセンター業務やソフトウェア・プログラミングは人件費の切り詰めにくい業務であるため，アメリカ企業は賃金の安い開発途上国に業務を委託するようになる．

　企業のこのような費用最小化行動は個別企業の論理からすれば合理的である．しかしながら，アメリカ国内では，オフショアリングの拡大が国内の雇用機会を減少させているので，技術サービスやその他のホワイトカラー労働について海外へのアウトソーシングを制限しようとする動きが登場してきている．例えば，ニュージャージー州やワシントン州など一部の州議会では，州政府が民間企業に発注する業務について，受注企業が全部あるいはその一部を開発途上国にオフショアリングすることを禁止する法案が提出され[39]，その導入が相次いでいる．事実，2004年9月にはニュージャージー州でオフショアリング規制を導入する知事令が発令されている．

　オフショアリングの対象となる業務内容を考慮すれば，BPTサービス輸出入の推移を捕捉することで1つのベンチマークとすることができるだろう．過去10年間（1992-2002年）の独立企業間BPTサービス輸出と輸入の年平均増加率を見てみると，輸出が9.0％であるのに対して輸入が12.4％と比較

第7章　アメリカのサービス貿易と多国籍企業　　　　　247

的高い増加率を示している．IT 関連サービスとして用いられることの多い「コンピュータ・データ処理サービス」と「データベース・その他情報サービス」に限って見てみると，「コンピュータ・データ処理サービス」輸出は 2.8% 減少しているにもかかわらず，輸入は 17.5% 増加しており[40]，「データベース・その他情報サービス」輸出は 12.6% 増加し，輸入は 5.0% 増加している．「コンピュータ・データ処理サービス」輸出減少・輸入増加は，ソフトウェア・サービスのオフショアリング拡大を数字の上で証明していると言えるだろう．また，「会計・会計監査・簿記サービス」も 1990 年代末から収支赤字になっている．これらの事実は BPO の拡大を裏付けていると考えられる．

　アメリカ国内では「オフショアリングの拡大による国内雇用の減少」が叫ばれているが，現在の BPT サービス収支は黒字基調である．国内雇用がオフショアリングによって代替されているとするならば，BPT サービス収支は黒字幅縮小もしくは収支均衡・赤字化に向かって変化しているはずである．オフショアリングの拡大は BPT サービス輸入の拡大であるが，BPT サービス輸出は在米企業が外国企業から BPT サービス業務を受託していることである．BPT サービス収支の黒字額からわかるように輸出額は輸入額を大きく超えており，在米企業の BPT サービス分野における優位性を持っているが，最近では輸入の増加に伴って雇用問題が生じている．

　アメリカ企業のオフショアリングは労働集約的な業務が主なものである．ソフトウェア・サービスを例にとると，企画・設計はアメリカで行い，プログラミングは海外に委託するということになる．この例では，技術集約的業務（企画・設計）はアメリカで，労働集約的業務（プログラミング）は海外で行うという構図になる．他方，海外企業はアメリカ企業に技術集約的な業務を委託している．したがって，技術集約的業務はアメリカ国内に残っており，海外企業がアメリカ企業にオフショアリングしている業務は技術集約的業務であると考えられる．製造業においては，労働集約的部門を海外移転したことにより「産業空洞化」という問題が発生した．最近のオフショアリングもまた，これと同じ構図になると言えるだろう．しかしながら，製造業と同様，BPT サービスにおいても技術集約的部門はアメリカ国内に残ってお

り,「産業空洞化」というよりむしろ「産業高度化」と表現する方が適切であろう.

　オフショアリングの拡大にともなってアメリカ国内のホワイトカラー労働者,特に労働集約的部門のホワイトカラー労働者が職を失う場合には,製造業における貿易調整支援策を拡大適用し,技術集約的部門への労働移動を促すような政策が必要とされる[41].労働集約的部門から技術集約的部門への労働移動を促すことは,BPTサービスの高度化を促進し,オフショアリングの拡大によるBPTサービス輸入の増加を上回るBPTサービス輸出の増加を実現させ,BPTサービスの比較優位を強化することにつなげることができる.

III. アメリカのサービス貿易自由化政策

　サービス貿易の拡大を背景に,アメリカ政府はGATT/UR以降,サービス貿易自由化に対して積極的な姿勢を示している.サービス貿易が多国間通商交渉のテーブルに初めて上ったGATT/URにおいては,通信サービス,航空ならびに海上輸送,金融サービス,専門サービス,知的財産権の分野で政策論議を主導し,積極的な役割を果たしてきた[42].GATT/URが始まった1986年当時のアメリカの民間サービス貿易収支は黒字であったが,「通信サービス」は14億2600万ドルの赤字[43],「旅行」,「旅客運賃」,「その他運輸」も軒並み赤字収支であった.一方,「特許・技術使用料」および「金融サービス」は,それぞれ67億1200万ドル,15億3200万ドルの収支黒字であった.そして,これらのサービス分野に関する成果の一部はGATSの中に附属書として盛り込まれ,知的財産権に関する成果はTRIPS協定として成立した.妥結できなかったサービス分野の交渉はWTOの新ラウンドに持ち越されている[44].

　ポスト・ウルグアイ・ラウンドのサービス交渉,つまりWTO新ラウンド交渉について,アメリカ政府は「金融サービス,基礎通信サービスや情報技術において,更なる市場開放の約束を取り付け,アメリカが高い競争力を持つであろうと考えられる分野に対して新しい商機を与えつつある」と認識

している[45]．金融サービスは，この時期のアメリカ国内経済の好調さも加わって，1995年以降着実に収支黒字を拡大させている．また，通信サービスは赤字収支であるが，1995年と比較して大きく赤字幅は縮小している．

WTOの報告書によると，ここ数年におけるサービス分野の市場アクセス状況について，継続して行われている各サービス分野の交渉に加えて，「自然人の移動」という国際的な労働力移動に関するテーマが提議されている[46]．この分野で問題とされるのは，医師，弁護士，会計士などのように国家から独占的な営業資格を付与された個人事業者の営業地域である．例えば，アメリカの医師資格を所持していても，日本では医療行為を行うことはできない．日本での医療行為には日本の医師資格が必要となる．医師に限らず，弁護士や会計士のような高度専門業種の労働力移動が議論されているのは新しいことである．医師は言うまでもなく人類普遍の医学知識を擁する職業であり，企業の国際業務が活発になれば，国内法・外国法・国際法に長けた弁護士が活躍する場も増える．「メディカル・サービス」および「法務サービス」の輸出は近年増加傾向にあり，2003年の輸出額はそれぞれ21億4200万ドル，33億7600万ドルである．1993年の数値と比較すると「メディカル・サービス」は2.9倍，「法務サービス」は2.3倍に増加している．

サービス貿易に対する政策は，通商政策であると同時に個人の専門業務資格など国内の諸規制とも結びついている．それゆえ，国内のサービス産業に関する投資・営業規制を緩和することはサービス貿易を活発にする可能性を有している．

おわりに

本章では，オフショアリングの例としてアメリカからインドへのオフショアリングを取り上げているが，これは別の見方をすると先進国から開発途上国へのオフショアリングである．開発途上国がオフショアリングを受託できるということは，その国にITが浸透してきていること，そして，その国のIT利用の技術水準が高まってきていることを示しており，1990年代後半に問題となった先進国と開発途上国の「デジタル・ディバイド」（ITディバイ

ド)が一面において縮小してきていると考えられる.だが,開発途上国の中でオフショアリングを受託しうる国が一握りであることを踏まえれば,一方では先進国と開発途上国の間での「デジタル・ディバイド」の縮小が見られるにもかかわらず,他方では開発途上国間での「デジタル・ディバイド」が拡大してきていると言えよう.国際的な経済格差の南北問題が南南問題へとシフトしたように,ITにおいても同様のことが起こりつつあると言える.

先進国のアメリカにおいては「bad job」と言われる現場のプログラマーやシステム・エンジニアのような労働集約的なサービス労働であっても,開発途上国のインドにおいては「good job」と見なされるだろう[47].それは先進国と比較して賃金水準の低い開発途上国といえども,IT関連業種は開発途上国において比較的高い賃金が支払われる業種であるし,技術集約的なサービス労働と見なされるからである.先進国の「bad job」は開発途上国で「good job」と見なされ,国内視点では「good job」と「bad job」と線引きすることが可能であっても,グローバル視点に立つとそれらは相対的な尺度であることがわかる.そして,このような相対性が帰すところは,先進国と開発途上国の間に存在する技術格差あるいは賃金格差である.これらの格差は比較優位を生み出す源泉である.比較優位を最大限活用して持続的な経済成長を実現することが,開発途上国の経済水準を底上げし,先進国の技術革新を促すことに結びつくのである.

しかしながら反面では,これらの格差こそ先進国における「グローバル化恐怖症」の根源に他ならない.グローバリゼーションの負の側面が現れるのは開発途上国に限られたことではない.グローバリゼーションの進展とともに,国際的な所得分布の「ツイン・ピークス」(twin peaks)[48]が国内的にも生じる.国内における所得分布の富裕層と貧困層への分極化は,少数の前者と圧倒的多数の後者という傾向を持つ.それゆえに,グローバリゼーションの成果を最大限に活用しつつ,弊害を最小限に抑える政策なくしては,グローバリゼーションそのものが機能しないのではないだろうか.

注
1)「GATT」はWTO設立後(1995年末)に廃止されたが,「1994年のGATT」

第7章　アメリカのサービス貿易と多国籍企業　　251

という新たな協定として WTO に引き継がれている．
2) U.S. Council of Economic Advisers [2004] p. 402.
3) *Ibid*., p. 402. 原資料のサービス収支から軍事収支を差し引いたものを民間サービス収支と定義し，これをサービス貿易収支として用いている．
4) *Ibid*., p. 402.
5) *Ibid*.
6) IMF, *Balance of Payments Statistics 2003 CD-ROM*, IMF Publication Services.
7) 財貿易とサービス貿易の収支の逆転は，C.P. Kindleberger の国際収支発展段階説（Kindleberger [1963] pp. 458-65）に対して再検討の余地を与えている．同説は貿易収支を財貿易のみで捉えており，サービス貿易を考慮に入れていない．例えば，貿易収支の変化が，サービス貿易収支の変化なのか，財貿易収支の変化なのかを判断することができない．サービス貿易が拡大し，その重要性が増してきた現在においては，サービス貿易収支の変化を考慮して国際収支発展段階説を再構築する必要がある．
8) General Agreement on Trade in Services, Article 1, 2.
9) GATS の原文ではサービス供給の4形態となっている．特に(c)は，外国に設立したサービスの提供拠点（支店・在外子会社）を通してサービスの現地販売を行うので，国境を越えたサービス提供とは言えず，サービス貿易という訳語は不適切である．
10) United Nations, *et al*. [2002] pp. 161-6.
11) Borga and Mann [2003] pp. 58-118.
12) Borga and Mann [2004] pp. 25-76.
13) （　）内は当該項目の民間サービス輸出全体に占める割合．
14) Borga and Mann [2003] pp. 58-118.
15) 中本 [1999] 95 ページ．
16) （　）内は当該項目の民間サービス輸入全体に占める割合．
17) U.S. Department of Commerce [1999] p. 15.
18) U.S. Department of Commerce [2000] pp. 67-85.
19) Value Added Network の略．データを送信側から受信側に伝送するという単純な通信ネットワークに何らか（コード変換など）のサービスを加えて提供される通信ネットワークのこと．インターネット・サービス・プロバイダ（ISP: Internet Service Provider）は VAN 事業者にあたる．
20) Business to Consumer の略で，企業と一般消費者の間の取引を意味している．電子商取引（Electronic Commerce）の形態の1つ．
21) Business to Business の略で，企業間の取引を意味している．電子商取引（Electronic Commerce）の形態の1つ．
22) オフショアリングの拡大については，第II節中「アメリカ企業のオフショアリングとサービス貿易」の項を参照．
23) U.S. Department of Commerce [2002] p. 14.

24) 中本 [1999] 93-5 ページ.
25) Borga and Mann [2003] pp. 58-118 より算出.
26) オフショアリングの詳しい説明は，第3項アメリカ企業のオフショアリングとサービス貿易を参照.
27) U.S. Department of Commerce [1997] *U.S. Direct Investment Abroad : 1994 Benchmark Survey, Final Results,* Washington, D.C.: U.S.G.P.O.
28) 米国親会社が株式の過半数を所有する在外子会社.
29) U.S. Department of Commerce [1992] *U.S. Direct Investment Abroad : 1989 Benchmark Survey, Final Results,* Washington, D.C.: U.S.G.P.O.
30) （ ）内の数字は，全企業内貿易受取額に占める当該国からの受取の割合.
31) アメリカを除く主要先進7カ国（カナダ，フランス，ドイツ，イタリア，日本，イギリス).
32) Rugman [1981].
33) Borga and Mann [2003] pp. 58-118.
34) オフショアリングに関する詳しい議論は第6章を参照のこと.
35) Borga and Mann [2004] p. 39.
36) United Nations Conference on Trade and Development [2004] p. 148.
37) JETRO [2004] p. 46.
38) パッケージ・ソフトウェアの設定などを利用者の必要に応じて調整・変更すること．パッケージ・ソフトウェアは任意の利用者を想定した仕様・設定になっているため，利用者によってはパッケージ・ソフトウェアの仕様などの一部に不都合が生じる場合がある．特に，企業においては独自の業務運営があるため，仕様の一部に変更を加える必要が生じる．そのため，パッケージ・ソフトウェアの仕様・設定などを各企業が求める最適な状態に調整しなければならない.
39) *Business Week,* June 9, 2003.
40) 「コンピュータ・データ処理サービス」は統計の都合上，1998年から2002年の年平均増加率を用いている.
41) Mann [2003] p. 9. なお，貿易調整支援策については中本 [1999] 第3章が詳しい.
42) World Trade Organization [1996] *Trade Policy Review — United States 1996,* PRESS/TPRB/46 (http://www.wto.org/English/tratop_e/tpr_e/tp 46_e.htm).
43) Borga and Mann [2003] pp. 58-118.
44) World Trade Organization [2000].
45) U.S. Council of Economic Advisers [2000] p. 218.
46) World Trade Organization [2001] *Trade Policy Review — United States 2001,* PRESS/TPRB/172 (http://www.wto.org/English/tratop_e/tpr_e/tp 172_e.htm).
47) 「good job」と「bad job」というサービス業における職の二極分化については，Meisenheimer II [1998] pp. 22-48 を参照.

48) Quah [1997]. 所得分布が富裕層（rich）と貧困層（poor）の二極化に向かう傾向を示すこと．複数均衡の存在を示唆しているので，経済学上重要な意味を持っている．

参考文献

Aharoni, Y. and L. Nachum (eds.) [2000] *Globalization of Services : Some Implications for Theory and Practice*, London ; New York : Routledge.

Borga, M. and M. Mann [2004] "U.S. International Services : Cross-Border Trade in 2003 and Sales through Affiliates in 2002," *Survey of Current Business*, Vol. 84, No. 10, pp. 25-76.

Borga, M. and M. Mann [2003] "U.S. International Services : Cross-Border Trade in 2002 and Sales through Affiliates in 2001," *Survey of Current Business*, Vol. 83, No. 10, pp. 58-118.

Borga, M. and M. Mann [2002] "U.S. International Services : Cross-Border Trade in 2001 and Sales through Affiliates in 2000," *Survey of Current Business*, Vol. 82, No. 10, pp. 67-124.

Bryson, J.R., P.W. Daniels and B. Warf [2004] *Service Worlds : People, Organizations, and Technologies*, London ; New York : Routledge.

Gustafson, A. and M.D. Johnson [2003] *Competing in Service Economy : How to Create a Competitive Advantage Through Service Development and Innovation*, San Francisco, Calif. : Jossey-Bass.

Kindleberger, C.P. [1963] *International Economics*, 3rd ed., Homewood : R.D. Irwin.（相原光・志田明共訳『国際経済学』評論社，1966年）

Mann, C.L. [2004] "The U.S. Current Account, New Economy Services, and Implications for Sustainability," *Review of International Economics*, Vol. 12, No. 2, pp. 262-77.

Mann, C.L. [2003] "Globalization of IT Services and White Collar Jobs : The Next Wave of Productivity Growth," *IIE Policy Brief*, 03-11.

Mann, C.L. [1999] *Is the U.S. Trade Deficit Sustainable ?*, Washington, D.C. : Institute for International Economics.

Meisenheimer II, J.R. [1998] "The Services Industry in the 'Good' versus 'Bad' Job Debate," *Monthly Labor Review*, Vol. 121, Issue 2, pp. 22-48.

Quah, D. [1997], "Empirics for Growth and Distribution : Stratification, Polarization and Convergence Clubs," *Center for Economic Performance Discussion Paper*, No. 432, London School of Economics and Political Science.

Rugman, A.R. [1981] *Inside the Multinationals : The Economics of Internal Markets*, London : Croom Helm, Ltd.（江夏健一ほか訳『多国籍企業と内部化理論』ミネルヴァ書房，1983年）

U.S. Council of Economic Advisers [2000] *Economic Report of the President 2000*, Washington, D.C. : U.S.G.P.O.（『エコノミスト臨時増刊2000米国経済

白書』)

U.S. Council of Economic Advisers [1998] *Economic Report of the President 1998*, Washington, D.C.: U.S.G.P.O. (『エコノミスト臨時増刊1998米国経済白書』)

U.S. Department of Commerce [1999] *The Emerging Digital Economy II*, Washington, D.C.: U.S.D.O.C. (室田泰弘編訳『ディジタル・エコノミー：米国商務省リポート2』東洋経済新報社，1999年)

U.S. Department of Commerce [2000] *The Emerging Digital Economy 2000*, Washington, D.C.: U.S.D.O.C. (室田泰弘編訳『ディジタル・エコノミー2000米国商務省リポート』東洋経済新報社，2000年)

United Nations Conference on Trade and Development [2004] *World Investment Report 2004 : Shift Towards Services*, New York and Geneva: United Nations Publications.

United Nations, European Commission, International Monetary Fund, Organization for Economic Co-operation and Development, United Nations Conference on Trade and Development, and World Trade Organization [2002] *Manual on Statistics of International Trade in Services*, New York: United Nations Publications.

World Trade Organization [2001] *Trade Policy Review — United States 2001*, PRESS/TPRB/172. (http://www.wto.org/English/tratop_e/tpr_e/tp172_e.htm)

World Trade Organization [2000] *Market Access : Unfinished Business — Post Uruguay Round Inventory and Issues*, Geneva: WTO.

World Trade Organization [1996] *Trade Policy Review — United States 1996*, PRESS/TPRB/46. (http://www.wto.org/English/tratop_e/tpr_e/tp46_e.htm).

佐々波楊子・浦田秀次郎［1990］『サービス貿易：理論・現状・課題』東洋経済新報社．

関下稔［2002］『現代多国籍企業のグローバル構造』文眞堂．

中西訓嗣・広瀬憲三・井川一宏編［2003］『国際経済理論』有斐閣．

中本悟［1999］『現代アメリカの通商政策：戦後における通商法の変遷と多国籍企業』有斐閣．

中本悟［2000］「グローバライゼーションとアメリカ経済」，『季刊経済研究』23巻3号，25-40ページ．

春田素夫・鈴木直次［1998］『アメリカの経済』岩波書店．

JETRO［2004］『ジェトロセンサー』54巻643号．

Business Week, various issues.

索　引

【欧文等】

AFL-CIO（アメリカ労働総同盟・産業別会議）　18
APEC（アジア太平洋経済協力会議）　2, 21
ASEAN＋3　22
AT&T　52
bad job　250
BPO　⇨ビジネス・プロセス・アウトソーシング
B2B（Business to Business）　⇨国際競争入札システム
B2C（Business to Consumer）　⇨予約・販売サービス
CAD（コンピュータを利用した設計）　6
CAM（コンピュータを利用した生産）　6
CAP（歳出上限）　95, 113, 117
Captive offshoring　245
CWA（アメリカ通信労働組合）　52-3, 62
EAEC（東アジア経済協議体）　22
EAEG（東アジア経済グループ）　22
FRB（連邦準備理事会）　98, 117, 123, 128, 141, 143, 167, 169, 171
FSX（Fighter Support, X）　182, 192, 194
FTAA（米州自由貿易地域）　2, 20
GATS（サービス貿易に関する一般協定）　226, 229, 248
GATT　6, 8-12, 19, 29, 226-7
　　──ウルグアイ・ラウンド　234, 248
good job　250
IBM　60-2, 214
IBRD（国際復興開発銀行）　6
IMF（国際通貨基金）　6, 32, 221, 223-4, 251, 254
Intra-firm offshoring　245
IRS（内国歳入庁）　130, 132, 134-5
IS-LM 分析　98
IT（情報技術）　1, 6, 51, 58, 62, 227, 245
　　──サービス産業　236
NAFTA（北米自由貿易協定）　2, 14, 16, 30
OECD（経済協力開発機構）　221, 225, 228, 254
OEM　6, 239
Only one 戦略　25
Only you 戦略　25
Pay-as-You-Go 原則　95, 113, 117
ROE（自己資本利益率）　28, 151
SDI（戦略防衛構想）　189, 192, 194
TMD（戦域ミサイル防衛）　189
TRIPS 協定（知的財産権の貿易に関連する側面に関する協定）　226, 248
UAW（全米自動車労働組合）　46, 48, 52
UNCTAD（国連貿易開発会議）　245
USCSI（アメリカサービス産業連盟）　10
USTR（アメリカ通商代表部）　10, 29
WIPO（世界知的所有権機関）　240
WTO（世界貿易機関）　226, 240
　　──体制　9, 11-2

3つのL　149, 153
401(k)プラン　116, 122, 130

【ア行】

アウアーバッハ, A.（Auerbach, A.）　120, 128-9, 135
アウトソーシング　43, 57, 59, 61, 65
新しいサービス貿易　227, 234, 237
アメリカ通信労働組合　⇨CWA
アメリカン・グローバリズム　1, 8, 220
アメリカン・リージョナリズム　2, 13

安全保障と防衛力に関する懇談会 193
アンチ・グローバリゼーション 11
アンバンドリング 162, 164, 167-8
イエレン, J.L. (Yellen, Janet L.) 103, 106-7
偉大な社会 7, 81, 84, 86, 141
ウエスチングハウス 182
ウォルマート 40, 53, 55, 66
ウルグアイ・ラウンド 8-10, 16, 19, 27
エリオット, K.A. (Elliott, Kimberly A.) 65, 68
大橋陽 146-7, 170, 173
オスターマン, P. (Osterman, Paul) 39, 70
オフショア・アウトソーシング 211, 214
オフショアリング 6, 37, 42-3, 45, 59, 200, 202, 216, 219, 227, 237, 239, 245
──の2つの形態 206, 209
──論争 42, 216
オフバランス 140, 150, 154, 165
オープンリージョナリズム 13

【カ行】

カウフマン, G.G. (Kaufman, George G.) 150, 171-2
ケインズ, J.M. (Keynes, John Maynard) 76
ケネディ, J.F. (Kennedy, John F.) 79-81, 109
カスタマイズ 246
ガルブレイス, J.K. (Galbraith, John Kenneth) 24, 29, 32, 81
ガーン=セントジャーメイン法
　1982年── 152
ガンスラー, J.S. (Gansler, Jacques S.) 177, 196, 198
企業関連租税支出 119
企業内在外調達 209, 211
技術供与
　対米── 181, 193
　対米武器── 180-2, 188
技術独占 211

技術の対日「依存」 179-80, 188, 194
規制緩和 37, 39
拮抗力 24
義務的経費 95, 113
キャピタル・ゲイン 119
　──減税 115, 126-7, 129, 133
　──課税論争 126, 129, 131
教育投資 124
競争的自由化 13, 19, 21, 23
均衡財政 76
銀行衰退論争 149
銀行法（グラス=スティーガル法）
　1933年── 140
銀行持株会社法
　1956年── 143
緊張緩和（デタント） 89
金融機関改革・救済・執行法
　1989年── 153
金融近代化法（グラム=リーチ=ブライリー法）
　1999年── 138-9, 144
金融市場 138-9, 168
金融自由化 139
金融仲介機関 138-9, 168
金融統合 146
勤労者所得税額控除（EITC） 112, 119
グラブ, N. (Grubb, Norton) 63
グラム=ラドマン=ホリングス法（GRH法）
　1985年── 93-4
グリーンスパン, A. (Greenspan, Alan) 98, 102, 117, 123
クリントン, W.J. (Clinton, William Jefferson) 5, 98, 100, 110, 112-5, 119, 121, 124, 133, 190-1
クレッザー, L. (Kletzer, Lori) 64
グローバル・スタンダード 65
グローバル化恐怖症 27-8, 250
グローバル統合企業 7
軍事技術 179
軍事産業基盤 177, 180, 182, 195
　──委員会 177

索　引

経済安定化　72, 74, 78
経済再建税法（ERTA 81）
　　1981年——　109, 122
経済成長と減税調整法
　　2001年——　115-6
経済的グローバリゼーション　4
ケインズ主義　72, 76, 79, 82, 85, 90, 103-4
ゲール, W.（Gale, W.）　107, 123
合意的単独主義　22
公共選択論　85
合理的期待形成理論　85
国際競争入札システム（B2B）　236
国連貿易開発会議　⇨ UNCTAD
ココム（COCOM：対共産圏輸出統制委員会）　188
個人退職勘定（IRA）　114, 116, 122-3, 130, 133
コミュニティ・カレッジ　51, 63
雇用の攪拌　41-2
雇用不安　219
雇用法
　　1946年——　78

【サ行】

裁量的経費　95
裁量的歳出の上限　⇨ CAP
財政均衡　73, 86, 88, 92, 98
　　——主義　79, 87, 97, 103-5
財政黒字　92
サービス業務・間接業務の在外調達　200, 206, 219
サービス経済化　24, 200, 205
　　産業部門における——　24
サービス多国籍企業　33, 200, 225
サービス貿易　205, 226, 229
　　——の2類型　237
サブ・コントラクター　182, 188, 194
サプライサイド　120, 218
サプライサイド・エコノミクス（サプライサイド経済学）　7, 73, 85
サプライヤー　45, 48, 53-4
サマーズ, L.H.（Summers, Lawrence Henry）　123-4
サムエルソン, P.A.（Samuelson, Paul Anthony）　18
ジェネラル・ダイナミクス　182
市場経済化　1
市場原理主義　201
市場戦略　209
市場独占　211
資産金融の証券化　140, 161, 167-8
資産効果　131
資産担保証券（ABS）　165
自己資本比率　139
自己資本利益率　⇨ ROE
シック, A.（Schick, Allen）　93
渋谷博史　106, 108, 131, 134-5, 137
社会的租税支出　119
社会保障税　119
社会保障法
　　1935年——　76
ジャスト・イン・タイム（JIT）　49
主翼の一体成形技術　182
商業銀行　138, 144, 168
　　——の収益革命　151
商業用モーゲージ担保証券（CMBS）　165
証券化　160, 164
証券取引委員会（SEC）　141
職種のサービス化　25
職の輸出　215
所得分布のツイン・ピークス　250
ジョブ・バンク　47
ジョンソン, L.B.（Johnson, Lyndon Baines）　80-1, 109
シリコンバレー　50, 56-8
人的資本投資　124
信用の商品化　160
水平な競技場　8
スターウォーズ　189
スタグフレーション　72, 83
スティグリッツ, J.E.（Stiglitz, Joseph E.）　31-3, 133, 135-6
頭脳循環　209

生産技術　181, 195
税制改革法（TRA 86）
　　1986年——　109
全米自動車労働組合　⇒ UAW
総資産利益率（ROA）　151
租税支出　118
ソフトウェア・サービス　245

【夕行】

大統領経済諮問委員会年次報告　3
大恐慌　74-5, 99
大砲とバター　81-2
高木仁　149, 170
多国間主義　2
単店銀行制度　141
単独主義　2
地域主義　2
小さな政府　86, 88, 96, 103
知的財産権　226
貯蓄貸付組合（S&L）　152-3, 163, 170
貯蓄の機関化　143
デジタル・ディバイド（ITディバイド）　249
テネシー峡谷開発公社（TVA）　75
電子商取引　207
電子部品　178
伝統的銀行業　141, 150, 154, 168
伝統的サービス貿易　234
投資優遇政策　209

【ナ行】

中本悟　29, 31, 33, 221-2, 225, 231, 237
ニアショアリング　205
ニューエコノミー　25, 36, 73, 93, 96, 100, 103, 109, 127, 133, 140, 149
ニューエコノミクス　72, 80, 92
ニューディール　75, 138, 144
年金拠出金控除　122
納税者負担軽減法（TRA 97）
　　1997年——　114, 122-3, 126

【ハ行】

パタン認識　201
パターン・バーゲニング　66
ハバード, R.G.（Hubbard, R. Glenn）　104, 123
汎用品　184, 188, 194, 196
非金利収入　150, 154-5
ビジネス・プロセス・アウトソーシング（BPO）　59-60, 204, 211, 245, 247
非仲介化（企業金融の証券化）　138, 141, 152
ビッグ・スリー　13, 46, 48
ビルトイン・スタビライザー　79
ファスト・トラック　15, 18
フェルドシュタイン, M.（Feldstein, Martin）　85, 87, 120, 123
不況恐怖症　7, 27
不均等発展　211
付加価値通信網（VAN）　236
付加給付　47, 55
武器　196
　　——技術　181, 188, 194-5
　　——技術供与　181
　　——輸出　185, 195
　　——輸出3原則　181, 185, 193, 195-6
ブキャナン, J.（Buchanan, James M.）　85, 106-7
双子の赤字　90
ブッシュ, G.H.W.（Bush, George Herbert Walker）　15, 98, 109-11, 119, 126, 189
ブッシュ, G.W.（Bush, G. Walker）　5, 27, 104, 110, 115, 126, 190
プライム・コントラクター　182, 195
ブラケット・クリープ　84
ブラック・マンデー　99
フリードマン, M.（Friedman, Milton）　85, 105
フリーマン, R.B.（Freeman, Richard B.）　65, 68
ブルームフィールド, M.（Bloomfield, M.）　129

分配問題 219
米加自由貿易協定 13
米州事業計画 15
平和の配当 93
ベトナム戦争 80, 141, 185
ペロー, R.（Ross Perot） 16, 18
ベンチャー・キャピタル 59, 155
貿易可能化革命 207
貿易促進権限 27
貿易調整支援策 218, 248
貿易歪曲効果 65
包括財政調整法（OBRA 90）
　1990年―― 94, 96, 111, 119
包括財政調整法（OBRA 93）
　1993年―― 96, 102, 113, 119
ボディ, Z.（Body, Zvi） 161-4, 172
ボルカー, P.A.（Volcker, Paul A.） 128-9

【マ行】

マクファデン法
　1927年―― 140
マキラドーラ 14, 29
マートン, R.C.（Merton, R.C.） 161-2, 164, 172
マネタリズム 85
マラケシュ協定 9
マンキュー, N.G.（Mankiw, N. Gregory） 42, 45, 216
ミサイル防衛 190, 195
三菱重工業 189, 192
三菱電機 182, 191
ミニマム・タックス 111-2
メルコスール 20
メディケア 81, 95-6
メディケイド 89, 95
モーゲージ債務証書（CMO） 163
モーゲージ担保証券（MBS） 163
モート, L.R.（Mote, Larry R.） 150, 171-2

【ヤ行】

要扶養児童家庭扶助（AFDC） 121
預金取扱機関規制緩和・通貨管理法
　1980年―― 138, 144
予算執行法 94
予算編成 94
予約・販売サービス（B2C） 236

【ラ行】

ライシュ, R.B.（Reich, Robert B.） 124
ライタン, R.E.（Litan, Robert E.） 65
ラッファー, A.（Laffer, Arthur） 86
ラッファーカーブ（ラッファー曲線） 86, 88, 91
リーグル＝ニール州際銀行業・支店設置効率化法
　1994年―― 138, 144
ルーカス, R.E.（Lucas, Robert E.） 85
ルーズベルト, F.D.（Roosevelt, Franklin Delano） 75-6
レイオフ（一時帰休） 47, 60, 64
冷戦 93, 189
レーガノミクス 73, 88, 97
レーガン, R.W.（Reagan, Ronald Wilson） 7, 13, 88-92, 104
レギュレーションQ 140
連邦預金保険公社 140
　1991年――改善法 153
労働市場のグローバル化 219
労働の柔軟性 214
ロッキード・マーチン 182, 191
ロックイン効果 128, 130
ロビーイング 10, 18

【ワ行】

ワッセナー協定 188

[執筆者紹介]（章順）

Charles Weathers（チャールズ・ウェザーズ）
大阪市立大学大学院経済学研究科教授．1956年生まれ．1995年カリフォルニア大学バークレー校大学院博士課程修了（Ph.D. 政治学）．主著：チャールズ・ウェザーズ・海老塚明編『日本生産性運動の原点』生産性労働情報センター，2004年．"In Search of Strategic Partners: Japan's Campaign for Equal Opportunity," *Social Science Japan Journal* 8, No. 1, April 2005.

吉田 健三（よしだ けんぞう）
松山大学経済学部准教授．1975年生まれ．2003年京都大学大学院経済学研究科博士課程単位取得退学．主論文：「貯蓄支援税制としてのアメリカ401(k)に関する考察」『海外社会保障研究』（国立社会保障・人口問題研究所）142号，2003年．「確定拠出型の企業年金―受給権の財産化の帰結」渋谷博史・中浜隆編『アメリカの年金と医療』日本経済評論社，2006年．

塚谷 文武（つかたに ふみたけ）
ノースアジア大学経済学部専任講師．1975年生まれ．2006年大阪市立大学大学院経済学研究科後期博士課程修了．大阪市立大学博士（経済学）．主論文：『現代アメリカ法人税制の研究』（博士論文，大阪市立大学）．「ブッシュ政権における法人所得税改革の論理」渋谷博史・渡瀬義男編『アメリカの連邦財政』日本経済評論社，2006年．

大橋 陽（おおはし あきら）
金城学院大学現代文化学部准教授．1972年生まれ．2002年一橋大学大学院経済学研究科博士後期課程単位修得退学．主論文：「アメリカ型金融システムと証券資本主義」萩原伸次郎・中本悟編『現代アメリカ経済：アメリカン・グローバリゼーションの構造』日本評論社，2005年．「フリードマン＝シュウォーツ『大収縮』の批判的検討」『一橋論叢』125巻6号，2001年．

山崎 文徳（やまざき ふみのり）
立命館大学非常勤講師．1976年生まれ．2006年大阪市立大学大学院経営学研究科後期博士課程単位取得退学．博士（商学）．主論文：「民生技術に対する軍事技術の影響についての技術論的考察―技術の利用・取得・移転をめぐって―」『経営研究』（大阪市立大学）59巻4号，2009年3月．「アメリカ軍事産業基盤のグローバルな再構築―技術の対外「依存」と経済的な非効率性の「克服」―」『経営研究』（大阪市立大学）59巻2号，2008年7月．

田村 太一（たむら たいち）
兵庫県立大学非常勤講師．1979年生まれ．2008年大阪市立大学大学院経済学研究科後期博士課程修了．大阪市立大学博士（経済学）．主論文：「アメリカ製造業の変貌とリエンジニアリング―IT製造業のサービス産業化に関連して―」『季刊経済研究』（大阪市立大学）28巻1号，2005年6月．「サービス経済化と雇用問題」関下稔・板木雅彦・中川涼司編『サービス多国籍企業とアジア経済』ナカニシヤ出版，2006年．

久永 忠（ひさなが まこと）
筑波大学大学院システム情報工学研究科研究員．1978年生まれ．2007年大阪市立大学大学院経済学研究科後期博士課程単位取得退学．修士（経済学）．主論文："Revealed Specialization: Evidence on U.S. International Services," *International Trade Journal*, Vol. 22, No. 4, 2008.

［編者紹介］

中本　悟（なかもと　さとる）
大阪市立大学大学院創造都市研究科教授．1955年生まれ．1985年一橋大学大学院経済学研究科博士課程単位取得退学．京都大学博士（経済学）．現代アメリカ経済研究，国際経済論を専攻．
主著：『現代アメリカの通商政策』有斐閣，1999年．平井規之・中本悟編『アメリカ経済の挑戦』有斐閣，1990年．平井規之・萩原伸次郎・中本悟・増田正人共著『概説アメリカ経済』有斐閣，1994年．萩原伸次郎・中本悟編『現代アメリカ経済—アメリカン・グローバリゼーションの構造』日本評論社，2005年．

アメリカン・グローバリズム
水平な競争と拡大する格差

2007年 4月10日　第1刷発行
2009年 7月15日　第4刷発行

定価（本体3100円＋税）

編　者　中　本　　悟
発行者　栗　原　哲　也
発行所　株式会社　日本経済評論社
〒101-0051　東京都千代田区神田神保町3-2
電話 03-3230-1661　FAX 03-3265-2993
振替 00130-3-157198

装丁・静野あゆみ　　　中央印刷・高地製本

落丁本・乱丁本はお取替えいたします　Printed in Japan
© NAKAMOTO Satoru et al. 2007
ISBN 978-4-8188-1929-0

・本書の複製権・翻訳権・上映権・譲渡権・公衆送信権（送信可能化権を含む）は，（株）日本経済評論社が保有します．
・JCOPY　〈（社）出版者著作権管理機構　委託出版物〉
本書の無断複写は著作権法上での例外を除き禁じられています．複写される場合は，そのつど事前に，（社）出版者著作権管理機構（電話 03-3513-6969, FAX 03-3513-6979, e-mail : info@jcopy.or.jp）の許諾を得てください．

渋谷博史監修
アメリカの財政と福祉国家
【全10巻】

① 渋谷博史・渡瀬義男編　アメリカの連邦財政
冷戦終焉下のアメリカ・モデルの財政、減税、軍縮を分析。本体3400円

② 渋谷博史・前田高志編　アメリカの州・地方財政
福祉国家の再編が、アメリカ的分権性の復活の中で進むという視点から考察。本体3400円

③ 渋谷博史・中浜隆編　アメリカの年金と医療
アメリカ型福祉国家の特徴を、市場整合的メカニズムを素材に検討。本体3400円

④ 渋谷博史・C.ウェザーズ編　アメリカの貧困と福祉
公的扶助に加えて医療や住宅も含めた狭義の福祉政策の全体像を構築。本体3400円

⑤ 河音琢郎　アメリカの財政再建と予算過程
財政民主主義の実態に踏み込む実証的分析で、予算過程分析の理論構築の試み。本体3400円

⑥ 秋山義則・前田高志・渋谷博史編　アメリカの州・地方債
アメリカの分権的な連邦制と市場論理の下における州・地方債の公共性とは。本体3400円

⑦ 中浜隆　アメリカの民間医療保険
無保険者問題の解決のため、民間医療保険への政府介入を改革する。本体3400円

⑧ 片山泰輔　アメリカの芸術文化政策
芸術文化活動を支える民間寄付金に対する「政府の触媒的機能」を分析する。本体3400円

⑨ 根岸毅宏　アメリカの福祉改革
就労促進的な福祉改革と、地方分権的な制度再編。本体3400円

⑩ 木下武徳　アメリカ福祉の民間化
アメリカ型福祉国家の民間メカニズムに期待される費用節約的かつ効率的な福祉サービスの考察。本体3400円

日本経済評論社